大師在喜馬拉雅山

斯瓦米·拉瑪的開悟旅程

Living with the Himalayan Masters

斯瓦米·拉瑪 著　　石宏 譯

目次

Part 3

直接驗證

Part 4

學習謙遜 131

Part 5

克服恐懼 153

Part 6 出家 167

Part 7 參訪各門各派聖賢 213

Part 8 超越偉大宗教 275

Part 11 療癒的力量 337

Part 12 師父的恩典 359

譯後感

頂禮上師
頂禮最終上師
頂禮傳承諸上師

本書記載的是一位大師前半生不凡的經歷。

根據一九七七年初版的序言（其後再版才被更換為目前的序言），本書是由大師斯瓦米拉瑪的一位美國弟子（斯瓦米阿嘉亞，Swami Ajaya）所執筆，而他所蒐集的材料來源有三個方面。第一是平日跟在大師身邊聽聞的筆記而來；第二來自大師親筆所寫的日記；第三是取材自大師在美國的演講集。

雖然這本書並非由斯瓦米拉瑪本人親自執筆，卻是一本「口述」的記載，這也說明了為何書中文字多是口語的形式，沒有做太多的修飾以保留原本的語氣。我們知道斯瓦米拉瑪生前極重視本書，特別指定弟子將之翻譯成大師的母語印地語出版。在喜馬拉雅瑜伽傳承，本書也是很多人入門的第一本讀物。

書中所敘述的人、時、地都可考。時間背景大部分是在二十世紀前半的後段，印度脫離英國殖民統治之前的幾十年動盪期，而以大師在一九六九年奉師父之命前往日本和美國弘法為句點。

地點則包括了斯瓦米拉瑪幾十年間足跡所至之處，多數是在印度北方廣大的喜馬拉雅山中，少部分是在南印度和西藏，以及其後遠赴德國和日本。

書中提到的那些傳奇人物並非神話，在網路普及的今日，絕大多數的書中人物都可以搜尋查到有關的事蹟和圖像。唯一的例外似乎是大師的師父，以及師父的師父。他們對於名聲和信眾崇拜避之唯恐不及，而為了刻意不讓弟子們著相，甚至連照片都不許留下來。我們只知道大師的太老師原本是印度人，其後遷往西藏，除了大師在本書中對他的描述之外，他的其他事蹟和行蹤就無人知曉。大師的師父被人尊稱為「孟加拉巴巴」（Bengali Baba），據另一本書所載，他在英國殖民時期是極少數位居法官職位的印度人，他的兒子為了爭取印度獨立，行刺英軍將領未遂被捕遭判處極刑，師父居然被逼簽署自己兒子的行刑命令，所以在簽署後憤而折斷用筆，遁入山林修道。大師的師父是一九八二年（於本書出版後）在印度北方的通噶那特（Tungnath）山間圓寂，世壽完全無可考，因為無人能夠肯定他的出生日期。

斯瓦米拉瑪則是於一九九六年圓寂，圓寂時共有七位弟子陪侍在側，見證了瑜伽士如何捨離肉身，其中兩名弟子先後為文描述了當時的情景。大師的護照記載他生於一九二五年，但確實生年也是無可考。曾有一名弟子追問大師是否生於該年，大師只說那是在申請護照時隨口報上的年份，卻不肯透露自己的生年。又有一次，大師貼身的助理問他究竟歲數時，他說自己的真實歲數遠遠不止於官方文件上的年歲。大師在書中提到曾經跟從近代著名的「印度基督聖徒」苦行僧松達辛格（Sādhu Sundar Singh）學習（見第八部中「喜馬拉雅的基督聖徒」一文），而苦行僧辛格後來於一九二八年（也有說是一九二九年）離世，所以我們可以合理推論大師的生年應該遠早於一九二五年，否則豈不是意味他在三歲（或四歲）之前，就能跟基督聖徒大談深奧的宗教哲理？

大師們之所以吝於詳談自己的身世，一方面固然是因為他們在出家成為斯瓦米時就等同於獲得新生，以前的自己已經死去，忌談自己身世是要徹底放下過去。另一方面，更重要的是，他們一再強調，在這個傳承中，最終的上師不是那個有身體的人間上師。最終的上師是傳承，是那道知識之流，是那股能量之流。最終的上師在我們每個人的內在。人間的上師是傳達那股知識和能量之流的載具，他們的目的是教我們認出自己內在真正的上師。所以我們應該敬愛人間的上師，但不要把他們當作神一般崇拜。斯瓦米拉瑪在本書中提到我們對人間上師應有的態度是：

如果有人來到你面前，要你崇拜他，你就絕對不要去信他。請絕不要忘記，上師並不是我們要做到的目標。上師就像是一條渡河之用的船。有條好船是非常重要的，會漏水的船則是非常危險的。但是一旦你渡了河，就不再需要抓著船不放，而你當然不必去崇拜船。

雖然這麼說，如果我們碰上了像斯瓦米拉瑪的師父那樣的上師，免不了都會興起崇拜之情吧。他的師父為了教育他可是煞費苦心，從小就安排他不斷地到處參訪，廣向各地的高人學習。只要是他想做的事，師父都不阻止他去嘗試。所以大師有過王公貴族的豪奢生活方式，遠赴歐洲去牛津大學，以及荷蘭、德國、俄國等地的學府遊學；登上過形同教宗般地位的商羯羅阿闍黎大位；乃至還俗成家立業又再度出家。大師的這些經歷，其實就是本書第六部中「修行之途上的誘惑」一文所影射的三種誘惑，多少人掉了進去就爬不出來，斯瓦米拉瑪的師父在旁邊看著他一一陷進，等到他有自覺了才把他拉出來。

師父教育他的手法是什麼都放手讓他自己去體驗，但似乎只有一樁例外。大師當年跟著高人學了殊勝的「日學」功夫，可以輕易用於療癒，所以他生起了開設診所為人治病的想法。此時師父卻對他說，他的天命不在此，讓他打消了這個念頭。大師的使命是出外弘法，為眾生燃起自心中的光明，消除無明之恐懼苦痛。所以他必須遠赴西方世界，搭建起聯繫東方和西方世界之間的一條心靈的橋樑，泯除任何宗教、文化、民族差異性的限制。

不過，斯瓦米拉瑪在此生最後的歲月中，終於一償宿願。他成立了喜馬拉雅醫院信託，在印度喜馬拉雅山腳的一大片荒地上，以短短四年的時間建立了一個大型的醫院基地，為山區民眾提供現代的醫療服務，附帶設有專科的教育學院以及傳統的阿育吠陀醫療中心。那幾年中，大師拖著老病之身，住在醫院的基地中坐鎮，排除萬難親自督工，每日都要巡視工地直到圓寂之日方止。

大師的一生充滿傳奇色彩，本書所透露的不過是冰山一角，還有太多的事蹟、太多故事中的故事沒有講出來。本書問世後，啟發了不少人遠赴印度尋找大師，有為數更多的人成為了大師的弟子，或是成為大師弟子的弟子。一般人初次拿起這本書來讀，無可避免都會被其中離奇的情節所吸引，或許有人會覺得那些故事並不足信，但無論你是否相信它們確實發生過，大師在每段的敘事之後所總結的心得，才是他要傳遞給讀者的要旨所在，如果能細細體味，必然會有所得。

譯者謹將本書獻給有志追隨靈性之道的中文讀者，相信您會翻開這本書絕不是偶然。

願喜馬拉雅山的上師們與您同在。

匍伏於上師們足下

譯者　石宏

完稿於二〇一九年上師節前

※對於大師的傳奇有興趣的讀者，不妨進一步參考下列書籍：

1. *The Official Biography of Swami Rama of the Himalayas* by Pandit Rajmani Tingunait, PhD（原名：*At the Eleventh Hour: The Biography of Swami Rama*）

作者就是本書新版「序言」的作者，跟隨大師多年，曾經應大師之命將本書翻譯成印地文，在翻譯期間大師每晚要聽取當日完成的翻譯，糾正某些出入，並且對書中的人物和事蹟做些補充，作者將這些補充以及自己跟隨大師的經過，寫成了這一本書，可以視為是本書的註腳。

2. *Walking with a Himalayan Master: An American's Odyssey* by Justin O'Brien PhD

作者是美國人，研究西方宗教神學，從大師初到美國不久就一路跟隨大師，最後出家，法號Swami Jaidev Bharati。書中記錄了大師在美國弘法，跟隨大師在美國所創辦的喜馬拉雅機構中工作的情形，以及跟大師前往印度、尼泊爾的見聞，直到大師圓寂為止，記載了大師後半生的經歷，甚有可觀之處。

3. *Journey with a Himalayan Master: Swami Rama* by Dr. Mohan Swami

作者是在馬來西亞的印裔人士，本來從醫，事業有成，某次無意中讀到本書，大受感召之餘，立即丟下一切前往印度尋找斯瓦米拉瑪。大師在初次見面時立即給予啟引，並且命他改行從商。作者依照大師指示，成為一名成功商人，是大師其後事業的重要贊助人，大師圓寂後，成為大師所蓋醫院信託基金會的主席，並且擔任國際喜馬拉雅瑜伽禪修協會總會之總裁。書中記載了作者奇遇大師的經過，以及在大師生前和生後自己所經歷到與大師有關的種種奇事。

4. *At the Feet of a Himalayan Master: Remembering Swami Rama*

這是由喜馬拉雅國際醫院信託所出版的一系列書籍，目前已經出版到第七集，每一集都是由大師的弟子們或是與大師有過接觸的人寫出他們對大師的回憶，基本上都是以前沒有發表過、不為人所知的軼事。

5. *Bhole: Adventures of a Young Yogi* by Hema de Munnik

這是一本寫斯瓦米拉瑪童年的故事書，Bhole 是大師幼年時的名字。

6. *Swami Rama: Majestic Master, Mysterious Mystic*

這是由大師的忠實弟子斯瓦米韋達要求大師在世界各地的弟子們，將他們對大師的回憶留下紀錄，目前只出版一集。特別珍貴的是斯瓦米韋達在二〇一五年六月為此書作了一篇短序，一個月後，未及等到出版，斯瓦米韋達就已圓寂。

新版序

吉祥[1]斯瓦米[2]拉瑪在一九七六年收我為徒，從那時起，我跟他一起生活的二十年中，每一分鐘都是學習的時間。現在他已經離開了他的身體，於今回顧，我才明白到他是如何把那些大師們的教誨融入了自己的生命，再活生生地注入到我的每一口呼吸中。一波又一波地，他用傳承聖者們永恆的智慧和愛，滋潤著我的念頭和心房。今天我滿懷著敬畏與感恩，自問：有過像他這樣的師父，夫復何求？

我人生中最有福報、最豐盛的階段發生在一九八五年。那年斯瓦米吉[3]督促我開始把《大師在喜馬拉雅山》這本書翻譯為我的母語印地文。每天晚上，我都要把當天完成的翻譯內容給他過目，斯瓦米吉就會把故事中沒寫出來的部分告訴我，我明白到他要我翻譯，其實是讓我得以窺見那些聖者的內心世界，讓我充分吸收他們的教誨。每一段故事都會帶出一個啟示，也因為斯瓦米拉瑪以及書中聖者們的施恩，我才能如實理解。本書就是斯瓦米吉的人生，是他的心靈旅程，是他和許多不同傳承的大師們接觸的經歷。他所提到的那些問題，我們每個人一生中至少會面臨一次。他把自己所經驗到的，用如此平實而慈愛的方式與我們分享，所以那些經驗都變成了我們的一部分。

就世俗的層面而言，這本書為我們指出我們是誰，以及我們該如何獲得快樂和成功。它啟發我們要勇於任事，對自己的付出要有信心。就靈性的層面而言，它藉著和那些藏身在喜馬拉雅山、其他印度偏遠地區、西藏、尼泊爾、錫金、不丹等地方的岩洞和寺院中修行高人相遇的經歷，為我們指出我們自己神祕又奇異的本性。

靈性的書籍，特別是那些自傳性質的，通常會給人一種印象，就是大師們的經歷和成就對我們是遙不可及的。可是斯瓦米吉卻用完全不同的方式去詮釋那些奇蹟和神祕主義。讀這本書時，我們會覺得他就是我們之一。他是個孩子，生性頑皮。他是名少年，充滿了好奇心和冒險精神。和我們一樣，他有時也會無法分辨出誰是冒牌貨，誰是真正的大師，把魔術當成了靈性的成就。例如，有時他受到魔術師或是低級術士所展現的魔法和精彩生活的引誘，居然會考慮離開自己的上師，拜別的老師為徒。他人性的那一面，我們太熟悉了，所以讀來會覺得他的旅程變成了我們自己的旅程。

這本書中的故事讓我們心中對那些聖者懷著感恩之情，他們無私地分享無止盡的愛，卻不為世人所知。斯瓦米吉就是其中一位。當他和我們共同生活時，他教書、寫書、成立大型慈善機構，可是我們很少人能認出他靈性上的成就。在他生命末期，他身邊具有「慧眼」的人才明白到，原來斯瓦米吉在書中提到的所有那些密法，他無不精通，可是沒人知道他究竟是怎麼練、什麼時候練出來的。

斯瓦米吉要人不要相信奇蹟，然而他生命中無時無刻不充滿著奇蹟。親近過他的人絕不會空手而回。他給大家的賞賜是形形色色的——僅僅觸摸他的腳，生意人可能會受加持而發達，病人會得到健康，學生會得到知識。有些人會明白自己得到了什麼，有的人就不明白。此時回顧，還是要讚歎，他既美妙地展現了靈性的奧祕，又技巧地隱藏了他是一位喜馬拉雅峰頂聖者的身分。

斯瓦米拉瑪是位真性情之人。愛玩的孩子、任性的青少年、和善的聖者、老練的成年人，都很自然地在他身上展現出來。對他而言，過去和未來都不存在——他永遠活在此刻，當下那一刻需要用哪一種性格才最能幫到、最能引導身邊的人，他就展現為那種性格的人。他渾身散發出轉化的能量。如果他待在一處布滿岩石的瘠地，那裡就會出現一個用岩石造景的美麗公園；如果他站著和一位長年憂鬱的婦人談話，她的顏面就會展露光采，歲月的痕跡會隨之褪色。

斯瓦米吉眼中沒有無用之物，每樣東西都有它的用處和意義。有一次，他將岩塊和碎石放在一條突兀的排污管道旁，再巧妙地用一些樹木的殘枝布置在周圍，結果這一件「雕塑品」看起來像是個在禪坐中的聖者，讓來訪的人都會尊敬地保持距離。他很喜歡仙人掌，在印度所收藏的仙人掌極具規模，在美國的收藏則少了很多。有一天我問他：「斯瓦米吉，你為什麼這麼愛仙人掌？」他說：「我有個習慣，特別要照顧那些渾身是刺而被眾人摒棄的。每當見到他們綻放出花朵，我就特別感到欣慰。」

回憶我這一生，一九七六年以前，我像是在路邊飄揚的一粒微塵。然後有一天斯瓦米吉拾起我，將我轉化為活生生的花粉。因為得到他的愛觸，我才成為聖者所種植花園內的一分子。今日雖然我有此殊榮為這本經典之作再寫序言，但是希望讀者能明白，我所做的嘗試，就如同是一朵花想要描述園丁和園丁的成就，那成就可是遠遠超過了花朵的理解能力。然而，從我直接獲自斯瓦米吉的，以及從親身遊歷他以前修行的所在地而認識到的他，我有信心對各位說，本書裡面的故事僅僅是冰山的一角。

這是一本活生生的書。我讀它、琢磨它無數次了，妙在次次都有新的發現，每次的發現又都正好是自己當時進度所需要的。這本書會依每一位讀者的個人進度對你說話。我不應該試著告訴你，我認為它究竟是什麼，因為如果我這麼做的話，我就可能會妨礙你收到它所要給你的訊息。

在字裡行間，你都會經驗到斯瓦米吉，經驗到其他偉大的聖者。願你浸潤在他們的恩賜中，得到正是你所需要的。

潘迪特・拉吉曼尼・提古奈

（Pandit Rajmani Tigunait[4]）

注釋

1 譯注：Śrī，譯音為「室利」、「師利」，意思是「吉祥」、「美好」，印度人在稱呼時加在名稱前以表示恭敬。

2 原注：Swāmī，譯者按，文字本身有「主人」、「王者」、「所有者」等意義，做為頭銜是表徵由商羯羅大師所創立僧團制度中的出家人。

3 原注：印度習慣稱呼人時在名稱後加上ji（吉）這個音表示敬愛。所以文中常見到「斯瓦米吉」的字樣。

4 譯注：Pandit（潘迪特）是個榮譽頭銜，是對能教授印度經典的學者之稱呼；也有是因為出生婆羅門階級而世襲的，是從事祭祀活動的祭師。作序者潘迪特・拉吉曼尼・提古奈，是斯瓦米拉瑪在美國賓夕法尼亞州所創辦的喜馬拉雅機構（Himalayan Institute）之現任負責人。

斯瓦米拉瑪手書

At thy lotus feet

This is not my life but the gift of experiences which I gathered from the sages of the Himalayas and from Thee, my beloved master.

One lonely evening it seemed to me As if a ray of light all of a sudden broke through the mist and I wondered what it might mean.

The same eve thou gavest me a glimpse of the love divine.

And then I heard His name uttered from thy lips shedding a new light over my destiny.

In the dark chamber of my heart the lamp was lit which always goes on burning like the lamp on the altar.

Who has, like thou, mingled the strains of joy and sorrow into the song of my life, enabling me to realise "The joy that sits still on the lotus of pains and the joy that throws every thing it has upon the dust and knows not a word"?

To those who understand thy message there shall be no fear left on the earth.

Therefore today the flower of undying gratitude offers it's petals at thy lotus feet.

Swami Rama.

譯文

於您蓮足下

這裡所記載的，不是我的人生，而是收集了喜馬拉雅山的聖者們——以及您，我敬愛的師父，所賜給我的珍貴經歷。

某個寂寥的夜晚，我覺得似乎有一道光突然從霧中穿透而出，我思忖，它的意義為何。在那個晚上，您讓我一瞥愛的神性。

然後我聽見自您的唇中說出祂的名字，因而見到我運命的新貌。

我心中暗室的燈，隨之點燃，像神壇上的明燈，照耀至今。

是誰，如您，將一絲絲苦樂交織在我生命之歌中，使得我能悟到：「端坐不動於苦痛蓮花上之喜樂，以及捨盡一切所有於塵土卻默默無言之喜樂」？

對那些領略您所傳達意旨之人，世上不再有恐懼。

是故，今日那無盡感恩的花朵，將它的花瓣獻在您的蓮足前。

斯瓦米拉瑪

TIBET
西藏
Mana Pass
Yamnotri
UTTAR KASHI
烏塔卡西
Jamuna River
Gangotri
岡勾垂
UTTAR KASHI
Bhagirath River
KAMET
巴椎那特
Badrinath
恆孔
Hemkund L.
Kedarnath
克達那特
Valley of the Flowers
花之谷
Guptkashi
Joshimath
CHAMOLI
NANDA DEVI
穆蘇瑞
Mussourie
TEHRI GARHWAL
德拉敦
DEHRADUN
CHAMOLI
Milam
北方邦
UTTAR PRADESH
Karnprayog
Alakhanda River
PITHORAGARH
Srinagar
PAURI
瑞斯凱詩
Rishikesh
哈立德瓦
Hardwar
加合爾
GARWHAL
Landsdowne
蘭德斯當
Khela
Bageshwar
Jageswar
Kotdwara
恆河
Ganges River
ALMORA
INDIA
印度
ALMORA
奧摩拉
PITHORAGARH
NEPAL
尼泊爾
Nanital
乃尼陶
Champawat

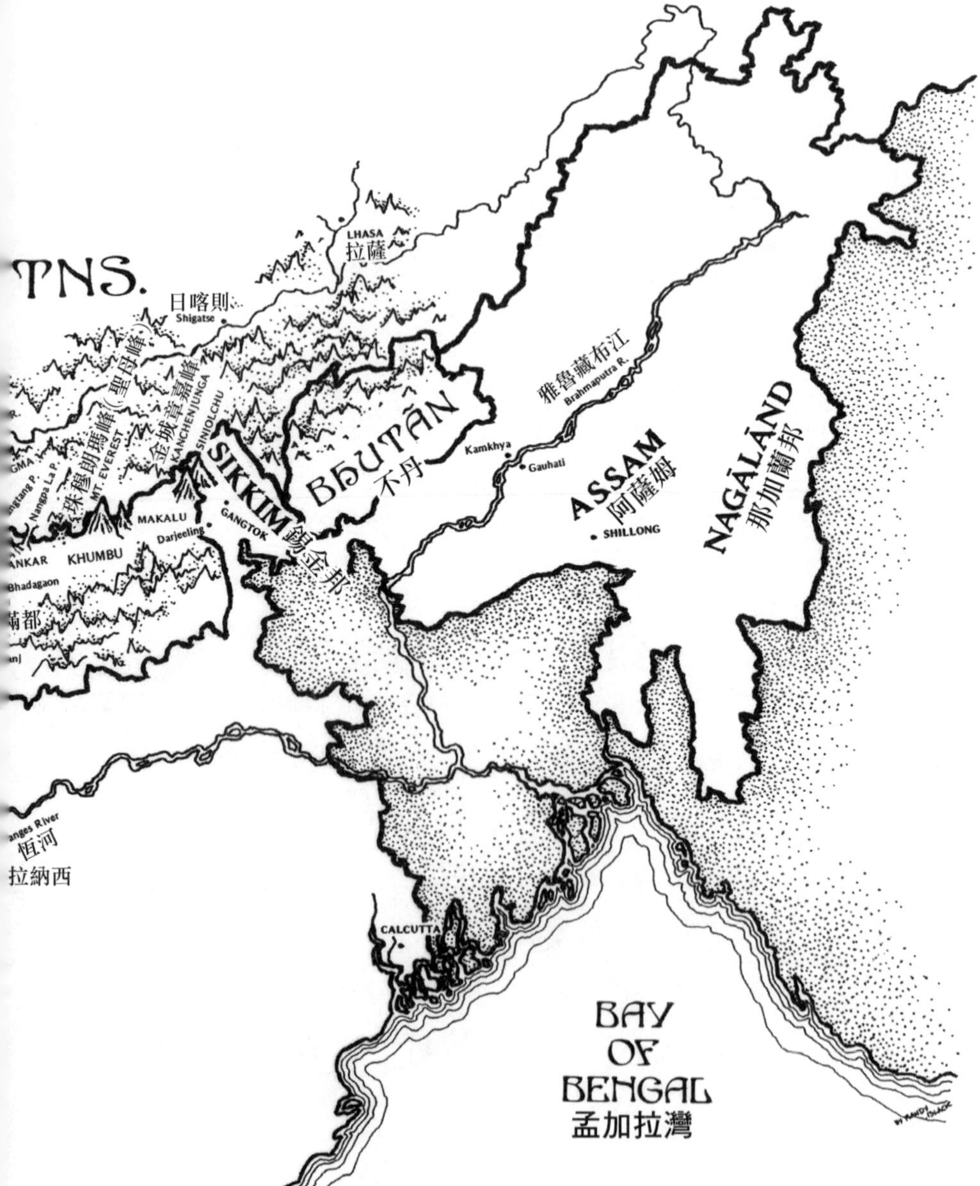
LHASA
拉薩
TNS.
日喀則
Shigatse
珠穆朗瑪峰（聖母峰）
MT. EVEREST
金城章嘉峰
KANCHENJUNGA
SINIOLCHU
Nangpa La P.
MAKALU
KHUMBU
Darjeeling
GANGTOK
SIKKIM
錫金邦
BHUTĀN
不丹
Kamkhya
Gauhati
雅魯藏布江
Brahmaputra R.
ASSAM
阿薩姆
SHILLONG
NAGĀLĀND
那加蘭邦
Bhadagaon
Ganges River
恆河
拉納西
CALCUTTA
BAY
OF
BENGAL
孟加拉灣

Hunza
洪扎
查謨和喀什米爾邦
JAMMU AND KASMIR
Tangmarg
Gulmarg
Sonamarg
Amarnath Cave
Pahlgam
SRINAGAR
希瑞那加
Martand
KASMIR HIMALAYAN MTNS.
喜馬拉雅
HIMALAYA
TIBET 西藏
Pathankot
Amritsar
Indus River
印度河
SIMLA
Indus River
SVEN HEDRIN MTNS.
KAILAS 岡仁波齊
PUNJAB
旁遮普
CHANDIGARH
岡勾垂
Gangotri
Jamnotri
Mana Pass
Suttej R.
瑪旁雍錯（心湖）
Manasarowar L.
LAND OF HANSA 漢薩
KAMET
Rakas L.
鬼湖
Badrinath
巴椎那特
Kedarnath
克達那特
Mussoorie
Dehra Dun
德拉敦
Saharanpur
Tibrikot
Muktinath
DHAULAGIRI
Joshimath
Pithoragarh
Hardwar
哈立德瓦
Rishikesh
Lansdowne
Almora
奧摩拉
Naini Tal
RĀGASTHĀN
拉賈斯坦邦
DELHI
德里
瑞斯凱詩
GARHWAL
加合爾
Bijnor
Rampur
NEPĀ
尼泊爾
UTTAR PRADESH
北方邦
LUCKNOW
Agra
Kanpur 坎普爾
Ganges River
恆河
Allahabad
阿剌哈巴德
INDIA
印度
INDIA
印度
N

Part 1
山中的靈性教育

兒童期奠下了一生基石。兒童期種下的種子會長成生命之樹。兒童期所受到的教育遠比在大專院校所受的教育更為重要。人在成長過程中，需要有適當的指導加上適當的學習環境。

神聖的喜馬拉雅山

喜馬拉雅山脈橫跨幾乎一千五百英里[1]的長度。主峰埃佛勒斯（Mount Everest）[2]高達兩萬九千英尺，聳立於尼泊爾和西藏的邊界，是世界第一高峰。波斯、印度、西藏、中國各地民族，都描寫過這個山脈的雄偉壯麗。「喜馬拉雅」（Himālaya）這個字是梵文，由「喜馬」（hima）意思是「雪」，以及「阿拉雅」（alaya）意思是「家鄉」，兩個字結合而來。所以喜馬拉雅的意思就是「雪鄉」[3]。我希望你能夠明白，喜馬拉雅山脈的意義不只是雪鄉，對於千千萬萬的人而言，不分宗教派別，它代表了瑜伽智慧和靈修的要塞。這個古老而豐富的傳承，到今天依然保存在當地，那些奇特的群山還在不停地對耳根伶俐的人低訴著它們靈性的輝煌。

我生長於喜馬拉雅的山谷地區，人生中有四十五年是在群山中遨遊，跟著山中的聖者們學習而度過的。我見過多位住在那裡或是路過那裡的大師們，在他們的跟前學習，領受到他們的靈性智慧。從旁遮普（Punjab）地區的喜馬拉雅山，到庫馬勇（Kumayun）、加合爾（Garhwal）地區的喜馬拉雅山，從尼泊爾到阿薩姆，從錫金到不丹和西藏，這些一般遊客望而卻步的艱險地區，我都踏遍了。我不靠氧氣筒和現代裝備之助，可以登上海拔一萬九千到二萬英尺的高度。我常常會沒有東西吃，會昏迷、疲憊，有時甚至會受傷，但總是有辦法在遇到險境時得助脫困。

喜馬拉雅山於我是靈性的父母，住在山中就像是把運命交給了自己的母親一樣。她在自然的環境中撫養我，啟發我過著獨特的生活方式。在我十四歲的時候，一位不知名的聖者為我加持，送給我一張喜馬拉雅白樺樹的樹皮製成的紙片，古代都用這種紙片來書寫經文。他在上面寫道：「願你能輕世界而行靈修之道。」我至今還保存著它。

聖者們賜給我的愛像是終年覆蓋在喜馬拉雅山上的雪，它形成了冰川，然後溶化為數以千計的溪流。當愛成了我生命的上主，我變得一無所懼，從一個岩洞跋涉到另一個岩洞，橫渡雪峰環繞的溪流和山隘。在尋訪隱名避世的聖者時，無論在什麼狀況下，我都保持歡喜。靈性的體驗充實了我生命的每一口呼吸，可惜這是大多數人所無法理解的。

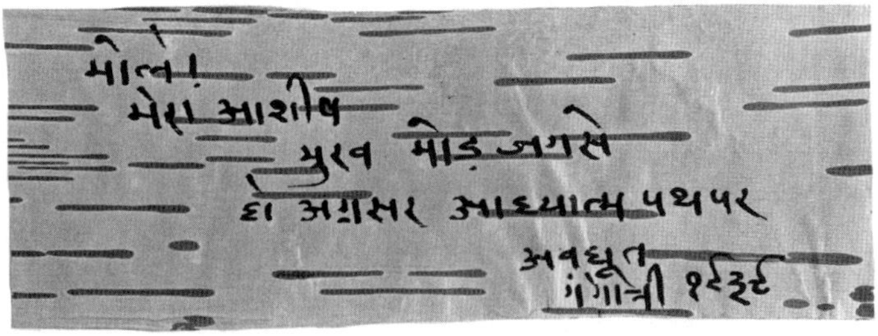

願你能輕世界而行靈修之道。
阿瓦圖，岡勾垂，1939

那位溫和友善的喜馬拉雅聖者只醉心於一個主題，愛——愛自然，愛眾生，愛全體。喜馬拉雅的聖者們教我，大自然無時無刻不在傳法。於是我開始聽到，綻放的花朵，鳥兒的鳴唱，乃至最細微的草片和灌木叢上的刺，所傳來的都是樂聲。萬物無非盡是美的化身。如果人不去學習聆聽大自然的樂聲，不能欣賞她的美，那麼人類也早已失去了追尋愛的源頭的那股動力。你是否需要用到心理分析，才能發現那巨大幸福、無數歌唱、夢想、美的源頭都在大自然中？大自然用冰川的溪流、用谷中的百合、用鮮花鋪蓋的森林、用閃閃的星光，不斷地在傳述著靈音法語。這靈音法語所揭示的是鏗鏘有力的真知，由這個真知可以學到真理，見到華麗莊嚴的至善。

一旦學會聆聽大自然的樂聲，學會欣賞她的美，那麼人的靈魂就能夠和它周遭一切環境和諧共處。他的一言一行就絕對能符合人類社會的要求。人的心應該先學會愛大自然，然後才去探尋人生的長廊。接著，會有個啟示來到，在那黎明時刻穿透而出。在覺知永生中，無庸再操心死亡。因此，有生死之人，不再被死亡所帶來傷痛的假象所折磨。自古以來死亡一直是苦厄的源頭，但是人在死亡時可以學會跟那無盡的永恆合而為一。

大自然在簡約中自有深奧，當人能學會欣賞，那麼當他敏捷的感官和大自然接觸帶來快感之際，思想會自發地流出。這是體驗到靈在諧振，這是與來自潺潺流動的恆河、勁馳的疾風、娑娑的林葉、暴吼的雲電的音聲所形成的旋律和迴響之完美協奏曲起了共鳴。自性的光明因而展露，一切障礙除盡。他登上峰頂，盡覽大地。在靜默的深處，藏著愛的源頭。能深信，眼才能揭露、見到那個愛的光照。這個樂聲在我耳中迴響不已，成為我生命之歌。

尋訪聖者是在將全人類和宇宙和諧結合在一起。聖者是人類取得知識和智慧的源頭，我們因此才能見到光明，見到真理，見到美，所有人才能從中窺見走向自由與幸福之途。聖者讓人類明白這個世界不過是浮光幻影。用他們的眼，才最能看清整個宇宙的一體性。

「主啊！真理隱藏於那個金色圓碟內。請為我們揭開蓋紗，好見到真理。」喜馬拉雅聖者們所傳播的愛，能讓全宇宙覺知到那個光明、生命、美的源頭。

我年幼時，人坐在岡仁波齊峰（Mt. kailāśa）[4]腳下，喝的是冰川溶入瑪旁雍錯湖（Lake Manasarova）[5]中的水，我常煮來吃的是大自然母親種在岡勾垂（Gangotri）[6]和克達納特（Kedarnath）[7]的蔬菜及根莖塊。

住在喜馬拉雅山岩洞內是非常快活的。那段時光，白天我習慣在山中遨遊，隨意地做些筆記，然後在天黑前回到我所住的洞中。我的日記中都是在描述我遇到喜馬拉雅山的聖者、瑜伽士和其他心靈大師們，以及由他們那裡所得到的體驗。

此地是一種名為桑地亞巴沙語（Sāndhya Bhāṣā）的誕生地。曾經有幾位現代的學者嘗試去理解、翻譯桑地亞巴沙語，稱它為「日暮語言」。其實，根據我學這個語言所知，它完全不是當代這些學者所理解的那個面貌。它純粹是一種瑜伽士所使用的語言，只有少數幸運的瑜伽士、聖者、修行高人才會懂。理論上它非常類似梵語，桑地亞巴沙語的每一個字都是從其字根的音聲所演變而來，有極豐富的意涵。桑地亞巴沙語只能適用於探討靈性思想，它沒有可適用於世俗事務的字彙。當日和月結合，當白晝和夜晚結合，當人體的右脈和左脈均等流動，那種連結的狀態就叫做「桑地亞」，或是叫做「中脈」[8]。中脈是母親，從她的子宮中生出桑地亞巴沙語，生出那個日暮。瑜伽士處於中脈境界的時候，他所感受到的，是人在有意識狀態下所能經驗到最高的大樂。瑜伽士和其他修行高人交談時，他們使用的就是這個語言，旁人很難聽懂。如何正確發音吟誦《吠陀》經句的知識，如今正在慢慢消失中，因為《吠陀》的文法不同於古典梵文（《吠陀》的文法叫做「尼祿克塔」（nirukta））。同樣地，桑地亞巴沙語的文法是植基於音聲，它也在消失中。如同印度古典音樂的樂師能夠將音聲和它們的音準寫成音符，因此桑地亞巴沙語所使用的音聲也可以寫成音符。它被稱為是「天神（deva）[9]的語言」。

著名的聖地克達納特寺（Temple of Kedarnath）

任何人在清晨或是黃昏的時分坐在山頂，

就能見到四周都是美。如果他是位靈性之人，就會明白這個美是上主不可分割的一面，而上主的本質是「真」（satyam）、「恆」（śivam）、「美」（sundaram）。這裡是天神的國度。在喜馬拉雅山中，「黎明」（uṣā）和「日暮」（sāndhya，白日和夜晚結合）不只是由於地球自轉所造成的，而是有深奧的象徵意義。

早上、下午、黃昏、夜晚的美都不同，是言語永遠無法形容的。由於太陽在為這些山服務，山在一天當中就能換上好幾次不同的顏色。它們在早上是銀白的，中午是金色的，黃昏時去看又成了紅色的。我覺得，山像是自己的母親，為了要我開心而換上許多不同顏色的紗麗（sārī）[10]。我唇中的語言能有字眼來表達如此之美嗎？我內心的語言能夠表達它，但是唇中卻無法流出那些字語。

我只能約略讓你們一瞥群山之美。它們的絕倫之美是言語筆墨無法形容的。晨間，喜馬拉雅山中平靜安寧的環境，會讓有心向道的人自發地進入靜默。這就是為什麼喜馬拉雅山的人民習於靜坐。此地各個禪修的門派都受到群山的加持。我住在洞中時，黎明[11]把太陽捧在她的掌中，每天早上像我母親似的來到面前叫我起床。太陽的光芒柔和地從入口射進來。（洞中同時住了好幾位瑜伽士，在師父跟前學習《奧義書》〔*Upaniṣad*〕[12]的智慧。）

黃昏時，若是天氣轉佳，太陽射穿雲層，就像是那位至上的畫師，將無數的顏色傾倒在雪峰上，那個畫面，絕對是任何藝術家小小的手指無法用畫筆和顏料所複製得出來的。西藏、中國、印度、波斯等地的藝術，或多或少都受到喜馬拉雅山美景的影響。有幾次我試著作畫，但是都停下畫筆，因為我所作的畫無異是小兒的塗鴉之作。如果不能全心全意去欣賞它，美就會被侷限在人的層次。人一旦能夠感受到大自然所透出的高層次美，他就會是真藝術家。一旦藝術家感受到那生出一切美的源頭所在，他就會開始作詩，而不是作畫。畫筆和顏料無法觸及精緻的意識層次。

要表達靈性之美，就需要去到更精更深的層次。

喜馬拉雅山最古老的旅行者是雲，它們輕輕地由孟加拉灣一路飄浮過來。這些雨雲從海洋升起，行進到喜馬拉雅山，擁抱它的雪峰，然後化作雪水，咆哮著流入平原地區，它們將祝福淋灑在印度的土壤中。有「東方莎士比亞」之稱的梵文大詩人迦梨陀娑（Kālidāsa），為這些雨雲

希瓦林峰（Shivling）聳立於岡勾垂（Gangotri）和勾木克（Gomukh）之間。

作了許多詩，其中最著稱、最具代表性的，是一本名為《雲使》（*Meghadūta*）[13]的集子，詩中的主人翁用雲作為他的信差，傳信給身在遠方喜馬拉雅山中的摯愛。印度著名的史詩《羅摩衍那》（*Rāmāyaṇa*）和《摩訶波羅多》（*Mahābhārata*），裡面描述前往喜馬拉雅山的朝聖之旅，對之讚歎不已。即使是現代的印地語和烏爾度語（Urdu）的詩人，例如普拉薩（Prasad）和以克包（Ickbal），也不能抗拒為喜馬拉雅山的美而作詩。很多梵文的詩篇，例如〈瑪因納頌禱〉（Mahimna Stotra），吟唱起來的起伏，就像人在喜馬拉雅上山下山一般。我以前也作詩吟唱，雖然我並不精於此道。印度古典音樂中有些曲式（rāga），例如帕哈瑞（Pahari），就是取材自高山地區少女歌唱的旋律。對詩人、藝術家、音樂家、遊客而言，喜馬拉雅山仍然是充滿著神祕，但是重要的信息，山只會對能夠受教的人吐露。唯有已經開悟者才能解開這些大山的真正祕密。

我曾經有過一個寵物是一頭熊，牠成天跟著我在山中遨遊。這隻熊對我極度忠心，非常愛我，不讓人接近我。雖然牠不會傷人，但是別人只要一靠近我，牠就會把人撞倒。我給牠取了個名字叫做博拉（Bhola）。那段日子裡，牠是我最好的伴侶。有十一年之久，牠就住在我的岩洞外，每天等著我出來。我的師父不喜歡我對這隻寵物的感情依賴與日俱增，他時常取笑我，說我是個要熊把戲的。我每天早上會拿著一支登山用的長杖，去到離我的岩洞四至六英里之遙的山頂，隨身的只有我的日記本、幾隻鉛筆，還有那隻博拉熊。

在喜馬拉雅山區，一過了九月十五日就會開始降雪，但是我仍然繼續每天的長途跋涉去到鄰近的山峰，一路唱著對聖母的歌頌。偶爾我心中會閃過一個想法：我的生命屬於追隨我們傳承的人。我並不在乎自己個人，但是我對於自己所追隨的傳承中的聖者可是非常在意。雖然我會不守規矩，會變得叛逆，但是我總是會受到寬恕。在那些日子裡，我有過非常深奧的心理和靈性經驗。有時候我覺得自己像是個帝王，但是沒有頭戴皇冠的負擔。不與人同伴，不與人交談，能帶給我極大的平靜和安寧。我體會到大自然是非常平靜的，只有自己無法平靜的人才會覺得大自然是不平靜的。對於仰慕和欣賞大自然之美的人，她會授予智慧。喜馬拉雅山更是如此。

山裡的花

這山區裡盛開著種類繁多的花。如果有詩人的想像力，會說從雪峰往下望，開滿了花的山坡就像是一把巨大的花束，讓足堪受教的弟子尊敬地獻給他的上師天（gurudeva/gurudev）[14]。我會坐在這花團錦簇之旁對天空凝視，找尋那位植花的園丁。

喜馬拉雅山谷內所有的花中，最美麗的是百合和蘭花。好幾百種的百合花會在冬天之後一齊綻放，有時候甚至在雪季之前就開花。有一種非常美麗的粉紅色百合花是在六、七月之間生長，在入德拉溝塔河（Rudra Garo）上游，八千至一萬一千英尺高度的沿岸隨處可見；入德拉溝塔河其後在岡勾垂市流入恆河。這個品種的百合花在坡加巴薩（Bhoja Basa）地區的樹下也常見到。

喜馬拉雅山區的蘭花比任何其他的花都來得燦爛，它們生長在海拔四千至六千英尺的地帶，我發現過最重的一朵蘭花是長在一棵橡樹上，幾乎重達一磅半。這些品種的蘭花，有的在距離尼泊爾首府加德滿都幾英里之遙的溫室中可以見到，但是絕大多數都還沒有被園藝學家所發現。在蘭花的開花季節裡，天生固執的花苞常常要等上六、七天才開花，但是一開花就美不勝收，而整個花季至少長達兩個半月之久。

山地的仙人掌會突然在有月光的夜晚開花。它們似乎羞於見到陽光，這些美麗花朵的花瓣會在日出之前合起來，然後就不再綻放。喜馬拉雅山區的肉質植物和仙人掌，有些具有醫療的效果，我所認識的就有二十五種不同的品種。據說蘇摩（Soma）[15]蔓藤就是一種生長在海拔一萬一千至一萬八千英尺高度的肉質植物。

喜馬拉雅山眾多品種的花當中，光是杜鵑就有一百五十種，最讓人驚艷的是白色和藍色的，紅色和粉紅色的則最為普遍。還有一種則是同一朵花上有不同顏色的花瓣。到了夏季，有時候整個山谷都鋪滿了杜鵑花。

若說喜馬拉雅山眾花之中的王者，則非「雪蓮」（himkamal）莫屬，這是非常罕有的花。有一天我在山中漫步，見到一朵藍色的雪蓮，它的大小有如一個盤子，長在兩塊岩石之間，一半被雪所覆蓋。我仔細地看著它，心中就和這朵美麗的雪蓮開始對話。我說：「你為何孤單在此？你的美應該要受人欣賞才是。你應該在凋謝之前將自己奉獻給人，否則等花瓣落盡又將重歸於塵土。」

當微風吹動著花莖，它輕輕搖曳，向我垂首，說：「你以為我自己在此會感到孤單嗎？獨處就是萬物皆備於一己。我可是在享受這些高山、純淨，以及把藍天當作傘蓋。」

我想摘花，想把它拔起來，把這朵蓮花當成我自己的生命一般，整株拿去獻給我的師父。我像一個不負責任的狡黠孩子，說：「假如我把你的花瓣捏碎，你能怎麼辦？」

蓮花回答：「我會很樂意，因為我的芬芳將傳偏各處，因而完成了我生命的目的。」

我把蓮花連根拔起，拿去獻給了師父，可是他並不領情。他從不喜歡使用花和花香，只有少數幾次要我去森林中拾取花朵來拜神。所以那是我最後一次摘花。[16]我覺得那麼做像是從大自然母親的膝上硬生生地把它的孩子奪走。從此我永不再摘花。美，是要來欣賞的，不是要使用、占有、毀壞。當你開始欣賞大自然之美，就會培養出美感。

恆河之流

為了要滿足我獨處的欲望，我到處漫遊，處在大自然中就是在仰慕她。有時候我會走到積雪中的小溪邊，看著粼粼波瀾在行進中彼此推擠。山中的河流溪澗自頂峰的冰河奔流而下，看起來像是許多交錯的頭髮。溪流所發出的音樂非常宜人。我會拿生命之流和這些川流不息的溪河相比，看著如此大量的水奔騰入海，而其中毫無間隙。這些水流從不倒流，有任何的間隙都立即被其他的水填滿，如此連續不絕。這些溪河象徵了永恆的生命之流。在月光下，兩岸閃亮如銀，我可以連續好幾個小時望著這些流自冰河以及瀑布的雪中溪河。

住在恆河流經的喜馬拉雅山區，我常坐在河岸的岩石上凝視藍天中的明月，她皎白的月光灑滿了沙地。我見到遙遠村落中住家的燈火闌珊。當雲層散開了，又見到天上有百萬盞閃爍的星燈。這一長道由星星所組成的隊伍，實在是超乎了人類的想像。喜馬拉雅山的群峰則是在下面靜靜地欣賞著眾星們在嬉戲，有些星星好像是在山峰之間玩捉迷藏的遊戲。從任何方向望過去，山峰和雪澗都被群星放出來的乳白光芒所照亮，我到今天仍然記得這幕景象。到了傍晚，雲霧形成了厚實的一層被子，罩在雪峰之間的恆河上。而在日出之前，飄在恆河之上則是雲霧形成的一條毯子，河看起來像是一條蟒蛇在毯子下酣睡。日出時的陽光迫不及待地衝到這些神聖的河中暢飲，猶如我每天早上衝到恆河中洗浴一樣。山中的水清澈如水晶，極為悅目，使人精神振奮。

岡仁波齊峰下的瑪旁雍錯湖是很多河流的源頭，這些源自喜馬拉雅山的河流中，最特殊的一條自然是恆河。當恆河從它在岡勾垂的冰河源頭流出時，水中含有多種礦物質，深具滋養和醫療的價值。住在恆河岸邊的人們很少患有皮膚病，每戶人家中都保有一瓶恆河水，村民用來給臨終之人飲用。

恆河的水即使裝入瓶中再久也不會變質，細菌無法在其中生長，而其他河流的水則沒有這種功效。很久以前水手們就都知道，船上帶著恆河的水，從加爾各答發船一路航行到倫敦，水質都不會變。而從倫敦發船帶著泰晤士河的水，途中就一定要換水。世界上很多科學家分析恆河的水，試著找出其中究竟有哪些特殊的化學組合和礦物質。印度著名的科學家伯斯博士（Dr. Jagdish Chandra Bose），在分析過恆河的水質後，得出的結論是：「世界上其他地方似乎沒有跟恆河一樣的河流，它含有的礦物質對很多疾病都具有療效。」

巴格瑞提峰下的冰河是恆河的源頭。

可是，當恆河流到平原地區時，它匯集了很多遭到污染的支流，就失去了這些特性。沿流很多村民有河葬的習俗，相信如此能讓敬愛的先人得到永生。就我個人觀點而言，我不贊成污染河流的行為，也不同意從舉行河葬的河流中取水飲用，還稱之為聖水。我的師父告訴我，不要有那種飲用恆河之水或者在恆河中沐浴就能洗淨自己罪惡的觀念。他教我「業」的理論，對我說：「每人都要為自己的業行負責。業報的法則是無可避免的，世界上所有的主要宗教都接受『自食其果』的說法。你要學會如何有技巧地履行責任，不逃避也不貪執，不要相信有任何東西可以洗淨你的惡業。在河中浸浴，或者去一座又一座廟宇朝聖，都無法解脫業力的束縛。這種說法都是迷信，也不合邏輯。」

流自喜馬拉雅山的恆河肥沃了印度的泥土，養活了如今超過六億人口，卻有人說這山是貧瘠的。居然有作者說，喜馬拉雅山的礦產不豐，無法養活大型企業，從經濟的角度而言，喜馬拉雅山是沒什麼價值的。我同意這些作者的說法，站在經濟的角度，這山不是富有的。而它是靈山，能為追求靈性之人提供精神上的富足，不是為追求財富者提供物質上的富足。過去想從經濟觀點去開發喜馬拉雅山的人都失敗了，未來想如此做的人也注定會失敗。

雖然喜馬拉雅山是整個印度食用水和灌溉用水的蓄水庫，但是山中村落在現代教育、科技、醫藥上卻沒有得到公平的占比。印度的規畫者沒有能夠更加重視這個蓄水庫，實在不智。雖然如此，山中的居民寧願保留現狀。我常聽到喜馬拉雅山的村民說：「不要來擾亂我們，不要來此開發。你們只需要感恩，尊敬我們，但離我們遠一點。」

淳樸居民

這些村莊的主要經濟來源是在梯田所種植的大麥、小麥、小扁豆。他們養的牲口有水牛、綿羊、牛群、馬匹、山羊。這些村民分布極廣，有的住在旁遮普、喀什米爾的喜馬拉雅山區，有的住在庫馬勇、加合爾的喜馬拉雅山區，有的住在尼泊爾和錫金的喜馬拉雅山區，他們有許多共同之處，貧窮而誠實，不會偷盜或是爭吵。在高山上的村落中，居民不會鎖門，根本不需要鎖。有些當地村落是朝聖所經之處，如果你在去山中廟宇朝聖的途中掉落了皮夾，幾個星期之後你回來，皮夾仍然在原地，沒有人會去動它，因為當地人相信未得允許去動別人的東西是不敬的行為。他們會問：「我們為什麼要別人的東西？」他們不貪，因為他們的需要不多，不受物欲所苦。

村民依賴平原地區的物資只有鹽，以及點燈所用的油。比起世上其他地區，這些村落社區中貪腐的情形少了很多，因為當地人民的習慣單純、誠實、善良。那裡的生活寧靜而太平。那裡的人不會去恨任何人，他們不懂什麼是仇恨，不願意下山住到平原地區。山地人民離開山區，會覺得平地的人民狡猾多心和裝模作樣，讓他們相處起來很不自在。然而，在受到現代文化影響最深的山區，已經開始常常發生說謊、偷竊的事件。

一個喜馬拉雅山區村莊下面的梯田。

大家認為現代社會是進步的，有教養的，但它不是純真天然的。那種教養，就像是人工養殖的珍珠，今天已經很少人懂得欣賞天然珍珠。現代人類不斷地教養、再教養自己的結果，已經和自然現實脫節，讓自己以及人性變得更為脆弱。在現代社會中，我們活著是為了向人炫耀，而不是為人服務。如果你去到山區，不論你是誰，他們問你的第一句話一定是：「你吃過了嗎？你有地方住嗎？」不論你是朋友或是陌生人，那邊的人都會這麼問。

加合爾以及庫馬勇山區的人民，聰明、有文化、好客。坎格拉山谷以及加合爾山谷地區的藝術品，以它們的筆觸和色彩而聞名。這些山地社區的教育水準，有的比起印度許多其他地區還要高。各個社區中的祭師對於混合了密法的星相學有豐富的知識，有時讓許多外地前來的訪客都為之驚訝不已。住民的生活方式簡單而貼近自然。他們住在美麗的木造房子中，衣服都是自己織造的。夜晚時分，他們聚在一起歌詠，用美妙的旋律齊唱他們的民謠。他們一起跳舞時所歡唱的民謠曲子和諧而動人心弦。山地的鼓手展露非凡的技藝，當地的牧羊人和學童都會用竹笛和單簧片演奏。少女少男到山上去撿拾牲口的牧草和炊飯的柴火時，會自然地作起詩歌詠唱。孩童則是玩足球或是草地曲棍球來自娛。喜馬拉雅山區文化的一個特質，就是敬重父母和長者。

在海拔四千至六千英尺高度地區生長的樹木，大多數都是各種的橡樹、松樹、杉樹。在高山地區生長的白樺樹，它的樹皮被村民用來書寫，記錄下生活情形、禮拜的方式、草藥的使用法。每個村民對草藥都略知一二，日常生活的各個方面都用得上。從喀什米爾到旁遮普，從尼泊爾到錫金的山區，所有的村莊都以能為印度的軍隊提供健壯的士兵而著稱。在這地區，百歲人瑞並不罕見。

有一種喜馬拉雅山地的族群被稱為「洪扎」（Hunza），是分布在巴基斯坦境內的吃肉居民。但是分布在印度境內喜馬拉雅山區的同一個族群則是素食者，他們被稱為「漢薩」（Hamsa）[17]，這個字的意思是「天鵝」。在印度神話中，天鵝是經常見到的象徵。據說天鵝可以將融在水中的乳汁分離出來，只飲用其中的乳汁。同樣地，「漢薩」這個字是融合了兩件事：善和惡。智者能擇善而棄惡。

在整個山區中普遍存在對「夏克提」（Śakti）[18]的膜拜信仰，每個村莊裡至少有一、兩個小型的拜祭神殿。而聖者們則是雲遊各地，不會如村民一般結社定居。村民會善待這些聖者們，為他們供養食物和居處。聖者們來自全國各地，有不同的文化背景，住在岩洞、樹下、小茅屋中。他們通常在村莊外面停居，而他們的居處就會被視為是廟宇的所在。通常每個村落至少會有一名停居的聖者，有時同時有好幾位，他們生活最基本的必需品都是由村民供養。每當有任何雲遊的苦行僧（sādhu）[17]、瑜伽士、聖者來到，村民手邊有什麼食物都會拿來供養。村民樂於招待客人，很容易和客人建立友誼。我在喜馬拉雅山區各地旅行時，並不喜歡借住在村民家或是當地官員的住處，而偏好住在這些聖者們隱居的處所，像是岩洞和小茅屋中。

喜馬拉雅山脈並沒有阻礙山地兩側地區的文化交流。山中居住著數以百計的社區和族群，各自有著明顯不同的生活方式，結果形成了某種獨特的地區文化，混合了印度、西藏、中國的文化成分。在喜馬拉雅山區，不同地區的語言也不相同。有一度我可以說尼泊爾語、加合爾語、庫馬勇語、旁遮普語及一些西藏語，但是我從未學過喀什米爾語。懂了這些山地的語言，讓我更容易和當地靈性大師以及草藥師進行溝通。

七月是最適合在喜馬拉雅山區旅行的月份。此時積雪和冰川開始融化，形成數以千計的溪流到處奔馳。這個時候天氣不會凍得難受。了解冰川、雪崩、山崩的人，只要小心，都可以安全地在山區旅行。喜馬拉雅山的危險從古至今都沒變。雪崩、湍急的溪河、懸崖、布滿積雪的高聳山峰，它們是不會為任何旅人而改變的。雖然如此，喜馬拉雅山中靈性的傳奇，自古以來就不斷地感召旅人前去探尋那未知的智慧。

早在一千年前，就已經有數以百計的藏人和漢人越過這裡前往印度取經，他們將經文翻譯成自己的語言文字，把佛教傳播到自己的國家。佛教中的大乘體系，在十個世紀之前就是如此越過喜馬拉雅山地邊域，傳到西藏和漢地。佛教中的禪宗就屬於這個體系，其後又輾轉傳到日本，而原始的教導都是十個世紀之前由印度的大師們傳過去的。中國儒家和道家的門人，接受了來自喜馬拉雅山大師們的智慧，自然會尊重喜馬拉雅山以及山中的聖者。道家所側重的「無為」法則，在印度聖典《薄伽梵歌》中也有精確的描述。印度早期哲學中明確推陳的「涅槃」觀念，對於西藏、蒙古、漢地和日本所有的宗教，都有相當的影響。

這些山就是我的遊樂場，它們像是受到大自然這位母親悉心照料的廣大庭院，所以她住在谷地的子女才能安居其中，才能明瞭生命的意義。在那裡，人能明白到，生命即使小如一片草葉，乃至大如最高的山峰，都無庸傷悲。

在我上師天的指導下，我跟著喜馬拉雅的聖者們生活在山中、在山中遊走，如此過了四十五個年頭，其中往往短短幾年間就經歷了一般人好幾輩子都無法得到的經歷。我之所以能夠如此，都是因為我至敬愛的師父希望我能夠親自去體驗、去選擇，自己做出決定。這一連串在聖者們身邊所學習、所得到的體驗，幫助我找到了自己內在的那個覺性中心，保持和它的連結。我在後面會告訴你們，我長大的過程，受過什麼樣的訓練，跟過什麼樣的聖者一起生活，從那樣的體驗中他們教了我什麼，這些都不是從課堂或書本中能學到的。收集在這本書裡面的故事都是那些經驗的紀錄。

每次當我要講故事給世人聽的時候，我都會想，這個世界本身就是故事。我祈願別人都能夠從這些經驗中獲益，所以才在講演和上課的時候把它們說出來。我總是問學生們：「我還有什麼東西保留給自己而沒有交給你們嗎？」你要從這些靈性的故事中學到對你自己的成長有用的東西，然後開始去練、去實踐。你目前還不能掌握到的東西，就先把它還給說故事的人。到今天，每當憶及這些故事，都還是會讓我覺醒，讓我感到喜馬拉雅山在呼喚，在叫我回去。

注釋

1 譯注：本書中所有的量度都是以英制單位表示。

2 譯注：埃佛勒斯（Mount Everest），亦稱為珠穆朗瑪峰或聖母峰。

3 譯注：中譯也有將喜馬拉雅山譯義為「雪山」。

4 譯注：藏名岡仁波齊峰（Mt. Kailāśa），音譯凱拉夏山，是位於西藏西南之神山，梵文「凱拉夏」的意思是「水晶」。是岡底斯山脈的主峰。

5 譯注：藏名瑪旁雍錯湖（Lake Manasarova），也被稱為「神湖」，音譯馬納薩柔瓦湖，位於崗仁波齊山南麓之聖湖，梵文的湖名意義是「心湖」。

6 譯注：岡勾垂（Gangotri），位於印度境內喜馬拉雅山區的聖城，印度人視之為恆河源頭地。

7 譯注：克達納特（Kedarnath），位於印度境內喜馬拉雅山區的聖城，有一所香火鼎盛的名寺。

8 原注：中脈（suṣumnā），沿著脊柱中流動的神經能量流。

9 原注：天神（deva），神靈或發光的生靈。

10 譯注：紗麗（sārī），印度婦女的傳統服裝，由一長塊顏色鮮豔的布匹圍繞在腰際，再將布匹的一端拉過肩膀垂蓋住上身。

11 譯注：黎明、破曉，被擬人化，傳統上視為女性。

12 原注：《奧義書》（*Upaniṣad*），《吠陀》經典末尾的部分。《吠陀》是今天人類所存有文字記載最古老的經書。

13 譯注：《雲使》（*Meghadūta*），中譯本由賴顯邦譯，廣陽譯學出版社。

14 譯注：上師天（gurudeva/gurudev），guru 是「上師」，deva/dev 是「天人」、「天神」。「上師天」是對上師極為尊敬的稱呼。

15 譯注：蘇摩（Soma）是一種古印度祭祀時飲用的草汁，據說飲後具有不可思議的功效，也有說是如同迷幻藥令飲用者產生幻覺。請參閱本書第七部中「蘇摩」一文。

16 譯注：斯瓦米拉瑪不喜歡人家為他獻花，他會對獻花的人說，如果別人折斷你的手指拿來給我，你有何感想？

17 原注：漢薩（Hamsa），神話中的天鵝，能夠分辨絕對真實以及看來是真的東西。也用來稱呼一派從事苦修之人。

18 譯注：夏克提（Śakti），是信仰母性力量的密教。

19 原注：苦行僧（sādhu），出家人；完全捨離，獻身為神服務之人；終身從事靈修之人。譯者按，特別是指從事刻苦修行，露宿餐風，身無長物之修行者。

上師天以及我的雙親

我的父親是一位有名的梵文學者，也是一位非常虔誠的靈修者。他同村的大多數人都屬於婆羅門階級，他們常常來向父親請益，向他學習。我父母的家境略為富裕，是慷慨的地主。父親自己不用從事耕作，他是跟替他在田裡耕作的人分享收成。

有一回，整整六個月父親不知去向，大家猜想他可能死在什麼地方，要不然就是出家了。其實他是去做了一次長時間的閉關，因為他在靈修上遇到了瓶頸無法解決。他躲在距離哈立德瓦市（Haridwar）不遠的曼薩女神（Mansa Devi）森林中精進打坐。當時我的師父正好行經曼薩女神森林，有一晚來到父親的所在地。父親一見到我師父，立即知道這位就是他的上師天。當上師和弟子初次見面時，兩人的心時常會相應，自然地相互開放，這只要四目一交投就會發生。這種交流，不用透過談話或身體語言。我師父在那兒待了一個星期，指導父親。最後，師父要父親返回家園。我們的家鄉在北方邦（Uttar Pradesh）境內，海拔五千英尺。

我母親本來已經放棄希望，以為自己的先生不會再回來了，所以她就開始做嚴厲的苦行[1]。當父親回家，他將在曼薩女神森林見到師父且獲得啟引（initiation）[2]的這段奇遇告訴了她。他說，師父表示，他們夫妻雖然已經有相當的歲數（當時父親已經六十歲，母親四十三歲），兩人將會有一個兒子，而兒子也會追隨同一位上師。

兩年後，我師父下喜馬拉雅山，來到父母所住的村子，走到他們的家門前。師父到來時，父親正在用晚餐，是母親去應門。她不認識師父，所以請師父在門口等著，說因為自己正在為先生上餐。可是我父親一聽到門外訪客的聲音，立刻丟下晚餐衝到門口。師父說：「我來此接受你為我供餐，或者其他的供養。你要給我一些東西。」

父親回答：「我一切所有都是您的。」

師父說：「我要你的兒子。」

我雙親回答：「在我們這個年紀要是還能生孩子的話就是個奇蹟，可是只要我們能有孩子，他就是您的。」這次見面的十八個月之後，他們就生下了我。

在我出生的當天，師父就來到家中，要母親把孩子遞給他。母親初為人母，自然有保護孩子的心理，所以非常不願意，但是父親一定要她這麼做。師父將我抱在懷中幾分鐘後，把我交回，吩咐說：「好好照顧他，我以後會回來把他帶走。」

三年之後，師父回來為我啟引，在我耳邊輕聲傳授了一個咒語。我告訴他，我早就知道這個咒語，而且也一直不斷地在憶持這個咒語。他說：「我知道。我只是要確定你還記得。」在孩提時代，我完全不會黏父母，卻無時無刻不在憶念師父，隨時都感到他與我同在。我如此思念師父，有時候自己的父母反而像是陌生人似的。我總是會起個念頭：「我不屬於這兒，不屬於這些人。」母親不時會端詳我的耳朵，因為我生下來右耳上就有個小洞，那正是師父在我出生前就預言我會有的一個胎記。有時母親會為之啜泣：「有一天你會離我們而去。」雖然我愛自己的父母，但是我總是在等著那一天的來臨。我年少時就記得，自己此生是要來完成前世所沒有完成的使命。我在孩提時就能夠清楚地回憶出自己前世的種種情形。

當時我每天晚上都會醒來，因為師父會不斷地一再出現在我的夢中。我的父母為之非常擔心，他們去問過祭師、醫師、星相家，想知道我究竟有何不妥，後來師父請人捎來口信，告訴他們我沒有什麼不妥，要他們不要擔心。

村子裡住有兩名年長的寡婦，我常常去她們那兒坐，聊聊我未來的計畫。她們非常地聖潔，要我去上初中好好學習。她們說服了我，可是不久我就離開學校，不再回去。我覺得自己不需要把時間浪費在這種學校裡。

幾年之後，我的父母都去世了，於是我就住到師父身邊。師父從此開始管教我，雖然那對他不是件容易的事。我幾乎從不懷念不能說「父親」這兩個字，因為我對自己的生父絲毫不感眷念。我從不懷念父親，因為師父所給予我的，比父親給過我的還要多。師父於我不只是像一位父親而已，他遠遠超過父親。

我心中只要一起什麼念頭，師父就知道。如果我想，不要去靜坐吧，他就會望著我微笑。我問他：「您笑什麼？」他回答：「因為你不想去打坐。」

這對我很有幫助，因為我知道他不只是能夠指導我外在的行為和言語，也能幫我整頓我的思維模式和情緒，所以我很怕自己會有一些不可取的念頭。但是即使我起了不好的想法，他仍然如常地愛我。他從不會控制我的思想，只是會有耐心地讓我覺知自己思維的過程。不論學生有多壞，真正的老師絕不會譴責他的學生。無論孩子有多麼不守規矩，真正有愛心的母親仍然會悉心照應他。慈母會以愛心、柔情、循循善誘來撫養子女，師父也會用同樣的手法來撫養他的弟子。

我不知道父母能給孩子什麼，但我的師父給了我一切，從不期盼任何回報，當然我也沒有什麼東西可以給他。我對他的愛是大到無比，因為他為我做了一切，教育我，訓練我，而我至今都無以回報。一位上師什麼都不需要。靈性導師都是如此，他們只給予而不取。

一位真正的老師是非常無私的，他對自己學生的愛比父親對子女的愛還要大。通常父親會給予世俗的東西來幫助子女成長，訓練他們在世間生活。而一位靈性的父親會無私地付出，那是父親或其他任何人所無法給予的。除了靈性的傳承，我在其他地方都沒見過類似的例子。父母能生育子女，能撫養他們成人，能給他們受教育，能留給他們財產，然而上師天所給予弟子的則是來自他實證的智慧。傳授這種智慧是瑜伽的傳統，正如同父親將自己的財產傳給兒子一樣。上師那份神聖的愛不是世人之愛，是頭腦絕對無法理解的，只能用心去意會。在一個真正的靈性傳承裡，老師給學生的愛是如此之多，學生會為之感召，人生因而得到轉化。

在跟著師父很長一段時間之後，他送我去岡勾垂和一位同門的師兄[3]同住。師兄開始教我讀經典，他很愛我，但是無法理解為什麼我的反抗心如此之重，也無法贊同我時常和一些同修的行者（sadhaka）[4]爭辯。於是他寫了封告狀信給師父，述說我的種種不良行為，然後師父會前來把我帶回去住上一段時間，再把我送回去師兄那兒。他有時候會送我去跟某個家庭同住一段時間，我也會為此而不快樂，幸而這種情形不常發生。

有一天，我對師兄的生平感到好奇，想要知道他的過去，我重複詢問他的出生地，那時我不知道出家人絕不提自己的過去。可是在我的堅持之下，他告訴我他的出生地何在。大師和聖者們不願去回想自己的過去，也不認為自己的生日、年齡、出生地有何重要。他們不喜歡談及與自己有血緣關係的家人。出家人在出家儀式結束時，最後一個儀軌是出家人得自己做的，就是決心其後要忘卻他的出生地，以及曾經一起共同生活過的親人。出家人的組織都有此一傳統，不要去談自己的過去。他們說從前的自己已死，視出家為已得新生。

我也問過師父這個問題，在我屢次追問之下，他才透露了一些自己的生平。他生於西孟加拉地區的一個婆羅門階級家庭。他家族的成員都接受過一位聖者的啟引，那位聖者不時會由喜馬拉

斯瓦米拉瑪：年輕的梵行者（brahmacārī）[5]

雅山中下來在那個地區走動。我師父是他父母的獨子，他因雙親早亡成了孤兒，而被另一位修持甚深的聖者所收養。師父說這個故事給我聽的時候，他已經有八十歲了。他講話有孟加拉口音。雖然平日他不說自己的母語，但是偶爾會哼些孟加拉的小調。他是位梵文學者，通曉英文以及其他幾種語言。

有一回，我行經孟加拉地區造訪了師父的出生地，然而他的舊居已經不見了。我曾經打算在當地造一個以他為名的紀念建築，可是他不許。在他住過的村中已經沒人記得他，只有兩位八十幾歲的老婦還記得。她們回憶，當師父十四歲的時候，一位來自喜馬拉雅山的大師來村裡把他帶走了。她們說：「我們的確記得他。」她們很好奇他是否仍然在世，人在何處以及他一生的境遇。

我師父住在岩洞裡，早上日出時分會出來走動，約一個小時後就回到他的座上，一天只下座兩次。但他並不是每天都去洞外，有時候連續好幾天都不外出。他身邊總是跟著三到五位資深的弟子。每年冬季有三個月份，師父和他的弟子們會下到七千至八千英尺高度的地方。他有時會去尼泊爾，在距離南迦巴瓦山（Namchabarwar）[6]七英里的一個地方住上幾個月。

通常他喝羊奶，偶爾也會喝些牛奶，那是一頭小黑牛（shyāma）[7]所產的，這牛像是一頭寵物，由師父的學生負責照應。我不時會端一杯摻了一半水的羊奶給師父飲用。他不用出聲，我都會自動端給他。有時我見他沒喝，就會撤掉，遲些時候會再端一杯過去。那是他唯一的食物。

師父一直是處於「自發三摩地」狀態（sahaja samādhi，恆常的深沉禪定），極少開口說話。有次我們住在一起九個月，彼此幾乎沒有說過話。我們大多數時間都是閉著眼睛在靜坐，各作各的，也沒有機會講話。若雙方都彼此了解，就不需要口頭溝通。只有在不了解的時候才需要用言語來表達，可是語言是個不完美的溝通工具。已經有了更深層次的溝通，就不需要使用語言。師父和我更相信在靜默中的溝通。我問了什麼傻問題，他就用微笑來回答。他很少講話，就是在為我的成長提供空間。

有的人稱我的師父為「孟加拉巴巴」（Bengali Baba）[8]，也有人就稱呼他「巴巴吉」（Babaji）。我形容我的上師天為「師父」（Master）[9]，因為我想不到更合適的字眼來形容他。我對他的愛永恆不易。我從不覺得他對我的教導不實際，從沒見過他有自私的一面。他用來傳達教導的手段有身教、言教、靜默，都滿滿是神聖的愛。我的言詞無法具體表達他的偉大。我由衷深信他是一位具有不朽智慧的瑜伽大師，是喜馬拉雅山最偉大的大師之一。他生命的目的是在讓那些已經準備好了的人能開悟，是在去愛、去保護、去引領那些還在準備的人。任何人處於困境時，只要能憶持他就能獲得救助。我知道，因為這情形多次發生在我身上，別人也發生過。

在我忙碌的生活中只要一有空閒，我就會有種強烈的欲望要回到他的身邊，因為他是我唯一的導引。無論我身在何處，都會向他表達無上的尊崇和歸順之情。我有任何不是，都必然是我的錯，但如果此生有任何可取之處，都來自於他。

注釋

1 譯注：此處所謂的苦行（practice of austerities）應該是印度一種傳統習俗，婦人在先生離世之後，從事絕食的苦行，以身殉夫而終。

2 譯注：啟引（initiation），梵文是 dikśa，意思是上師正式接引弟子進入傳承，往往會授予弟子咒語、將某種特殊的精神力量灌入弟子，或者傳授某種特殊修練方法。在喜馬拉雅瑜伽傳承，弟子必須由經過傳承授權之人從事啟引，才算是成為傳承的一員。請參閱斯瓦米韋達所著《夜行的鳥》（橡實文化出版）第三章，「什麼是啟引」。

3 譯注：本書沒有記載他的名號，譯者自別處讀到這位師兄叫做 Swami Śivānanda，是位大修行人，本身有許多徒眾。

4 原注：行者（sadhaka），嚮往靈性修行之人。

5 原注：梵行者（brahmacārī），跟從靈性導師居住、學習、修行，遵守淨身戒律之年輕弟子。譯者按，梵行者要專心從事學習和修行，絕對禁慾。

6 譯注：南迦巴瓦山（Namchabarwar），是現今西藏境內喜馬拉雅山脈東緣（也有說不屬於喜馬拉雅山系）的一座高峰，標高七千七百八十五公尺，不在尼泊爾境內。由於山勢險峻，一九九二年才首次由中日合組的登山隊成功攻頂。

7 譯注：黑牛（shyāma），字義即為「黑色」。

8 譯注：巴巴（Baba）是對年高德劭大師的尊稱，有如稱人為大爺、為翁。也稱祖父為巴巴。

9 譯注：師父（Master），原文 Master 有大師、主宰、主人的意思，本文中翻譯為「師父」，因為斯瓦米拉瑪視自己老師為父、為師。在本書中，斯瓦米拉瑪偶爾會使用 gurudev（上師天）來稱呼他的老師。

郡主斯瓦米

有一個歷史事件使得我的師父名聞印度，我現在為你們說這個事件。很多印度的律師、法官、受過高等教育的人士應該都聽聞過。

有一位叫做「巴沃爾出家人」（Bhawal Sannyasi）[1]的年輕人，原本是巴沃爾郡的繼承人，是位郡主。巴沃爾是孟加拉地方的一個郡。他在結婚後，大部分時間都和他的新婚夫人住在大吉嶺（Darjeeling）一處豪華的山地莊園中。他的夫人和一名醫師相戀，兩名戀人密謀毒害這位郡主。醫師開始為郡主注射微量的響尾蛇毒液，卻告訴他注射的是維生素。醫師慢慢地增加毒液的劑量，終於在兩個月之後的一天，郡主被宣告死亡。

他的遺體由龐大的送葬隊伍運送到山中溪邊的一個火葬場。當他的遺體被放置在點燃的柴火堆上之際，忽然天上落下暴雨。大吉嶺地區素來就以降雨量第一聞名於世。暴雨淋熄了柴火，暴漲的溪水沖走了屍體。

距離火葬地點三英里的下游處，我師父正和一群學生斯瓦米住在溪邊的一個岩洞中。其時師父正從金城章嘉峰（Kinchinjunga）[2]的山腳地區，要回去我們位於庫馬勇的喜馬拉雅山上岩洞，所以途徑該地。他見到有具包裹著喪葬布匹的屍體被捆在竹竿架上，順著溪流沖到他所在的方向，就命學生把屍體從水流中撈上岸，解開綑綁的布匹。他說：「這人並沒有死去，而是陷入深沉無意識狀態，失去了正常的呼吸和脈搏。他是我的弟子。」於是他們解開綑綁的布匹，將屍體抬到師父面前。兩個小時內，郡主恢復了知覺，但是他對自己的過去完全失去了記憶。他成了我師父的徒弟，其後接受剃度出家。

他住在師父身邊七年，然後師父要他外出雲遊，參訪各地的聖者。師父預言這位郡主斯瓦米會遇見自己的親姊姊，然後恢復記憶。我師父說：「我們將會有麻煩，所以要移居到高海拔的地方去。」他回到我們祖庭的岩洞中，在那裡住了幾年。

那位郡主斯瓦米在平原地區雲遊了幾個月，拜見了好幾位聖者。有一天，他無意中走到自己親姊姊的家門去乞食，被姊姊一眼認出來。他用了六個小時，終於回憶起自己的過去。這個事件被報導開來，我那時還年輕，記得很清楚。

郡主斯瓦米記起自己的過去，在親人的敦促下，去法庭要求確認自己就是巴沃爾郡主。這個案件的雙方都傳喚了很多證人。審理的過程中，有證據顯示醫師曾經從孟買的一間實驗室取得毒蛇的毒液。令人置信的證據顯示，這位斯瓦米就是郡主，遭到他夫人以及她醫師男友的毒害。郡主斯瓦米對整個事件的經過做了陳述，說自己是如何被宣告死亡、被抬到大吉嶺附近的一處火葬場、被洪水沖走，最後被一位來自喜馬拉雅山的大師和他的弟子救起。我的師父沒有出庭，但是派了兩名弟子擔任證人。案件在加爾各答的法院審理了幾年，是印度司法史上所審理過耗時最長、規模最大的案件。郡主終於拿回他的財產和富貴，但諷刺的是，一年後他就逝世了。

拜這個案件之賜，全印度各地都知道了我的師父，開始有人去搜尋他。他一向對群眾避之唯恐不及，只跟少數經過挑選的學生接觸，無間斷地為他們親切提供指導。師父不喜歡受人矚目，在印度常常有好奇之人想知道究竟這位聖者是誰，但是師父都避免和人群接觸。他習慣埋名隱姓，他說真正追尋開悟之道的人應該要避免群眾，不可出名，不能有眾多的信徒。

靈性之人最大的障礙和陷阱是名望及聲譽。即使捨盡世間所有的名位之後，下意識中仍然潛藏著好名氣求聞達的欲望。要洗淨這個欲望，求道者應該要將自己的身、心、靈完全獻給神主，應該要完全沒有任何私心。如此的聖者，即使處於喜馬拉雅山中一個寧靜孤立的角落，也能幫助、療癒、導引人類。對於這樣的聖者，生命中一個重要的部分就是為人類服務。他們不期望任何的回報，因為他們知道，為人類服務就是在表達對神的那份愛意。

注釋

1 譯注：巴沃爾出家人（Bhawal Sannyasi），Bhawal 是郡名，Sannyasi 意思是出家人。據網路上所查資料，主人翁是巴沃爾莊園的繼承人，原名 Ramendra Narayan Roy。「巴沃爾出家人」是這個事件公開後大眾對事件中主人翁的稱呼。也有人稱他為「王子斯瓦米」。

2 譯注：金城章嘉峰（Kinchinjunga），或稱干城章嘉峰（Kanchenjunga），位於尼泊爾和印度邊界，標高八千五百八十六公尺，是世界第三高峰。

幻覺的腳印

現代的西方人一定聽過很多關於「雪人」以及「香格里拉」的傳奇故事。雖然這些傳聞都是想像出來的，完全沒有事實根據，可是西方的好奇心販子還是受到吸引，試著要揭開喜馬拉雅山的祕密。他們得助於雪巴族的挑夫，這些雪巴族人是訓練有素的登山好手，以擔任旅遊人士的嚮導去探索喜馬拉雅的群山為生。雪巴族的嚮導對於幾座知名山峰有很深的認識，能夠幫助這些登山者和探險者，可是他們對於任何喜馬拉雅山中的靈性傳承是一無所知的。

很多外國人去這些山中尋找香格里拉，可是香格里拉實際上並不存在。香格里拉的傳奇故事是根據兩所深藏在喜馬拉雅山中的岩洞寺院而來。這些岩洞在我們傳承的典籍中有所記載，擁有悠久的靜坐和靈性修行遺產。其中一個位於金城章嘉峰，在海拔一萬四千英尺的高地，另一個是我住過的，在喜馬拉雅深山中，位於西藏和印度加合爾交界處。這個岩洞可以輕鬆容納許多修行人，座落在海拔一萬一千五百英尺到一萬二千英尺的高地，人跡罕至。這所寺院今天還在，那裡保存者許多梵文、藏文、桑地亞巴沙文的文獻。

外國人去喜馬拉雅山登山，尤其是在大吉嶺地區，都會找雪巴族人幫忙。他們在探險的時候，不斷地談論、臆測傳說中的香格里拉以及雪人。他們帶著相機、帳篷、氧氣筒、罐頭食品，也在喜馬拉雅山留下大量垃圾。喜馬拉雅山有一個不為人所知的部分，沒有做好準備以及怕死的人就不必嘗試前往。

有一次，我遇見一位富有的西方人士，他和一群印度人正在搜尋雪人。我無法說服他們，所謂的雪人並不存在。他們已經用了三個月的時間，花了三萬三千美元的費用尋找雪人的蹤跡，結果無功而返回到德里。這位富有的美國人希望能拍攝到雪人，他甚至發布了一張聲稱是雪人的照片，但其實他拍到的是一位尼泊爾的苦行僧。我還在錫金遇過一位西方的女士，帶著兩名雪巴嚮導。她身上有很嚴重的凍瘡，仍然堅稱以尋找雪人為此生的志向。她待在大吉嶺地區，曾經三度去尋找雪人，但是從來沒找到。

雖然我從小就在喜馬拉雅山區遊蕩，卻從來沒有遇見過雪人，但是聽過很多關於雪人的傳說。喜馬拉雅山區村落中的祖母常對孫輩講這種故事。人類的幻想力有多古老，雪人的故事就有多古老。人在大雪中視線容易模糊，山中有一種非常罕見的白熊，從遠處看就容易誤會為雪人。這種熊待在非常高的山中，會出來偷探險隊的食物。牠們的足印很長，類似人類的足跡。

「雪人」這個字眼是翻自yeti（夜提），它其實是個梵文字，意思是棄世者、苦修者，是商羯羅阿闍黎（Ṡaikārācārya）[1]所建立的僧團組織中的一個群體。會把「夜提」當作雪人真是奇怪，夜提是人，不是雪人！

除非我們能完全泯除無明，否則人類的心智仍然會受幻覺所影響。如果心智不夠清澄，就無法如實認知外面世界所傳來的信息，模糊的心識所認知到的只是虛幻的觀念。這就是心念的一種型態，例如想像、夢想、符號、概念都是。「摩耶」（māyā）[2]是宇宙層次的「幻」。個人層次的「幻」則叫做「無明」（avidyā），是因為對於對象的本質缺乏知識所致，基本上就是一種幻。種種關於「大腳」的故事，都是由信者自己的想像力以及不實的認知力而來。一頭熊在雪中快跑，往上爬行，往下跑，熊所留下來的腳印就會顯得很大。我有過一頭寵物熊，我也曾經驚訝牠居然留下巨大的腳印，不但大而且類似人類的足印。

唉，世人受幻覺所影響，仍然在捕風捉影，在搜尋「大腳」。我把它叫做「喜馬拉雅之幻」。我從小生長在這些山中，對於樂於相信這些傳聞神話的人，還在尋找根本不存在的東西的人，真是夫復何言！願老天垂憐他們。那些可不是雪人或是夜提留下的腳印，是幻覺留下的腳印。

注釋

1 譯注：商羯羅阿闍黎（Śaṅkarācārya），或 Śaṅkāra（商羯羅）acārya（阿闍黎，意思是「能傳法的大師」）。印度斯瓦米僧團組織是由商羯羅阿闍黎在第八世紀所建立，商羯羅阿闍黎是「首位商羯羅」（Ādi Śaṅkāra），全印度共分為五個主要的「座」，每個支座的繼任者都稱為「商羯羅阿闍黎」。

2 原注：摩耶（māyā），宇宙之幻相，因而讓人將不真實的宇宙視為是真實存有，是和「至尊的靈」分離的。

岩洞中的生活

對於矢志要一生從事苦修的人，如果他們住在喜馬拉雅山的某些地區會特別方便，因為那裡有很多小型岩洞，可以容納四至五人。喜馬拉雅山中還有幾處岩洞寺院，仍然維持著他們的傳承於不墜。我就是在其中一處岩洞寺院中長大的。我們岩洞寺院的傳承可以上溯四、五千年，這個記憶有被好好地保存了下來。我們有記錄最早的祖師是那些人，以及傳承是怎麼開始的[1]。

我們的岩洞寺院是個天然的洞窟，裡面有好幾個部分。好幾個世紀以來，窟內岩壁經過慢慢的開鑿，空間變得越來越大，可以容納許多學生。洞內住過的一代又一代的人，他們致力使得洞窟變得舒適而祥和。當然它不是現代化的，裡面沒有廁所衛浴設備，沒有廚房或是其他的種種便利，但它做為一所寺院的基本功能都具備了。

在洞窟內的照明是用一種叫做「杜普」（dhoop）的香棒，這是由草本植物製成，燃燒時能照明，熄滅時則散發出特殊的香味。杜普香棒是將原料打碎後壓擠成長四英寸、厚一英寸的形狀，很容易燃燒，在它溫和的亮度下可以讀經。當它燒盡熄滅後，所釋放出來的香氣就像是一般的香。松樹和喜馬拉雅雪松（devadaru）的樹枝做為照明的火炬也很好用，它們富含天然樹脂，燃燒起來毫不困難。洞窟內有一處永不熄滅的明火堆叫做「杜尼」（dhooni），因而洞內相當溫暖。這個明火堆是用巨大的原木來燃燒，要經常且有警覺地替它添加燃料。在夏季就要收藏足夠的木柴來供應冬季之所需。

夏天時，人們也會在鄰近溪流的岸邊種植饒富營養的蔬菜。那裡也有各種各類的蕈菇，以及兩種常見的野生蔬菜：「林芶拉」（lingora）和「歐芶」（ogal）。根莖類的蔬菜也很多，有兩種叫做「塔茹」（tarur）和「根蒂」（genthi），其他的則外觀和味道像是蕃薯。在我們的洞窟中，我們可以輕易用大麥、馬鈴薯、小麥、豆子、玉米等主食來維生，它們能生長在海拔六千五百英尺的高度之下，都是山中村民所種植的。每個村莊都有自己的農村工藝，生產高品質的毛毯、地毯、保暖衣物。有一條窄小的溪流經年從我們山中的洞窟內流出，它每年十一月和十二月會凍結，我們就把雪融了拿來飲用。我待過其他地方的岩洞，例如在馬納里（Manali）[2] 地方，就不容易取得飲用水，就得從三、四英里之外的地方挑水來喝。

喜馬拉雅山最壯觀的頂峰之一：難陀天女（Nanda Devi）。

有些在僻靜地方修行的大師仍然遵照古老的方式教導學生，老師是住在一個天然的洞窟內，學生從各處來到此地，跟著他學習和修練。然而，大多數有意當學生的人都找不到這樣的洞窟，因為喜馬拉雅山神奇的地方，就是單純出於好奇心之人或是資質程度不夠接受高深教導之人，就找不到這樣的老師。如果是出於好奇心或是因為情緒問題而離家去尋找老師的話，這種人是去不到山中那樣高海拔的地方。沒有強烈的決心和毅力，是走不到喜馬拉雅山中這些聖者們的藏身所在。

教學通常都是以示範的方式，在特定的時間為之。然後，學生就得展示自己有所進步，已經掌握到一定的功夫。有時候，教導是在靜默中傳授，當學生已經學到一定地步時，老師就會問：「如果你一輩子躲在洞穴中，別人要怎麼跟瑜伽士學習？」所以大多數的學生在幾年內就會離去。

能夠將自己的人生變得有創意、能助人，是非常重要的。但是在能夠這麼做之前，要先做好自律，控制好自己的心念、言語、行為，才能觸及自己內在深處的潛能。岩洞寺院中所教導的種種自律方式，即使只練了短短幾年，生命的花朵就會永遠綻開。真能夠控制自我的人，就能夠做到生活入世而精神出世，不再受世間種種的拘束和困難所苦。

注釋

1 譯注：根據斯瓦米拉瑪的弟子斯瓦米韋達描述，在岩洞的牆壁上記載了過去七百年來曾經在此修行過的祖師，以及在此之前傳承是由何處遷來。他說，喜馬拉雅傳承有記載可考的部分至少有五、六千年。

2 譯注：馬納里（Manali），位於北印度喜馬拉雅山區中，風光明媚，有很多聖地，今日以冬季滑雪和夏季避暑勝地聞名。

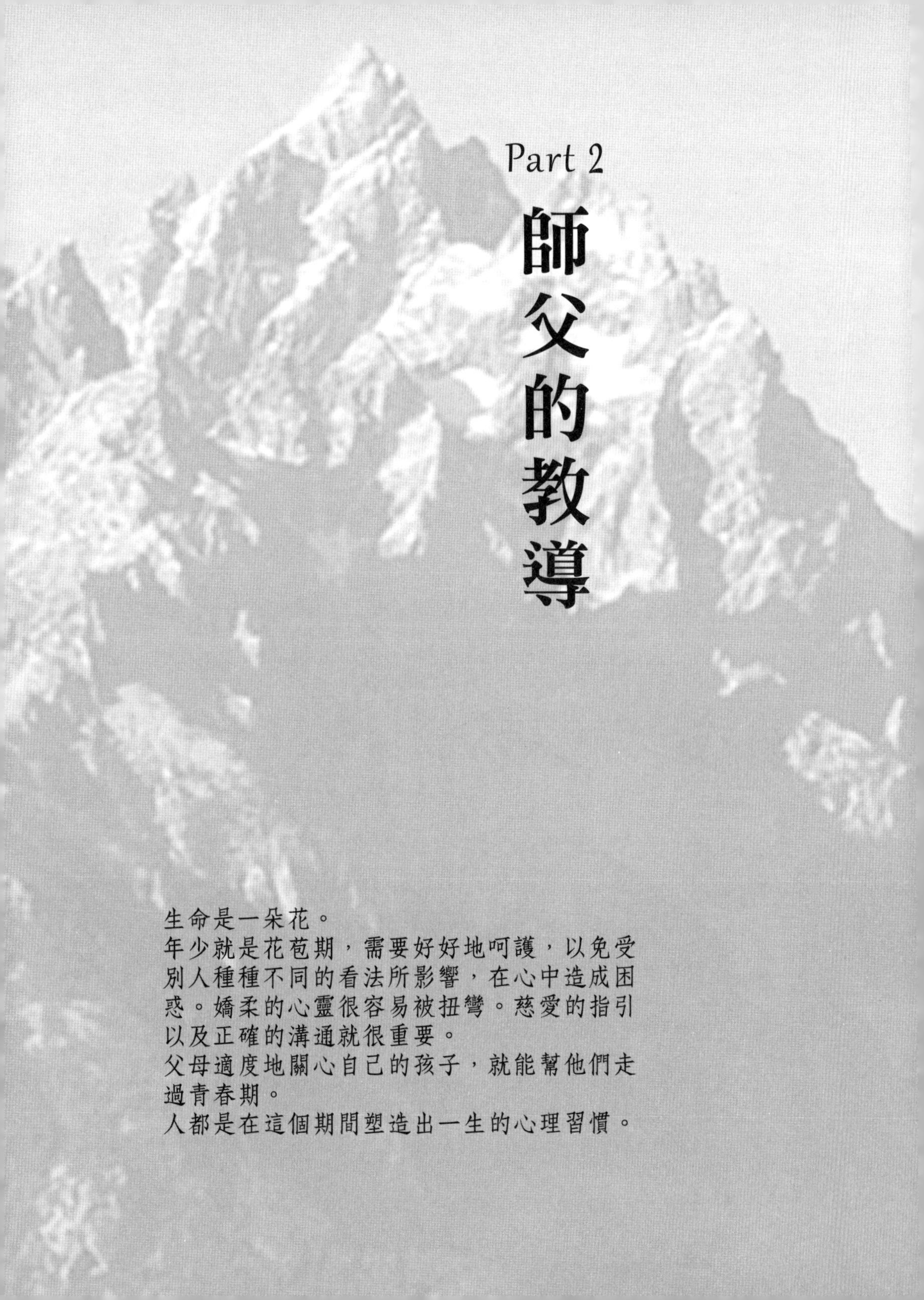

Part 2

師父的教導

生命是一朵花。

年少就是花苞期，需要好好地呵護，以免受別人種種不同的看法所影響，在心中造成困惑。嬌柔的心靈很容易被扭彎。慈愛的指引以及正確的溝通就很重要。

父母適度地關心自己的孩子，就能幫他們走過青春期。

人都是在這個期間塑造出一生的心理習慣。

學會給出去

幾乎所有孩子的本性都是十分自私的。他們什麼都不想分給別人。我所受的訓練，就是要扭轉這個習慣。

住在山中的時候，我習慣每天只吃一頓。通常我吃一張烤餅，一些蔬菜，一杯牛奶。有一天下午接近一點鐘的時候，我把手洗乾淨坐了下來，接過給我的食物。正當我做完餐前的祈禱，準備動用之際，師父走了進來。

他說：「等等！」

我問：「怎麼了？」

他答：「有一位年老的斯瓦米來到，他很餓，你應該把你的食物讓給他。」

「不行。」我跟他理論：「就算他是一位斯瓦米，我也不給。我也很餓，不等到明天不會再有東西吃。」

他說：「你不會死的，把食物給他。不要因為是我命令你給他才這麼做，要當作是一種愛的供養給出去。」

我說：「我很餓。人家把我的食物給吃了，要我怎麼對他起愛心？」

他無法說服我把食物讓給那位斯瓦米，就說：「我命令你把食物拿去供養他！」

那位斯瓦米走了進來，他是一位老人家，鬍子都白了。他隻身在山間雲遊，只有一條毯子，一根手杖，一對拖鞋。師父對他說：「我真高興您能過來。是否可以為我給這個孩子祝福？」

可是我說：「我不要你給我祝福，我要的是食物。我肚子餓。」

師父對我說：「如果你在這個脆弱的時刻失控，你在人生的戰場上就會被打敗。請把你的食物拿去供養這位斯瓦米，先給他水，然後為他洗腳。」

我依照吩咐做了，但是我並不喜歡如此，也不理解其中的意義。我幫他洗了腳，請他坐下，然後把我的食物給了他。事後我才知道，他已經四天沒吃過任何東西了。

他接過食物，說：「神祝福你！今後除非有食物放在你面前，你都不會有飢餓的感覺。這就是我給你的祝福。」

他的聲音至今仍然在我耳中迴響。原本我有種幼稚的貪吃習慣，見到食物就會要吃，但是從那一天起，我再也沒有起過那種衝動。

自私與無私、愛與恨之間的界線，是非常狹窄的。一旦你跨了過去，就能享受為他人服務而不求任何回報。這不只是一種至高的樂事，也是踏在開悟之道上至關緊要的一步。這種領略，是自私的人永遠無法想像的，因為他被限制在自我意識所築起的那道圍牆之內。無私的人是能夠調教好自我意識，用它去達到更高尚的目的。

世界上所有的偉人，不分男女，都是無私的，我們在他們的身上都可以找到這一個共通的人格特質。少了無私的奉獻，什麼成就都談不上。沒有無私心態的話，無論做任何的儀式、有再多的經典知識都沒有用。

大師如何考驗弟子

老師經常會考驗自己的學生。他給我的規定是每天要準時在固定的時間去靜坐冥想。有一天到了這個時間，我正閉著眼睛靜坐，師父來了，站在我面前。顯然我的靜坐狀態不是很好，否則我不會意識到他站在那裡。

他說：「起來！」

我沒有回應。

然後他問我：「你有聽到我，知道我在你面前嗎？」

我說：「有的。」

他問：「你這算是在靜坐嗎？」

「不是。」

「那為什麼不起來？」他問。

其實，我是裝著在靜坐，我也完全意識到他在面前。

老師常常會以這種方式來考驗我們的態度，考驗我們是否誠實，考驗我們是否能自律。

他先告訴你一個祕密，然後對另一位學生耳語另一個祕密，對兩人都說：「這件事絕對不可以告訴別人。」

然而你不能保守祕密，跑去跟別人交換情報。他就用這個方法來測驗是否能將更重要的祕密託付給你。他說：「我告訴你不可以說出去，你為何不聽？」

老師經常會用更嚴厲的考驗方式，有時他們說：「站在這裡！」然後一去就三天才回來。天氣可能又冷又下雨，可是他們要幾天之後才回來找你。他們有的是各種各樣考驗的法子。

學生的耐力經常要受到考驗，如此他們才能學會自立。老師考驗學生，就是在教導自律，就是在鼓勵自立。要具體評估學生進步的情況，考驗就很重要。接受考驗也能幫學生評估自己的進度，發現自己本來沒有察覺到的錯誤。

林中夜遊

有一次，我們從塔那克普（Tanakpur）[1]前往尼泊爾，途中住在一座森林裡。

師父說：「我們吃點東西吧。」那時是凌晨兩點鐘。他說：「你沿著森林中的小徑走十二英里，去塔那克普城裡面的商店。」

跟我們同行的還有另一位斯瓦米，他也帶著一名徒弟。他問我師父：「為什麼你半夜三更還要派他去？我就不會派我身邊這孩子去。」

師父說：「免開尊口。你只會把他變得懦弱，不會變成一位斯瓦米。我要訓練這孩子，他非去不可。」

一位喜馬拉雅的聖者。

然後他對我說：「孩子，來！提著這盞燈，裡面有足夠的燈油。口袋裡要裝一些火柴，手裡要拿著一根棍杖，穿上鞋子。去城裡的糧食店，買上足夠供應三、四天的補給品。」

我說：「好。」就上路了。

在那個漫漫長夜中，我在路上多次遇到蛇和老虎。路徑兩旁的草叢叫做大象草，非常高，比我還高。我聽見草叢中有很多怪聲，但不知道是什麼東西發出來的。我提著一盞小燈，走了十二英里去到城裡的商店，又帶著補給品，直到早上七點才走回來。

師父問我：「你還好嗎？」我就開始把路上發生的種種情形告訴他，最後他說：「夠了，我們該準備做飯。」

無懼，也是開悟所必須具備的前提。偉人是能做到時時無懼的人。能完全免於所有的恐懼，就朝開悟之道邁開了一大步。

注釋

1 譯注：塔那克普（Tanakpur），是位於喜馬拉雅山腳下一個北印度的城鎮名。

橫渡暴河

學生，到處都有。弟子，卻少之又少。很多學生來到我師父面前懇求：「請收我為徒。」他們為了表現自己的誠意，都努力做勞動服務，努力唱誦，勤奮學習，可是他都不做回應。

有一天，他召集所有的學生，一共有二十位。他說：「跟我來。」每個人都跟著他來到南印度通巴德拉河（Tungbhadra River）的岸邊，那時是河水的汛期，河面非常寬，十分危險。他說：「誰能渡過這條河，我就收他為弟子。」

有名學生說：「老師，你知道我是可以的，但是我現在要回家先結束手邊的一些事。」

另一名學生說：「老師，我不會游泳。」

我什麼也沒說，待師父一說完話就立刻跳入河中。他靜靜坐著，看著我游過河。河面很寬，水中有很多鱷魚，還有一些巨大的漂流木在急流中翻滾。我一點都不擔心。我的心念只集中於一點，就是要完成這件挑戰。我愛接受挑戰，向來是樂此不疲。檢驗自己有多少能耐，就是我動力的來源。我游累了就浮在水面上，如此終於游過了這條河。

師父對其他的學生們說：「他可沒說他是我的弟子，但是他跳了下去。」

我和師父非常親近，足以知道他的本事到什麼地步。我想，「他要弟子過河。我在這裡，我可以做到。這沒什麼好怕，因為有他在。我怎麼會做不到？」我的信心和決心（saikalpa）[1]非常堅定。

信心和決心，它們是開悟梯子上的兩條橫槓。少了它們，「開悟」這兩個字只能說得到和寫得到，但是絕對做不到。要是沒有信心，我們只能夠得到少許智性上的知識；唯有依靠信心，我們才能向內見到自己生命最精微的穴室。決心是能夠讓我們通過所有挫折和障礙的那股力量。它幫我們建立起意志力，是在內心世界以及外在世界都獲得成功的根本所在。經書中說，得決心力（Saṅkalpa śakti）[2]之助，無所不辦。世界上所有偉人的豐功偉業，都是靠著這股力。有了這股力為後盾，偉人會對自己說：「我將為，我該為，我能為。」人只要這股決心力沒有中斷，終究能達成自己所期望的目標。

注釋

1 原注：決心（saṅkalpa），決心：鄭重立誓從事某種戒律。

2 譯注：決心力（Saṅkalpa śakti），saṅkalpa 是決心、發願、立志，śakti 是力、勢頭。

供奉師父

我拿什麼供奉師父？讓我告訴你。在我十五歲的時候，我接受了第一階段的啟引，但我身無長物。我想，「這些有錢人來到此處，會帶著滿籃子的水果或是鮮花和金錢，做為對老師的供奉[1]。但是我什麼也拿不出來。」

我問師父：「以我來說，什麼才是給您最好的供奉？」

他對我說：「拿一捆乾的木條給我。」

我想，「如果有人帶這樣一捆木條給自己的老師，老師不踢他才怪。」但我還是照他吩咐做了。我拿了一捆乾的木條給他，他說：「現在你全心全意地將它供奉給我。」

我看著他，心想，「他是如此有智慧、受過高深教育的人，今天是怎麼回事？」

他說：「這是你所能獻給我的最好禮物。別人要給我金子、銀子、土地、房子，這些值錢的東西對我是毫無意義的。」他為我解釋，當你將一捆木條獻給上師的時候，上師就知道你已經準備好踏上開悟之道了。這個舉動的意義是，「請將我從昨日之我解脫出來，在智慧的火中將我的惡念燒盡。」

他說：「我燒掉這捆木條，所以你過去所造的業未來不再影響你。我現在給你新生，不要再活在過去，活在此時此地，開始走上光明之途。」

大多人老是在思慮過去，不知道如何活在當下，這就是他們苦痛的原因所在。

注釋

1 譯注：一般在接受啟引的時候，需要對啟引者有所供奉。

寂寞

我從不會感到寂寞。人會寂寞是因為無法覺知到自己內在的充實。當你需要依靠外界的什麼東西，而不覺知到你內在的真實，那你的確會寂寞。凡是追尋開悟，都是要從內在去找，要明白到你是本自俱足的。你是完美的。你不需要任何外在的東西。無論在任何狀況下發生任何事，你都不必感到孤獨。

我十六歲那年，有一天我站在我們喜馬拉雅山的岩洞外，看見有幾個人正朝著洞口走過來。當他們走近了，我認出其中一人是印度當地的一位郡主，帶著他的助理和護衛。

他走向我，傲慢地說道：「小師父，我來見你的師父！」

我用同樣的聲調回他：「不給見！」

他的助理問：「你不知道他是誰嗎？」

我回答：「管他是誰！我是這個洞的守衛！走開！」他們離去又折返了幾次都沒用，我向來很少讓人見我的師父。我盡量不要讓他受到打攪，我們也不想見傲慢的人。

我問過師父：「這些富人大老遠跑來求見，你都說不見，這樣好嗎？」

他笑著說：「我跟自己內在的這位朋友相處就很快樂，為什麼要見這些人？他們不是虔誠來問道的，都是想求些世俗的東西。有的想求子，有的想升官，都不是來找心靈的食糧，為什麼你要我見他們？」

那位郡主終於明白我根本不在乎他是什麼身分，於是他改變了態度。他再度來到，有禮貌地問：「先生，可否讓我晉見您的師父？」我才領他進入洞內。師父正靜靜地坐著。

郡主想以多禮的態度展示他受過西方的教養，他說：「先生，您看來好像有些寂寞。」

師父說：「沒錯，因為你來了才如此。你沒來之前，我正在享受和自己內在的朋友相伴。現在你來了，我才感到寂寞。」

的確，所有的伴侶中，最高等的伴侶是真我。能學會享受和真我為伴的人，永不寂寞。誰才會讓我們感到寂寞？那些聲稱了解我們、愛我們的人，或是那些我們所愛的人，才是製造寂寞、讓我們無法獨立的人。我們忘了自己內在那位永恆的朋友。一旦我們學會認識了真我，就能不再依靠一切外在的。會依賴自己和別人之間的關係，就是一種無明，需要破除。「人與人的關係」和「人生」是同一個意思，是不能分開的。認識了自己內在的朋友，就會愛所有人而不依賴任何人，能做到的人永不寂寞。孤寂的感覺是一種病。能開心地獨處，就時刻都在享受中，也就是時刻都能覺知到真實，和真實作伴。

高山上濃霧籠罩中的隱居地。

那位郡主學到了這一課之後，回到他的宮中靜靜地思索其中的道理。後來他開始靜坐。不久他明白到，人是可以從自己製造出來的孤寂苦痛中解脫出來，積極享受人生。

摩耶

有一天，我問師父：「先生，我受到的教導是，無明和摩耶（也譯為『幻』）是一體的兩面。但我還是不能明白摩耶是什麼。」

他常會親身示範所教的東西，所以對我說：「明天早上我會讓你看到摩耶是什麼。」

那天晚上我就睡不著覺，心理一直想著，「明天早上我會遇見摩耶。」

第二天早上，我們如常地在晨間盥洗之後去恆河中沐浴。但是我實在無心回去靜坐，因為期待可以揭開摩耶的神祕蓋紗，讓我心中暗自興奮不已。在走回岩洞時，我們見到有一棵巨大的枯木。師父衝到樹旁，全身緊貼抱住枯木。我從未見過他跑得如此之快。

他大喊：「你是我弟子的話，就趕快來救我！」

我說：「啥？您救過無數的人，今天會要我來救您？您這是怎麼了？」我其實是怕那棵樹，不敢靠近，怕它也會把我給吸住。我想，「如果樹把我倆都吸住的話，誰來救我們？」

他大喊：「救我！抓住我的腳，試試盡力把我拉開。」我費了再大力氣也無法將他從樹拉開。

他說：「我的身體被這樹給抓住了。」於是，我耗盡全身之力試著把他拉開來。

最後我停手，開始思考，對他說：「這哪有可能？這樹幹怎麼會有力量把您給吸住？您這是在做什麼？」

他笑了，說：「這就是摩耶。」

師父為我解釋了什麼是「無始無明」（anādi avidyā），和商羯羅大師所描述的一模一樣。他說，無明是就人的層次而言，摩耶則是就宇宙層次，也可以就人的層次而言。「摩」（mā）意思是「沒有」，「耶」（yā）意思是「那個」，所以叫做摩耶的，就是那個不存在、非實有的，卻好像是存在的，如同幻象一般的。

然後，他解釋，根據另一個哲學派別，摩耶是宇宙層次的幻象，也是宇宙之母。他說，根據密法（tantra）的哲理，摩耶既是宇宙的「夏克提」（勢能），也是所有人類本有的潛伏靈能「昆達里尼」（kuṇḍalinī）[1]。經由專注於「絕對」，就能喚醒內在潛伏的靈能，將它導引至覺性中心。能觸及這個靈能，就可以輕易地證得最高覺性。沒有喚醒這個夏克提之力的人，就永遠還是無明的動物。

解釋了無明的種種哲理之後，他接著說：「當我們把一切心思、精力、資源都耗在相信那個實際不存在的東西上，它就顯得是存在的，那就是摩耶。你不用去想那些邪、魔、罪、無明或是摩耶的東西，那只會徒然讓自己緊張焦慮。即使是追求靈性之人，也會變得只把自己的不進步怪在全世界的頭上。這個弱點是造成障礙的主因。因為不誠、不實、不信、不真，我們無法證悟到自己的本來。我們以為障礙的源頭是世界外物，其實那不過是我們自己弱點的投射作用。」

他告訴我要持續修練，對一切都不貪執，同時要始終保持覺照。他說：

> 最強的束縛是貪執造出來的，它會使人軟弱、無知、無法覺知到絕對的真實。摩耶（也就是幻）是深深扎根於貪執。當我們執著什麼或是貪求什麼東西，它就變成為我們幻念的源頭。能夠沒有執著，能夠將自己的欲念導向追求靈性的成長，這樣的人才能解除摩耶的束縛，不再有幻。越少貪執，內在韌性就越高，也就越接近目標。無執（vairāgya），

放下任何貪執，以及串習（abhyāsa），對那「絕對真實」保持覺照。無執和串習這兩者就像是鳥的雙翼，能由生死的低地飛到不死的高原。能夠讓自己的翅膀不被摩耶幻境剪短的人，就能達到至善。

很多人以為執著就是愛，可是你執著的話，你就變得自私，只在乎你自己的樂，那是誤用了愛，你會變得占有欲極強，會試著擁有你所欲求的對象。貪執給別人造成束縛，愛則是給予自由。瑜伽士說無所貪執，他們並不是教人什麼都不在乎，而是教人真誠地、無私地去愛人。無執，正確的理解，就是愛。無執的愛，是在家人或者出家人都可以修練的。

我在喜馬拉雅山中恆河的沙岸上所學到這一課是，「幻是自己造出來的」。我敬愛的師父傳授了這個知識給我，讓我明白到所謂宇宙之幻，以及我們自己造出來的障礙，它們的本質是什麼。

注釋

1 原注：「昆達里尼」（kuṇḍalinī），潛藏在脊柱底端的初始能量。

真理的苦澀與善報

我記得有一回跟著師父乘火車旅行，我們路過一處火車站時，當地的站長對我說：「先生，請教我一個什麼法門，我答應會忠實地練習。」

師父對我說：「給他一個具體的方法去練。」

我說：「為什麼要讓愚人去誤導另一名愚人？最好還是由您來指導他。」

所以師父對他說：「從今天起，不要說謊話，堅持做這個練習三個月。」

在那個地方，大多數的鐵路員工都不老實，會收受賄賂。而這個人決心永遠不說謊話，不收賄賂。

就在那一個星期，總公司派了一組稽查人員來調查他和同事。站長對稽查人員的提問據實回答，這就給他的同事們惹了麻煩。所有收過賄賂的員工，包括站長在內，都被起訴。站長心想，「這才第十三天，我就已經惹了這麼大的麻煩。堅持三個月下去，真不知道我會如何。」

這站長在苦惱的那天，我和師父遠在三百英里外的那馬達河（Narmada River）[1]河邊。師父正躺在一棵樹下，他忽然笑出聲來。

他說：「你知道發生了什麼事？我叫他不要說謊的那個人，今天進了監獄。」

我問：「您為什麼要笑呢？」

他回答：「我不是在笑他，而是在笑這個荒唐的世界！」

和站長同一個單位的十二個人聯合起來，告站長說謊。雖然站長說的是實話，卻遭他們一致指證他是站內唯一收受賄賂的人。結果其他人獲釋，只有站長入獄。

當站長進入法庭接受審訊時，法官看著他問：「你沒有辯護律師嗎？」

「我不需要。」

法官說：「但是我要你接受一位公設辯護律師。」

「不必。」站長回答：「我不需要人為我辯護，我只要說實話就夠了。不管你要判我關多少年，我都不會說謊。我原本也收受賄賂，但後來遇見了一位聖者，他叫我不計任何後果都不可以說謊。結果，我的妻子和兒女離開了我，我丟了工作，沒有錢，沒有朋友，住在牢中。這些都在一個月之內相繼發生。不管發生什麼事，我還要繼續說實話兩個月。大人，把我關起來，我不在乎。」

法官宣布休庭，把他叫到辦公室內，問他：「是哪位聖者教你這麼做的？」他據實告訴了法官。誰知這位法官也是師父的弟子，就判他無罪開釋，並且對他說：「你已經走在正道上，要堅持下去。希望我也能和你一樣。」

三個月後，他並非一無所有。就在剛滿三個月的那一天，他正靜靜地坐在樹下，來了一封電報，內容說：「你父親生前擁有一大塊土地，很久以前被政府徵收，現在政府要補償你。」因此他收到了一百萬盧比（約等於當時的十萬美元）。他之前根本不知道有這一塊地，因為它是座落在另一個邦的境內。

他想，「我發誓不說謊到今天剛滿三個月，現在得到這麼大的善報。」他把那筆補償款給了他的妻子和兒女。他們說：「我們要回到你身邊來。」

「不用了。」他說：「到目前為止，我只看到三個月不說謊的後果。我想看看此生永不說謊會如何。」

真理是人生的目標，要用身、語、意去實踐真理，就會達成目標。實踐不說妄語，不做違背自己良知的行為，就可以得真理。良知是最好的仲裁者。

注釋

1 譯注：那馬達河（Narmada River），中印度的一條大河。

老師為何不教弟子

有一天，我對師父說：「您一直在騙我。」每當我們自覺不足但自尊心又太盛的時候，就習慣把一切不如意都怪罪在別人頭上。

他說：「又怎麼啦？」

我說：「您還當我是個孩子，很多東西都不讓我知道。」

「那告訴我，有哪件事我沒讓你知道？」

「您一直沒有讓我見到神。也許您做不到，所以只能教我神是什麼。如果您的能力不足的話，就應該老實說出來。」

他回答：「我明天早上就讓你見到神。」

我問：「真的？」

他答：「當然……你準備好了嗎？」

我平日一向很有規律，在睡前必定靜坐，可是那天晚上我坐不住。既然我到了早上就可以見到神，那何必靜坐？我興奮不已，心定不下來，整個晚上都沒睡。

第二天一早，我直奔師父那兒，甚至都沒有先沐浴。我想，「師父要讓我見到神，何必把時間用在沐浴上？」我只用水撲撲面，讓頭髮服貼，就去到師父面前。

他說：「坐好。」

我心想，「現在他要讓我見神了。」我幾乎從不感到卑微，但是那天早上卻是反常地卑微。我對著他拜了好幾次。

他看著我，說：「你怎麼了？這是在耍什麼把戲？為什麼變得異常情緒化？」

我說：「您忘記了嗎？您答應過要讓我見到神。」

他說：「好的，先告訴我你準備見那一種神？」

我說：「先生，神還分好幾種嗎？」

他問：「你概念中的神、對神的定義是什麼樣的？我要讓你見到完全如你所深信、所定義的神。每個人都想見神，但是在思想中、心中對神卻根本沒有確實深信不疑。如果你要追尋，卻不是很確定、很肯定你所要追尋的目標，你會找到什麼？假如我告訴你，你所見到的一切都是神，你不會相信。假如我說，神在你裡面，你也不會相信。假如我讓你見到神，你會說：『不是，那不是神！』那時我還能怎麼辦？所以你先告訴我，你認為神是什麼樣子的，然後我才為你把那個神變出來。」

我對他說：「等等，讓我想想。」

他說：「神可不是你能想得出來的。回到你的靜坐墊上，等你有把握了，再告訴我。你決定好了你要見的是哪一種神，隨時可以來見我。我不說謊——我會讓你見到神。讓你見到神，就是我的責任。」

我盡了一切努力去想像神該是什麼樣子的，但是我所想像出來的仍然不脫人類的形象。我在心中想像，範圍從植物王國到動物王國，然後到了人類。所以我想像出來的，是個有智慧、英俊的人，非常強壯有力。我想，「神一定就是這個樣了。」然後我意識到自己對師父的要求有多愚蠢。假如我心中連要見什麼都沒想清楚，我能經驗到什麼呢？

最後，我去見師父，我說：「先生，我要見的神，是能夠為我們解脫苦痛，給予我們幸福的。」他說：「那就是一個『等』和『定』的狀態，是你必須為自己培養出來的那個狀態。」

心中還沒有先想清楚，只是希求要見神，那無異於在黑暗中模索。我發現人的心思是有一定範圍的，因此心只能依它自己能力所及的程度去想像。人不可能說得出來神是什麼，也不可能以心念去思議神。你可以說，神是真理，是愛的泉源，絕對的真實，或者神是展現出宇宙的那「一個」。但這都是一些抽象的概念，無法滿足想要見到神的欲望。那麼究竟要見到什麼呢？相信神是個生靈的人，能憑想像見到神的模樣，但其實神不是人類肉眼可見的。神只能用證的，要先證到真正的我，再證到一切之本我。

所以假如學生有這種態度：「我要見神，我的老師沒讓我見到神，所以我的老師不能滿足我所想要的。」他最後必須要悟到，這事不關乎老師的責任。你要查找你的要求是否失當，不要去要求老師，要由內在去轉化自己。神在你裡面，在你裡面的只能靠自證，證悟一己。沒有人可以把神指給別人看。你必須要靠自己證悟你真正的我，然後才能證悟到一切的本我，那才是神。

學生處在無明狀態時，他認為神是某一種特別的生靈，就會想要見到那個生靈，像是見到外界的什麼東西似的。這是絕無可能的。但是當他明白到神就是「真」，然後將「真」落實在自己的行為和言語中，那麼他對於神性的無知就會消散，證悟真正的我的曙光就會綻露。

持戒

我經常前往拉姆噶爾（Ramgarh）[1]地區的森林，我的朋友南亭巴巴（Nantin Baba，Nantin的意思是「孩子」）住在林子裡面。他從六歲開始從事身心苦修。當年我們倆不守規矩，常會潛入村中進入居民的廚房，有什麼就吃什麼，然後再回到森林中。村民視之為神祕事件，有人當我們是天人下凡，也有人當我們是魔。

當地有很多蘋果園，屬於鄰近乃尼陶（Nanital）[2]城裡的富人所有。有一天，我們離開了原來的住處，搬到一條溪邊去住。這條溪流經一個果園。晚間，我們用撿來的柴枝生火。林區的巡邏員擔心我們引起森林火災，所以我們就去到果園中生火。園主看見我們，以為我們要偷他果園中出名的金蘋果或是其他珍貴的品種。他非常小氣又可鄙，絕不會像別的園主一樣讓人自由撿拾掉在地上的蘋果。他叫看管果園的人拿著竹棍過來，一共有五個人衝著我們跑來，準備痛打我們一頓。他們到了近旁，看見我們並非賊而是住在森林中的兩名年輕瑜伽士。

三個月後，我回到師父身邊時，他說：「你做的那些蠢事可給我惹麻煩了。」

我說：「我什麼都沒做嘛。」

他繼續說：「我必須要像母親保護嬰兒那樣地保護你，你什麼時候才會長大？你為什麼侵入人家的土地？」

我答：「所有東西都屬於神所有，為神服務之人都可以使用。」

位於喜馬拉雅山中投力（Toli）地區的村莊。

對此，師父回我：「這種想法是在濫用靈性經句來行你私人之便。你要改正這種想法。」然後他給我幾項指示：

一、要視那絕對真理遍布十方世界。

二、不可貪著世間對象所帶來的樂趣，要把它們當作是提升靈性的工具手段。

三、不可覬覦他人之物、婦人、財富。

他說：「這些是出自《奧義書》的語句，你忘了嗎？從今以後，你再干犯任何世間律法，或是滋擾在家民眾，我就永遠不跟你說話。」

有時候，他處罰我的方法就是不跟我說話。他的靜默，有充滿愛意和體諒的正向靜默，也有默摒的靜默，這兩者的區別我是非常清楚的。那時我才十六歲，精力充沛，非常好動，經常讓他傷透腦筋。但是他常說：「我的孩子，這是我的業，不是你的錯。我是在為自己所造的業受果報。」那我就會覺得難過，答應不再違反他的指示，然而很快的，我又會不守規矩。有時我知道自己在做不負責任的行為，有時是因為覺知力不夠而沒有意識到自己在犯錯。縱然我不守規矩，但是偉大的他，在任何情況下都一直是愛我的。

人變得成熟時，就會開始明白人生真正的道理。那麼他就會變得能覺知自己的念頭、語言、行為。靈性修行需要時時提高警覺。戒律不可死板地執行，但是學生要學會自律，要認識到持戒是自我成長所不可或缺的。僵硬地實踐和遵行戒律，不見得有什麼特別的助益，這固然能讓人知道什麼是可為的，知道什麼是不可為的，但絕不會知道如何能自在。

注釋

1 譯注：拉姆噶爾（Ramgarah），原書寫為Ramgarah，但是常見的拼法則是Ramgarh。位於印度東北，是一個行政特區，有極為豐富的人文和宗教遺跡以及自然景觀，歷史上為兵家必爭之地，英國殖民時期被劃為軍事要地。據未經審訂的《維基》說，區中還有一處華人墓園，是當年一批效忠蔣介石的軍人戰敗退至印度受俘，在集中營內病故而集葬於此。

2 譯注：乃尼陶（Nanital），原書寫為Nanital，但常見的拼法則是Nainital，位於拉姆噶爾地區西側。

詛咒就是祝福

每當我變得自大，我就會摔跤。這是我的經驗談。

師父告訴我：「你要盡力。但是只要你的自我意識開始膨脹，只要你有私心，你做什麼都不會成功。這是我對你的詛咒。」

我驚訝地看著他。他到底在說什麼？

他接著說：「我對你的祝福是，只要你能變得無私、有愛心、不自大，你就會發現有股巨大的力量在支撐你，你的善行就永遠不會失敗。」

自私的人，只會想、只會談自己。自私使他變得以自我為中心，變得可鄙。開悟最快的捷徑，是斷除自我意識，歸附於那「至高的一」。薩桑嘎開示（satsanga，與聖者為伍）[1]以及時刻覺知內在的中心點，能幫助我們跳出幻境的泥沼。培養無私心態也能夠淨化自我。沒有淨化的自我是邪惡的，會阻礙我們進步。然而，經過淨化了的自我，則是個能幫助我們分辨本我以及非本我的工具，幫我們分辨出什麼是本來的我以及什麼是一己的小我。自大之人的意識領域是不可能擴張的。因為自我意識的問題，而在自己周圍築起高牆壁壘的人，終究會為自己帶來痛苦。能夠試著保持覺知一己和他人是一體的人，會能夠保持快樂、無懼，享受人生的每一個時刻。無私、謙和、慈愛之人，是能夠增進人類福祉之人。

注釋

1 原注：薩桑嘎開示（satsa ga），與聖者交談或者與聖者為伍。譯者按，衍生的意義是眾人圍繞聖者身邊，聽聞聖者或大師開示，引申為靈性座談聚會。

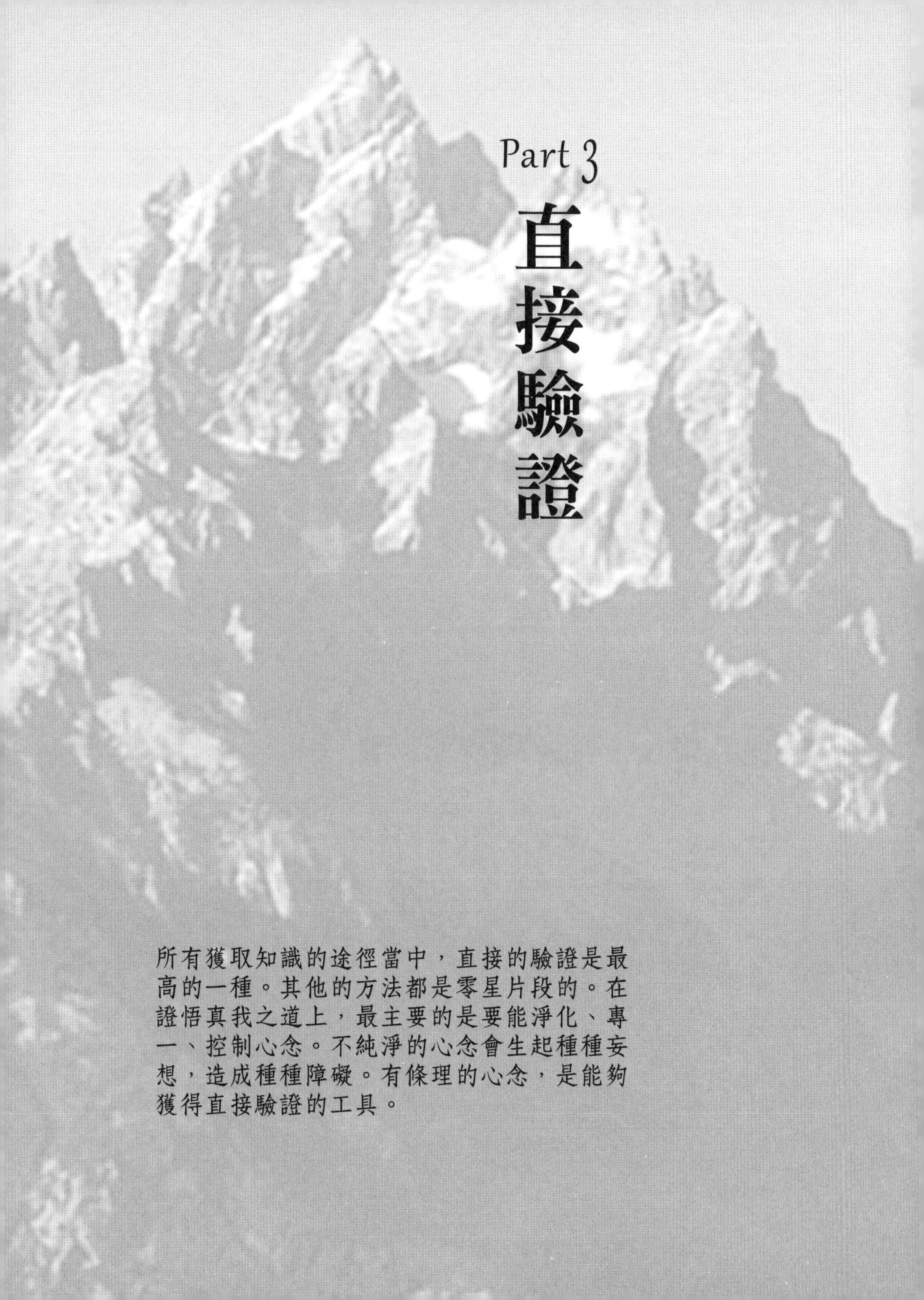

Part 3 直接驗證

所有獲取知識的途徑當中，直接的驗證是最高的一種。其他的方法都是零星片段的。在證悟真我之道上，最主要的是要能淨化、專一、控制心念。不純淨的心念會生起種種妄想，造成種種障礙。有條理的心念，是能夠獲得直接驗證的工具。

直接驗證是唯一的方法

有一天，師父要我坐下來。他問：「你是個博學的孩子嗎？」我對他無話不可說，再荒誕不經的話也可以。他是我唯一可以絕對坦白以對的人。不論我對他說了什麼話，我都不後悔。有時我的愚蠢反而能給他帶來樂子。我回答：「當然我是博學的。」

他問：「你學到些什麼？又是誰教你的呢？說給我聽聽！我們的母親是我們的第一位老師，然後是我們的父親，再來是我們的兄長姊姊。其後我們跟一起玩的孩子們學習，跟學校的老師學習，跟書本的作者學習。不論你學了什麼，你沒有任何一樣東西可以不靠別人而學來。你目前所學到的，都來自別人。那別人跟誰學的？別人又是跟別人學來的。結果你居然還自誇博學。我覺得你很可悲，因為你從沒有靠自己學到任何東西。很顯然，你已經有了結論，認為世上沒有獨立學習這種事。你的想法都是別人的想法。」

我說：「等等，讓我想一想。」這是個令人震驚的醒悟：我所學到的一切，居然沒有一件是我自己的。如果你在我的處境，可能也會有同樣的感觸。你所依賴的知識，完全不是你的知識。因此，無論你擁有多少知識，它都無法令人滿足。就算你讀通了整座圖書館裡的書，它也絕不會滿足你。

「那我如何才能開悟？」我問。

他說：「你要親自驗證那些從外面學到的知識。用直接的體驗來幫自己找到答案。最後，你會到達一個境地，能對那些知識有所結論，有所收穫。光知道是不足的，一定要直接得來才算。間接得來的知識固然也有用，但是無法讓人覺得充實。歷史上的智者歷經千辛萬苦，就是為了直接體驗真理。他們不滿於徒然接受別人的意見。他們為了追求真知，無懼於那些捍衛傳統或信條的人，如果得出不同的結論，即使受到迫害乃至犧牲生命也在所不惜。」

從那時起，我一直都試著聽從他的勸諭。我發現，要測試知識的真偽，最終還是要靠直接驗證。要確認真理，最好的方法就是直接體驗。你們大多數人會去找朋友，把你的觀點告訴他們，那是在尋求他們的肯定意見。無論你有什麼想法，都希望別人能同意你，藉此來肯定自己。你想聽他們說：「是的，你的想法是對的。」但是別人的意見並不能用來測試真理。

你能直接認知到真理，就無需去問你的鄰居或老師。你也不用從書本中尋求肯定。靈性真理不需要外在的人證。只要你還有疑惑，就表示你還未真知。你要走上直接體驗之途，直到一切都弄明白了，直到一切疑惑都解決了。唯有直接體驗，才能去到真實知識的源頭。

真知能除苦

靠自己是很重要的。當你開始直接從自己內在接收到經驗，就能靠自己。無庸置疑，你需要一位老師，一位嚮導，我並不是告訴你不需要從別人那兒學東西，或者說你不需要讀書。但是我遇見過這樣的人，他們連字母都不認識，可是每當我們弄不明白某個深奧的道理或是某段經文，只有他們能幫我們提供解答。

有一次我在講授《梵經》（*Brahma Sūtras*）。這是所有「吠檀多」（Vedānta）「經典中最深奧的一部，其中有些經句我自己都還沒真正弄明白。我為學生們解說，他們似乎都滿意了。可是我沒有。所以晚上我去找一位斯瓦米，他從來沒有正式學過經典。他連自己的名字都不會寫，可是他的知識無人可及。他說：「沒有直接的體驗，你是永遠無法理解這些文字精簡的經句。」然後他告訴我一個故事，幫我了解直接知識和間接知識有何不同。

有位大師，他有一名學生從來沒有見過牛，也沒喝過牛奶，但是知道牛奶非常營養，所以想去找一頭乳牛，擠牛奶來喝。

他去找大師問道：「您對乳牛有什麼認識嗎？」

大師說：「當然有。」

學生要求說：「請把乳牛的樣子講給我聽。」

斯瓦米拉瑪，攝於喜馬拉雅山區的烏塔卡西（Uttarkashi）。

所以大師就告訴他：「乳牛有四條腿，是一種溫順馴服的動物，在森林中找不到，只有在村落中才有。牛奶是白色的，對你的健康有益。」大師又把牛的耳朵、尾巴，一切都形容給學生聽。

聽完了這些描述之後，學生就去尋找乳牛。在路上，他見到一個牛的塑像，心想，「這一定就是大師為我所形容的那個動物。」當天正巧附近有人在油漆房子，所以有一桶白漆放在牛像旁邊。學生見到，就推知，「這一定就是他們說的牛奶，喝了對身體好。」於是他大口喝了一些白漆落肚，當然立刻感到嚴重不適，被送進了醫院。

他被治好了之後，就回去找大師，生氣地指控：「您算什麼老師！」

大師問：「怎麼了？」

他答：「您對牛的描述不盡不實。」

「發生了什麼事？」

學生將事情經過為大師說了。

大師問：「是你自己親手擠的奶嗎？」

「不是。」學生說。

「所以你才吃了苦頭！」大師說。

今日受過高等教育之人的不幸，原因不是他們無知，他們只知一小部分，而且所知不是自己得來的知，所以不幸。所知不足、所知有限，就如同只有部分為真，必然會招致危險。只有部分為真，根本就是不真。同樣的道理，只知部分也就是不知。智者一定會直接體認真理。

那位連一個大字也不識的聖者，每次都能為我解答疑惑。跟著一位已經證悟、適任的老師有系統地學習，有助於淨化自我意識，否則對於經典的知識只會令人自大。今天所謂的知識分子，都只是從書本和經文中獲取資訊。他是否真的知道自己在做什麼？用這種知識來餵養自己的智性，就像是在吃沒有營養價值的食物。老是在吃這種食物的人，不但治不好自己的病，也會讓別人得病。我們見過許多老師，他們都很會教，但是只有直接來自老師個人親驗的、純淨無雜質的東西，學生才能消化吸收。

注釋

1 原注：吠檀多（Vedānta），《奧義書》的哲學理論。

幸福咒

咒語（mantra）[1]是偉大的聖者在深邃的禪定中所感應到的一個音節、一個音聲、一個字語，或是一組字語。它不是人類講話的語言，是在超意識狀態中所接獲的一種音聲，可以帶領修行人去到高之又高的境地，直到完全的靜默。我們越是能提高對咒語的覺知，它就越能為我們展現它的意涵。它能讓人覺知到更高的意識層面。荒謬絕倫的是，居然有人濫用這個神聖的傳統，在市場販賣咒語。

咒語跟人一樣有許多層面：由粗到細，到精，到更精微，到最精微。舉例而言，「Aum」（「嗡」，也可以寫成 Om），a-u-m 三個字母可以代表三種意識狀態（清醒、夢境、深眠），也可以代表三個身層（粗身、細身、精微身）。但是這個咒語的第四個狀態[2]或者最精微的狀態，是無形、無聲、無可名狀的。明白樂耶瑜伽（laya yoga，消融瑜伽）過程的學生，就能明白咒語的無形之身以及超意識狀態。咒語有非常強大的力量和重要性，是一種精簡化的祈禱形式。如果能時刻持誦，它就成為我們的領路者。

我曾經是個咒語收集者，就像許多人喜歡收藏各種各樣的物品一樣，我總認為下一個新的咒語會好過我已經擁有的咒語。有時候我會跟其他同學比較，心想，「我的咒語比他的好。」我是多麼的幼稚。我稱之為病態的靈性。

有一位斯瓦米，他住在位於哈思爾（Harsil）和烏塔卡西（Uttarkashi）之間的喜馬拉雅深山中。我去拜見他，當我抵達時，他問：「你為什麼目的而來？」

我告訴他：「我想求一個咒語。」

他回答：「你先要等一陣子。」

西方人士去求咒語時，他們會願意付很多錢，但是不願意等。我試著用同樣的方法，說：「斯瓦米吉，我趕時間。」

「那你明年再來好了。」他說。

「如果我現在留下來，會需要等多少天？」我問他。

「我要你等多久，你就得等多久。」他回答。

因此我耐心地等下去，一天，二天，三天，斯瓦米仍然沒傳咒語給我。到了第四天，他說：「我要傳給你一個咒語，但是你得答應我，你會時時憶持不忘。」

我答應了。

他說：「我們去恆河邊上。」

無數聖者都是在神聖的恆河岸邊從事修行以及受到啟引。

我站在岸邊說：「我誓言絕不會忘記這個咒語。」我重複說了好幾遍，但是他仍然不行動。

最後他說：「無論你身在何處，都要活得愉悅。就是這個咒語——總是保持愉悅，即使你被關在牢中，不論你身在什麼地方都如此。即使你必須前往像是地獄的地方，你也能就地打造出一個天堂。記住，我的孩子，愉悅是一件你可以做得了主的事，而這事在人為。你要為自己創造愉悅，記住我這個咒語。」

我非常高興，但又非常失望，因為我期待他會給我一個特別的音聲去持誦。但是他其實更實際。我一生都在用這個「咒語」，發現它用在任何地方都靈。他開給我的心靈處方似乎是最好的醫師處方——真正是自我療癒的關鍵所在。

注釋

1 原注：咒語（mantra），一個音節、一個單音、一個字、一組字所構成，是偉大聖者們在最深禪定中聽聞而來。靈修之人重複持誦以達到特定的靈修目的。譯者按，也有譯音為「曼陀羅」，咒語不一定必然是梵文。

2 原注：即 turīya，超越清醒、夢境、深眠的第四個狀態；超意識狀態。

蜜蜂咒

有一種咒語叫做「繫屬咒」（āpta mantra），它專屬於傳授這個咒語的聖者所有。讓我告訴你們，我所經歷過的這種咒語。

以前有一位斯瓦米，他住在瑞斯凱詩城（Rishikesh）[1]恆河對岸一個小茅屋中。要前去那裡，你必須走一條搖晃的繩索吊橋渡過恆河。那時瑞斯凱詩城還沒有這麼多居民，有時候野象在夜間會來吃我們鋪在房子牆上和屋頂上的茅草。象群可能多達三、四十頭，牠們到來時，我們就坐在屋內，有時候牠們能吃掉半間茅房。此外，還有老虎出沒。那時候，瑞斯凱詩還很原始。

我的師父指示我去親近那位大師，因此我去河對岸參訪那位斯瓦米，住在他那兒。每天早上斯瓦米吉會去恆河中浸浴，我跟著他去。師父要我無論去到任何地方就依當地的規矩辦事。我們浸浴過後就取一段小樹枝，把它的一端壓扁做成刷子，然後用來刷牙。我們每天都如此，斯瓦米吉的弟子會爬上樹，折斷樹枝給我們當牙刷用。

有一天，斯瓦米吉自己爬上了樹。通常他不會這麼做，那次是特地要為我展現一件事。他年逾七旬，但仍然能輕易爬上樹。樹上有一個野蜂巢，他不刻意迴避，反而爬上蜂巢所在的樹枝，然後開始跟蜜蜂說話。

我在樹下對他喊：「斯瓦米吉，請不要去騷擾蜜蜂！」我把自己的頭蓋住，心想，「一旦牠們受到騷擾，也會來螫我。」那些野峰可是非常危險的，又大又兇，你只要被一、二十隻螫到，

瑞斯凱詩當地一名叫做塔瓦拉巴巴（Tat Wala Baba）[2]的聖者。

就可能活不了。

斯瓦米就在蜂巢邊折了一段樹枝，但是蜜蜂絲毫沒有被騷擾的跡象。他安全地下來，對我說：「現在你上去幫自己折一段樹枝。」

我回答：「我不需要，沒有樹枝也可以。」然後我說：「如果您一定要我爬上去，就得先教我那個保護您的咒語。」

那段時期我很迷咒語，我想要學會他的咒語，如此我就能向別人炫耀自己的本事。那才是我的目的。

斯瓦米說，我要先爬上樹才教我咒語，所以我只好爬到蜂巢旁邊。他說：「再靠近一些，跟牠們面對面說話，你說：『我跟你們住在一起，我不會傷害你們。請不要傷害我！』」

我對斯瓦米說：「這可不是咒語。」

他回答：「照我的話做。你的嘴唇要貼近蜜蜂，近到可以輕聲跟牠們講話。」

我說：「牠們哪裡聽得懂印地語？」

他回答：「牠們能聽懂出自內心的言語，所以能懂所有語言。你只管跟牠們說就是了。」

我心中雖然不信，但仍然完全照他的吩咐做了，而我很意外蜜蜂居然沒有攻擊我。

我說：「斯瓦米吉，難道這些蜜蜂是馴養的嗎？」

他笑了，說：「不要把這咒語傳給任何人，它只對你才靈。記住。」

後來，每當我去到人口密集的地方，通常會在城外找一處花園住下，要找我的人就會前來見我。我年輕而幼稚，喜歡炫耀。我會爬到樹上的蜂巢採些蜂蜜，一隻蜜蜂也不會螫我。我用這來娛眾。

我在旁遮普邦的比瓦尼（Bhiwani）時，有一位跟我很熟的金匠求我把這個咒語傳給他。我答應了，完全忘記斯瓦米曾經囑咐過，這咒語只對我才靈，別人用就不靈。我教他如何跟蜜蜂講話，他爬到蜂巢邊，重複這咒語。結果完全不靈，他受到好幾百隻蜜蜂攻擊，並從樹上摔下來。我們把他送入醫院，他連續好幾天昏迷不醒。我憂心不已，心想，「假如我害死了他怎麼辦！」不斷為他祈禱，希望他能逃過一劫。

到了第三天，我大吃一驚，傳我咒語的那位斯瓦米居然來到醫院。他說：「你幹的好事！因為你要出風頭，幾乎害死一個人。希望這是你得到的最後一次教訓。這個人明早會康復，但是我現在把這咒語的法力從你那裡收回來。今後你再也用不了它。」從那次以後，我就小心多了。

有時候，偉人的一句話就可以有咒語的效果。任何偉人對你所說的話，你就要視他的話如咒語，而且要付諸實踐。

注釋

1 譯注：瑞斯凱詩城（Rishikesh/Hṛṣīkeśa），印度北方濱臨恆河的一座聖城，全城禁屠禁葷食，斯瓦米拉瑪的道院即位於此處。

2 譯注：塔瓦拉巴巴（Tat Wala Baba），也有寫成 Tat Wale Baba。網上搜尋，這位塔瓦拉巴巴是瑞斯凱詩當地一位奇人異士，有著不可思議的本事。不知本段故事中提到的這位斯瓦米是否即是塔瓦拉巴巴。

濫用咒語

在我們寺院中，有某些經卷是絕對不可以動的，除了寺院的住持以外，任何其他人都不能讀。它們是屬於「瑜伽實修」（Yoga-śastra）[1]類的經典，裡面講的是非常高深的修練法。

師父曾經對我們說：「你們不准去試那些經卷中的功法。」但是我很固執，一心想知道它們裡面寫了什麼。當年我十八歲，什麼都不怕，但也有點不負責任。我想，「我程度高。如果不讓人去學那些經卷，當初何必寫下來？我應該去試驗經卷裡面所寫的修練法。師父本事高強，縱然出了什麼差錯，他也可以保護我。」

有一次去外地旅行時，師父命我幫他帶著其中一卷，他說：「不准打開來看。」我好奇心重，暗暗決定，「如果他把這經卷留到我手中，只要一有獨處的機會，我就要讀它。」

有一天傍晚，我們在恆河邊上經過一個小小的居停處所。師父進入茅屋休息。我想，「讀這經卷的機會來了。」那小屋只有一個門，沒有窗戶。我將門從外反鎖，心想有整個晚上來研究經卷的內容。那天晚上明月高掛，我看得很清楚。經卷是被包裹著，外面捆著一條細繩。我慢慢解開來，開始閱讀。它是描述某種修練法門及其會產生的功效。

讀了一個小時後，我想，「為什麼不試試？」於是我將經卷放在一邊。它說，只有道行非常高的瑜伽士才可以練這個法門，如果不得其法，後果非常嚴重。年輕的我自以為程度夠高了，就開始練了起來。它是要用一個特殊的方式去重複持誦一個特別咒語，還要配合一定的儀軌。那咒語會喚醒人的外在以及內在某種力量。

書中說，這咒語一定要重複誦唸一千零一遍。我唸了九百遍，還是一點消息都沒有，我開始想它好像沒什麼用。可是當我唸到九百四十遍時，我看到身邊有位身形巨大的婦人。她撿了一些柴枝，正在生火。然後她把水裝在一個很大的鍋中，放在火上燒滾水。那時我已經數到九百六十三遍。最後我數到九百七十，其後就忘了數，因為我看到有名男子從同一個方向走過來。起初我想，「這一定是咒語的效應。我不要看他，繼續數到完成一千零一遍。」可是當他走近我時，我從未見過，也想像不到有如此巨大的人，而且他身上一絲不掛。

他問那名婦人：「你在幫我煮什麼？」

她說：「我什麼都沒有。如果你找到東西給我，我就煮。」

他指著我，對婦人說：「你看他坐在那邊。為什麼不把他切成塊煮來吃？」

我聽到這話，立即咬緊牙關，計數的念珠（mālā）[2]從手中滑落，就暈了過去。

我不知道自己失去知覺多久，當我恢復知覺時，師父站在我面前，他正拍打我的臉頰，說：「喂，醒來。」

我恢復知覺片刻，呼喊道：「那個巨人要把我切塊！」隨即又暈了過去。如此甦醒又暈過去三、四次。

最後師父踢我，堅持要我起來，「起來！你為什麼要這麼做？我告訴你不可以去練這些咒語。然後你還把我反鎖在裡面，你這傻孩子！」

由這次的經驗，我明白到咒語的力量。我開始去練師父給我的咒語，即使是小事情，我也依賴它。我年少時做過很多傻事、笨事，但是我的咒語，除了給予我覺知力之外，總是會幫我度過難關。

有的咒語，如果沒有心靈紀律的規範，不能正確地使用，就可能產生幻覺，就像我那次受到的教訓。心念沒有清淨、沒有被調教好，就會產生幻覺。心念能清淨了，能受控往內收，咒語就會成為有用的工具。如果不知道咒語的意思，是沒有辦法生起恰當的感受，若沒有強烈的感受，光是機械性地重複誦持咒語是沒有多大用處的。

注釋

1 原注：瑜伽實修（Yoga-śastra），記載瑜伽和密教中高級修練功法以及如何使用的典籍。

2 原注：念珠（mālā），一條珠串，用來計算持誦咒語的遍數。譯者按，通常是一〇八粒珠子，也有比較短的；珠子有各種不同的材質，例如水晶、金剛子、珊瑚等，不同的人可能需要使用不同珠子的念珠，也會因咒語而使用不同的念珠。

遭受毒打

有一回，為了要觀照自己內在的感受、察覺自己的行為，我進入靜默。我住在阿約提亞（Ayodhyā）[1]城外的薩育河（Saryu）岸邊，阿約提亞古城是聖者羅摩（Rāma）的出生地。當地人知道我在靜默中，不能開口，所以每天都會為我準備一餐。

那時是夏天，而我沒有任何遮風避雨之處。有一天晚上，忽然烏雲密布，雷聲隆隆，看情形傾盆暴雨將至，而我隨身只有一床蓋身體用的毯子，所以就走去一間廟宇躲雨。

當時天色已暗，我從廟宇後方的入口進去，坐在廊檐下，立刻有三名手持竹棍的廟中警衛走來，問我為什麼待在那裡。他們以為我是賊，而我在靜默中，沒有回答。於是他們就用竹棍猛力打我，我被打暈過去。

廟中的祭師提著燈過來，看看這名入侵者是誰。我頭部流著血，渾身是傷。祭師知道我是誰，看到這個光景大吃一驚。當我回復知覺，祭師和廟中的執事對於出了如此重大的差錯，一再向我致歉。

那天讓我明白到，苦修還真不容易。我繼續做自律修行，但是停止在城市中走動。

在所有的鍛鍊或治療法中，最上等的是時時保持對自己身、語、意覺知的自律修行。我致力於決心時時檢查自己的感受、思想、言語、行為。在那段歲月中，我發現每當自己在沉思的時候，

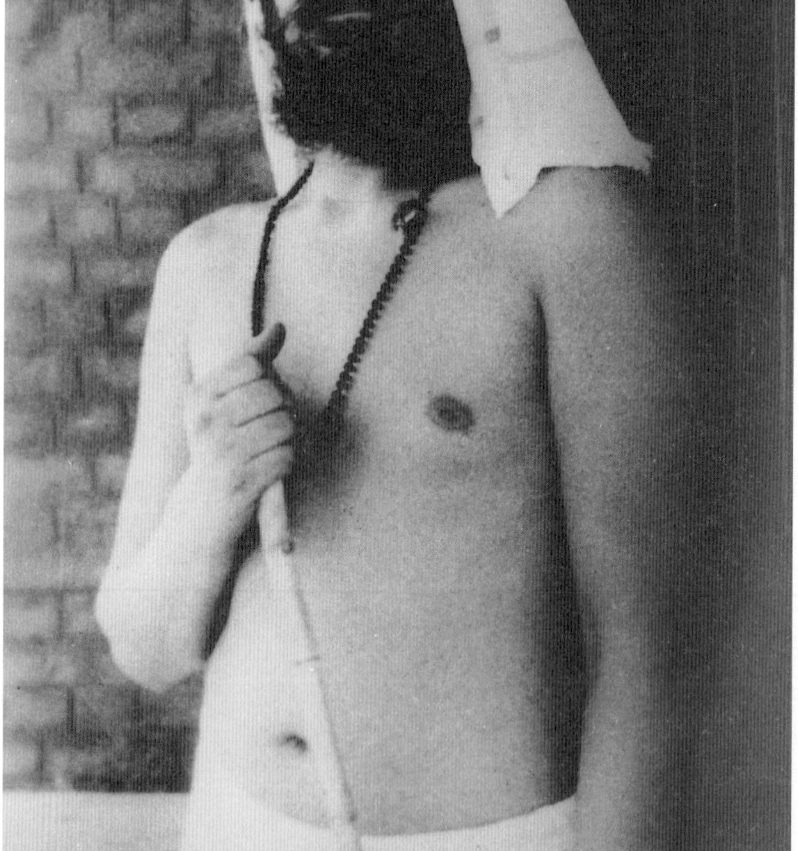
斯瓦米拉瑪攝於阿約提亞。

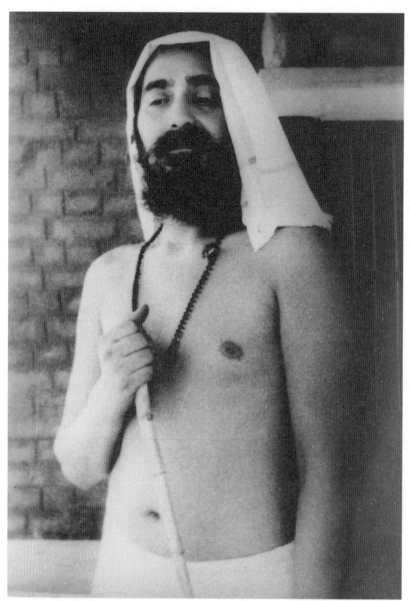

本來想讓表層意識靜下來，反而會忽然浮現許多從潛意識冒出來的念頭泡沫。要學習如何控制心以及它的種種變異，就必須要有一個自我觀察、自我分析、沉思的過程。我花了很多時間去學習控制心念，以及研究意識和潛意識之間的關係。

我很多次覺得，「現在我終於能控制自己的念頭。心終於受控了。」可是過了幾天，有些奇怪的念頭泡沫又從潛意識的底層升上來，控制了我的意識，從而改變了我的態度和行為。有時候，這會令我感到失望沮喪，但是我總會遇到一些能幫我和指導我的人。

對於有志修行的人，靜坐時要能保持警覺，要能堅定，剛開始練的時候不要抱著太多的期待。我學到的是，靜坐是無法速成的。現代的學生一學靜坐就想要立即見到成效。有了這種期待心態，就容易產生種種奇異的感覺、想法、幻象，他們會以為這些是靈性的體驗，其實都是他們潛意識心的產物。結果他們會感到受挫而不安，有的會放棄靜坐，有的會選擇某些怪異的修練法門而終究傷到自己。

注釋

1 譯注：阿約提亞（Ayodhyā），玄奘《大唐西域記》中譯為「阿逾陀」，曾經是佛教瑜伽行派大師世親和無著講習及著作之地，亦是印度教聖城。

領教密法[1]的獨門功夫

我有一位同門師兄，他來自孟加拉的美地尼普（Medanipur）[2]，父親是一位知名的梵文學者。在他十八歲那年，家人逼他成婚，那時我還不認識他。婚禮是在晚間舉行，這正中他下懷。在印度教的傳統婚禮中，新娘和新郎要參加火供，兩人繞著火壇走七步。走到第四步時，他忽然跳出儀式跑入田野。來觀禮的人不理解他的行為，就去追趕他，但是沒能追上。他走了幾天，來到恆河，就開始沿著河岸而行，要尋找一位心靈的老師。

六年下來，他有過很多遭遇，但是沒有找到自己的老師。後來他在喜馬拉雅山區的希瑞那加（Shrinagar）[3]遇見了我的師父。他倆一見面，師父馬上擁抱他，知道他們前世就認識彼此了。這名師兄跟著師父三個月之後，師父命他去岡勾垂，他就和我一起住在一個洞中。

有一天，他跟我談及自己的家鄉美地尼普，說將來如果我經過那裡的話，請我務必告訴他的家人，他已經出家住在喜馬拉雅山中。不久之後，我造訪了他的老家，遇見一位婦人，就是原本要和他成親的那位。她還在等他回來。我建議她另外嫁人，反正原本的婚禮儀式也沒有完成。她聽了我這番話，非常憤怒地說：「你和你那位師兄弟都是魔鬼的信徒，不是神的信徒！」

我回到村子外面我所住的茅棚中。那個地區盛行密法，幾乎每戶人家都拜「聖母」，稱呼她「媽迦利」（Makalī）[4]。我對於密法早有所聞，也讀過一些密法的經典。我希望遇見一位能為我親自示範的人，好讓我不再懷疑它的效力。那位師兄在村子裡的一位表親，為我引見一位穆斯林的密法大師，他已經高齡九十二歲。我去看他，我們談了三個小時。他是一位在清真寺領導大眾祈禱的長老，在當地很有名望，精通《可蘭經》以及其他的伊斯蘭經典。

第二天早上，長老帶我到村外的一個池塘邊。他帶了一隻雞，就用繩子的一端綁住那隻雞，把另一端繫在香蕉樹上。他叫我坐下，仔細看。他開始喃喃有辭，然後用一些眉豆灑在那條繩上。只見那隻雞拍了拍翅膀，就變得毫無生氣了。他說：「雞已經死了。」

我心想，「這有何益處，是很惡毒的法術，是巫法。」

他要我去檢查雞是否真的已死。

我問：「我能把這隻雞沉入水中嗎？」

他說：「請便。」

我把雞沉入水中超過五分鐘才取出來，在我看來，雞確實已經死去。接著，他用同樣的法術，喃喃有辭，拋灑眉豆，居然那隻雞就活了過來。我真的被嚇到了。

他說：「現在你把繩子的一端綁在香蕉樹上，另一端綁在你身上。我做別的法術給你看。」

我沒依他，拔腿就向村子裡跑，把長老和他的雞扔在身後。跑進村子裡，我上氣不接下氣，村民不知道我為什麼要跑這麼快。我告訴村民，長老想要殺我，但是沒人信我，他在那一帶可是一位聖者。我想，「最好趕緊離開這裡，走我該走的路，不要求這種法術。」

離開這裡之後，我去了加爾各答，在大法官穆喀爾吉（R.P. Mukharji）家中住了幾日。我把這段經歷告訴他，問他這是我自己想像出來的還是被愚弄了。他說：「不是的，這真有其事。」後來我問過一些聖者，像這樣的事是怎麼做到的。他們無法解釋，但是承認在孟加拉當地這一類的法術很出名。當我把這個故事告訴師父，他笑著對我說：「你需要增廣見聞，但並不代表你該嘗試這類的修練。」

這類的密法並非算是真正的密法之學，不過是密法中的一個旁支。心念的力量可以用在很多方面。如果不知曉人生真正的目的，心念有可能被濫用來傷人，而最終還是會毀掉濫用心念力量的人。當今仍然有少數人具有這種密法的力量。但是一百人中，只有一人是真的，九十九人是在變魔術而已。

注釋

1 原注：密法（tantra），一個獨特的瑜伽修行途徑，重點在掌控宇宙中兩種相對的力量。譯者按，有音譯為譚崔、檀特拉、怛陀羅、唐特拉，本書譯為「密法」。今日泛指玄妙的祕密修行法門，常被誤解和性有關。其實是一套嚴謹的哲學體系，必須親自跟從明師學習。

2 譯注：美地尼普（Medanipur），今日名為Midnapore，讀音為Medinapur，是歷史中的古國所在，其地鄰近孟加拉灣，在恆河入海處有一繁盛的海港名為耽摩栗底（Tamralipta），法顯和義淨都曾經造訪此地。

3 譯注：希瑞那加（Shrinagar），城名，位於印度北方與巴基斯坦鄰近的喀什米爾地區（玄奘譯為迦濕彌羅），屬於喜馬拉雅山地。

4 譯注：媽迦利（Makalī）或者譯義為：黑母、時母。

偷竊

我年輕的時候，喜歡尋訪神異的東西。

有一次，我見到一個人躺在釘床上，我問他：「我希望自己也能有這個本事。能教我嗎？」他說：「當然可以。但是首先你要出去幫我行乞，把錢帶回來給我。如果你答應把所有討來的錢給我，我才教你！」

我一次又一次地遇見許多這樣的人，他們都瞧不起別人，說：「他算得了什麼。我可以教你更好的東西。」

其中一人有根長鐵釘，他能用釘子刺穿自己的手臂。他說：「你瞧，沒有流血。我可以教你，然後你就可以憑這個表演去賺錢。但是你要做我的徒弟，你賺到的錢有一份要歸我。」

我離他而去，找另一個人。很多人都推崇這個人，我想知道為什麼大家要追隨他。我想，「他有什麼獨門的知識？他聰明嗎？是一位瑜伽大師嗎？」我跟在他身邊，直到其他人都散去了。

我倆獨處時，他問我：「你所知道的酒店中，哪家是最豪華的？」我說：「倫敦的薩伏依酒店（Savoy Hotel）。」

他說：「你付我一百盧比，我就能為你隔空取物，從那家酒店的餐廳拿一些好吃的東西過來。」

我給了他一百盧比，突然面前就出現了一些食物，跟在那家酒店所提供的一模一樣。然後我又給了他七十盧比，點了一些德國漢堡的酒店食物。他也變出我所點的餐，連帳單都有。

我心想，「我何必回到師父身邊？我只要跟著這個人，要什麼有什麼。就可以整天靜坐讀書，什麼麻煩事都不用理。」

他問我：「有什麼手錶是你想要的嗎？」

我回答：「我已經有隻金錶。」

他說：「我可以給你更好的。」他的確又做到了。

我仔細看著那隻錶，心想，「這錶是瑞士製造的，不是他造出來的。他只是在玩搬運的法術，把物件從一個地方移到另一個地方。」

兩個星期之後，我又去找他，對他跪拜，為他用油按摩又幫他煮食。他很滿意，所以就把他的那些本事教給我。

我就自己開始練，直到有一天，我們寺院中有一位斯瓦米到來，他刮了我一巴掌，說：「你這是在幹嘛？」

他把我帶去師父那兒，師父說：「你犯了好多偷戒。」

我說：「我哪有偷？」

他說：「你要的甜食是從別人的店中來到你面前。它們從店裡失蹤，而店主不知道是怎麼回事。」

於是我答應師父再也不做這種行為。

其後我遇見一個人，他是德里一家縫衣機商店的業務員。我跟他談起那位「哈吉」（haji）以及他的法力。

業務員說：「如果他能把一臺勝家（Singer）[2]縫衣機從我德里的店中變到這裡來，我就甘拜他為世上最偉大之人，終身追隨他。」

所以我們兩人去見他，請他施展法力。

他說：「我馬上就辦到。」真的就變出來了！

那位業務員開始擔心縫衣機從店中失蹤，他可能會被控告行竊。

「哈吉」試著把機器變回去，但是無論如何都做不到，他哭著說：「我的法力全沒了！」

那位業務員就帶著機器回德里。同時，店裡發現機器失蹤而報警。警察找到業務員，也找到機器，就將他告上法庭。沒有人相信他的話，因此他受到了處罰。

我遇過很多類似的人和事，而我常對師父出言不遜，「有人法力比你高明，我想跟他學。」

他說：「你請便！我希望你能成長，能有成就。你不必非跟我不可！」

後來我明白到，這些現象大多都是在變戲法。如果真有其事的話，那就屬於一種巫法。靈性修行跟這些神異現象毫無關係。《瑜伽經》的第三篇為我們解說了許多種「悉地」（siddhi，特殊的能力）是如何練出來的，但是經文提醒我們，這些悉地反而是開悟的障礙。百萬人中也許會有一人真有悉地，但是我發現這些人通常都是貪婪、自大、無知之徒。開悟之道和刻意去修練悉地是不同的兩條路。歷史上佛陀、基督，以及其他偉大聖者所展現的奇蹟，都是自然而然的，而且是為了某種因緣之故才展現奇蹟，可不是出於自私的動機，也不是為了要譁眾取寵。

在瑜伽之道上，有時候會碰上「悉地」，是有可能的。瑜伽修行人不會刻意求取某種「悉地」，才有可能得到它，但是明白生命意義之人絕不會濫用它。瑜伽修行人的墮落，就是濫用「悉地」。

干犯偷竊，在社會上、道德上都是一種罪惡。搬運法術根本算不上是瑜伽。悉地是有的，但只有真正大師才有。

注釋

1 譯注：哈吉（haji，或是 hajji, hadji, hajah），是對穆斯林長者的尊稱，尤其是指曾經去過朝聖地朝聖的長者，也可以用為對一般穆斯林長者的尊稱。

2 譯注：勝家（Singer）縫衣機品牌，有時也是統稱縫衣機的代名詞。

能噴火的斯瓦米

有一次，我遇見一位斯瓦米，他能從口中噴出火來，火焰可以射到好幾英尺的距離。我對他做了個測試，檢驗這個現象是否是真實的。我要他先把口腔清洗乾淨，以確保他沒有把像磷這一類的易燃物質藏在口中。我也請了一位朋友檢查他。他看來像是真的，所以我的結論是，「這個人的功夫肯定高過我的師父。」

那位斯瓦米對我說：「你跟在你師父身邊是在浪費時間和精力。你來跟我，我會把真的功夫傳給你。我會教你怎麼生出火來。」

我被他說服了，真的打算離開我師父。我去見師父，對他說：「我找到一位比您功夫更高的人，我決定去做他的徒弟。」

他說：「我很樂意。去吧，你開心就好。他有什麼本事？」

我回答：「他口中能噴火，是一位非常高明的斯瓦米。」

師父說：「請你帶我去見他。」

第二天早上我們前去。那位斯瓦米住在離我們二十三英里的山中，我們花了兩天才到達。我們一到，那位斯瓦米立即拜倒在師父跟前！

我吃了一驚，問師父：「您認識他嗎？」

他回答：「當然。他從前是我們寺院出去的，現在我終於知道他一直躲在哪裡了。」

師父問他：「你待在這裡做了什麼？」

他回答：「先生，我學會了從口中噴出火來。」

當師父見到他從口中噴出火來，他輕笑了一聲，對我說：「你問他用了多少年學會這本事。」

那位斯瓦米對自己的本事非常驕傲，他誇口道：「我練了二十年才成就這本事。」

師父對我說：「一根火柴只要一秒鐘就能生出火來，如果你願意花二十年的功夫，只為了能從口中生出火來，你就是個傻瓜。孩子，這不是智慧。如果你要見真的大師，我可以告訴你去哪兒找他們。你去自己體驗。」

後來我明白到，這些「悉地」都只不過是修行之路上的一些徵兆罷了。這些本事和靈性沒有關係。其後我發現，這些「悉地」沒什麼價值，反而會給修行造成很大的障礙。有時候這些「悉地」會自然發生，你開始能為別人預知未來，你開始能知道一些事情。這些都會令人分心。不要讓它們擋住你的進步。有太多的人，包括有些斯瓦米在內，在這個上面浪費了時間和精力。任何想要開發「悉地」的人都可以做到，能展現所謂的特異功能，但是那和開悟根本是兩回事。

不可思議的祕行者

一位靈性之人最明顯的特徵就是無私。我們以為是靈性之人，如果少了這個人格特質的話，就不算是真有靈性。

當年我還很年輕的時候，有一位名叫寧・卡若里巴巴（Neem Karoli Baba）的大師，和我算是忘年之交。他住在耐尼塔爾（Nanital）[1]，那地方是喜馬拉雅山的其中一個著名渡假勝地。他是一位過著「半入世，半出世」日子之人。每當有人來求見，他會說：「好了，現在我見過你，你也見過了我，恰，恰，恰，恰。」意思是「走，走，走，走」。那是他的作風。

有一次我們正坐著談話，有位印度的首富拿了一大疊鈔票來見他。那人說：「先生，我帶了這個來給您。」

巴巴把鈔票鋪開後坐在上面，他說：「把這拿來當坐墊用不夠舒服。我沒有壁爐，也不能燒來取暖。這些我用不上，拿來做什麼？」

那人說：「先生，這是錢哪！」

巴巴把錢還給他，要他去買些水果來。富人說：「這裡哪來的市場？」

「那你為什麼說這是錢？」巴巴回答：「如果不能用來買水果，對我而言就不是錢。」

然後巴巴問他：「你來見我是想要求什麼？」

那人說：「有件事讓我頭疼。」

巴巴回答：「你那是自作自受，我能做什麼？」

那個人不滿地說：「先生，我就是來請您幫忙。」

巴巴讓了一步，「好吧，我許你從此不再頭疼。但是從今以後，你會是個讓別人頭疼的人物。你會變得非常、非常有錢，富的不得了，以至於你就是整個社會的頭疼人物。」結果，他的確成為整個社會的頭疼人物，到今天依然如此。

寧．卡若里巴巴最敬愛的人物是神話中的羅摩（Rāma），是神的轉世。巴巴口中永遠在喃喃唸著某個沒人能聽懂的咒語。他在北印度極受尊崇，眾人幾乎不讓他休息，老是跟著他從一山到另一山，從一村到另一村。他的行事方式非常神祕。

我還有很多關於寧．卡若里巴巴的第一手經驗，既愉快又好玩，你們是不會相信的。但只要見過他的人，就會知道我說的是什麼。有人來見他，他會說：「你曾經跟某某人站在某某樹下講我的不是。」他會準確說出是在哪一天哪一個時辰。然後他說：「現在你見過我了，走，走，走。」說完就拉起毯子把自己蓋起來。

有一天，一位是寧．卡若里巴巴信徒的化學劑師，要將某種粉劑從塔里塔爾（Tallital）送去馬里塔爾（Mallital）[2]，他路過巴巴的住處，我正好也在場。

巴巴對他說：「我餓了，你身邊帶的是什麼東西來著？」

化學劑師說：「這是砒霜。請等等，我去取食物來給您。」

巴巴伸手將他的粉劑搶過來吃了一些，然後他要一杯水喝。化學劑師以為巴巴會毒發身亡，但是到了第二天他什麼事都沒有[3]。

他對外在的一切事物近乎無知無覺。如果你問他：「您吃過了嗎？」他會說：「有」或者「沒有」，但並不表示他已經吃了或沒吃過。如果你心掛在別的地方，你可以一天吃上好幾頓，但仍

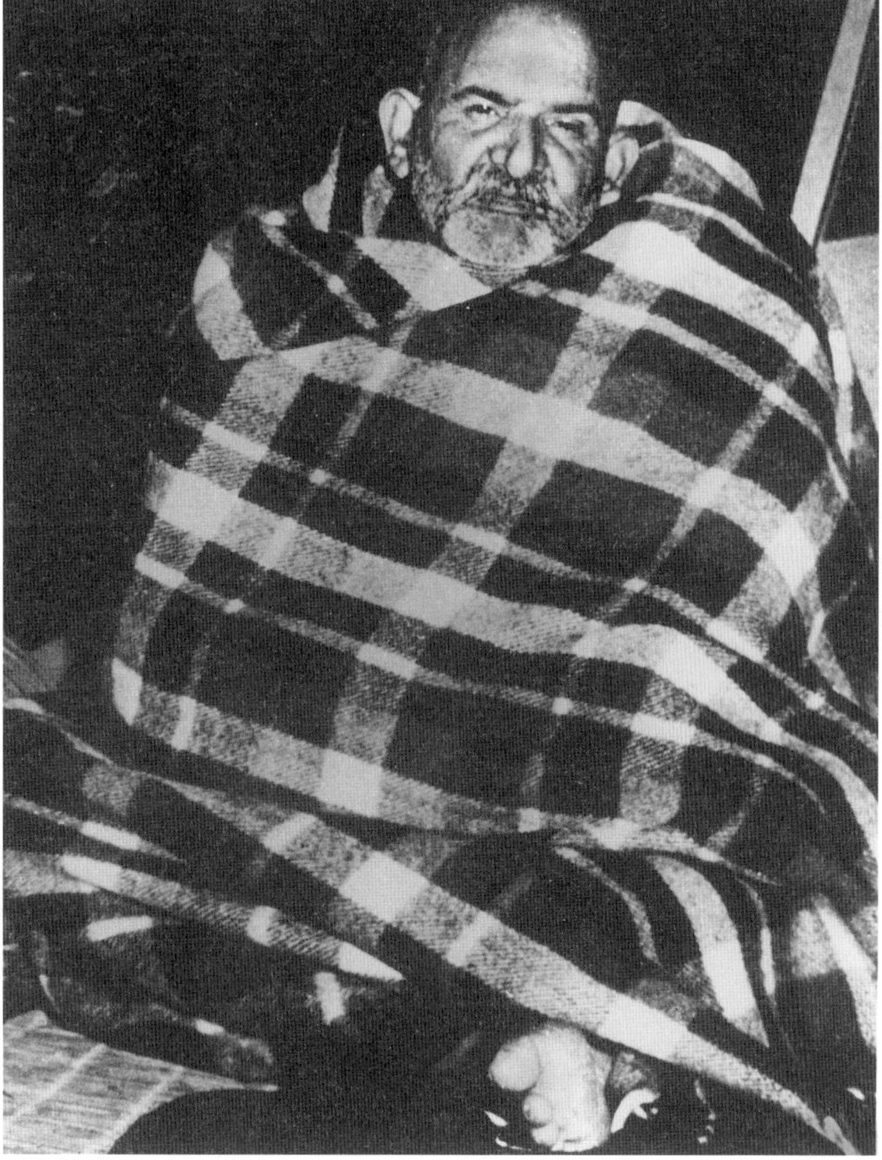
寧・卡若里・巴巴

然感到飢腸轆轆。我就見過他如此。五分鐘前才吃過，他會說：「我餓了。」因為他不知道自己吃過了。我會對他說：「您已經吃過了。」他就會說：「好，那我就不餓了。」

假如我不對他說您已經吃過了，那他可會吃個不停。有一天，我想看看他究竟能吃多少，結果那一天他連續在好幾戶人家中一共吃了四十頓飯，他整天都在吃。我們想試試他的能耐，他知道我們在試他，所以只要有人拿食物來，他就吃。

他們會問：「您要吃嗎？」

他說：「好的。」所以他就吃了一整天。

最後我去對他說：「您已經吃夠了。」

他說：「噢，我有嗎？」

我說：「是的！」

在這麼高境地的人，往往會變得像是個孩子。他對於世俗之事完全無所覺知，但他可是時刻覺知著真理。

注釋

1　譯注：耐尼塔爾（Nanital），也稱為 Nainital 或 Naini Tal，是印度北方的渡假旅遊勝地。

2　譯注：塔里塔爾（Tallital）、馬里塔爾（Mallital），是耐尼塔爾地區的兩個城市名。

3　譯注：當代美國有一位靈性導師 Ram Dass 記載他早年去印度求道時，身上帶著迷幻藥（LSD）去見寧．卡若里巴巴。巴巴要他把身上所有的藥丸交出來，然後一口吞了下去，結果什麼事也沒發生。其後巴巴對他說，這種藥印度很久以前就有了，不過當今已經失傳，世人也不懂該怎麼用。服用它必須要配合斷食。要避免受它影響，你必須把心念穩穩地完全放在神那兒。（*Miracle of Love: Stories about Neem Karoli Baba* by Ram Dass）

我的母親，我的師母

有一回，我到阿薩姆去見「媽塔吉」（Mātā-jī）[1]，她是一位偉大的女性瑜伽士，已經有九十六歲。她住在「慾母神廟」（Kamakhya）[2]旁，這是一所屬於「夏克提」（Śakti）教派的寺廟。人人都想去那裡朝聖，但因為它位於印度偏遠的一個角落，只有少數人到過這裡。我從加爾各答去到古瓦哈提（Gohati）[3]，再由此步行去慾母神廟。到了寺廟已經入夜，我在黑暗中摸索而行，多次撞傷腳趾。那個年代，廟附近只有三、四棟小木屋。廟裡的祭師安排我住進其中一棟的二樓，那位著名的媽塔吉也住在這棟木屋中。我住的房間有很多洞和隙縫，老鼠和蛇都可以爬進來。那情況真糟，而我一點辦法也沒有，只有盡量用撿來的碎布把空隙堵住。我總算在那個房間裡住了兩個月。剛開始的經驗是驚嚇和意外連連，但是到了後期卻變得非常愉快。

那年，這位老婦人剛好有整整二十個年頭沒有在白日外出過，她經常在半夜及凌晨三點鐘的時候進入廟中。頭四個晚上我都待在房中，到了第五晚我出門前往寺廟。我走到廟門口時，可以聽到有人在裡面唱誦咒語。就是那位老婦獨自一人坐著，身旁點著一盞油燈。

她感覺到我站在朝北的廟門外，就用非常堅定的聲音高喊：「別進來！你會送命的！我是神母！走開！」

我既害怕又好奇，究竟這個小廟裡面是怎麼回事。我正向裡面偷瞄，她馬上朝我衝過來。她一絲不掛，全身瘦骨嶙峋，眼睛像是兩盆烈火。

她喊叫道：「走開！你為什麼要看我在做什麼！」

我尊敬地向她拜下，以為她會冷靜一些，誰知她又用她的手杖打我，趕我走。我只好回去自己房中。

第二天早上，這位師母（Mother Teacher）[4]叫我到她房中談話。

我說：「請您為我祝福。」

她靜默了幾秒鐘，然後喃喃呼叫我的小名。除了我的師父之外，沒人知道我的小名。她擁抱我，把我放在她膝上。那個時候，我真不知道自己身在何處，但是假如有七重天的話，我告訴你，我就上了天了。

她輕撫我的額頭，為我祝福，對我說：「雖然在這條路上你會遇到很多阻難，你都會度過。帶著我的祝福，離去吧。」

但是我說：「我想在此地多停留一些時間。」

她同意了。

我問她凌晨三點在廟中做什麼，她說：「我是在拜夏克提，半夜時分以及凌晨三點，我都不要有人在我身旁。」從半夜到凌晨兩點，以及從凌晨的三點到四點半，沒有人會去那座廟裡。

她准許我在每天晚上和她一起坐半個小時。每當我坐在她面前，我的意識自然會往上提升，就像我坐在我師父面前一樣。在我心中，我當她是我的師母。我有很多問題想要問她，但是她叫我保持靜默。我遵照她的指示，雖然我們彼此沒有交談，但是我問題的答案就會在心中浮現。這種靜默中的溝通，比任何其他的教導方式還要有效。最高明的老師傳授知識都是在靜默中為之。

她是一名極富能量又溫柔的老婦，有著無比堅強的意志力。我觀察到，她所說的任何事情，次次都會成真。有人來到面前求助於她時，她不怎麼說話，語句都非常簡短，像是，「去吧」、

「會來的」、「祝福你」、「跟聖母祈禱」，然後她就進房間去了。

這位我稱她為師母的老婦，別人說她夜不倒單，晚上不會躺下來睡，整夜都在靜坐。我開始觀察她，從她房門縫中窺視。連看了三天三夜之後，我確認她真的從不睡覺。

一天我對她說：「媽塔吉，如果你躺下來，我為你輕輕地按摩，能幫你入睡。」

她聽了失笑，說：「睡覺？我不睡覺的。我早已經不再懈怠懶散。我所樂的是無眠之眠，所以不必躺下來。能享瑜伽睡眠法（yoga nidrā）[5]之樂的人，何必還需要豬的睡眠法？」

我問：「那是什麼意思？」

她說：「豬總是吃過頭，然後躺下來睡得鼾聲大作。我真奇怪牠們怎麼能睡這麼久。」她接著為我解析整個睡眠的過程，她問我是否知道人是如何由清醒狀態進入夢境，然後又進入深沉的睡眠狀態。她開始詳細而有系統地教我。這以後我才真懂了《蛙式奧義書》（*Māṇḍūkya Upaniṣad*）[7]中所講，人的三種心識狀態——清醒、夢境、深眠，以及第四種狀態，叫做「圖瑞亞」（turiya）的那個「超越狀態」。《蛙式奧義書》被公認為是所有《奧義書》中最重要、最難懂的一本。我一面聽她解說，一面記筆記，滿滿記了七頁紙。她講話柔和而緩慢，沒有重複、沒有錯誤。她把這部奧義書有系統地為我做了一次講解，在此之前，我對這書的理解是屬於知識層面的，直到我開始練習在四個狀態中都能保持意識，才算是對它的真實層面有所了解。

兩個半月之後，離別的日子到來。我非常難過，可是她說：「不要執著於我身體和人格層面中的母親形象。我是宇宙世界之母，無所不在。你要學會提升你的意識，超越對這會腐朽的身體的執著。」我含淚望著她。她說：「記得要無所懼。我會與你同在。」和她道別後，我再次回到自己在喜馬拉雅山的住居地。我師父對這位老婦的評價非常高。她自十二歲起就住在那所寺廟附近，一直到一○一歲，她脫離了肉身為止。

注釋

1 譯注：媽塔吉（Mātā-jī），是印度語對一般年長女性的親暱尊稱，稱呼對方為母親之意。此地則是指稱文中那位年長的女性瑜伽大師。

2 譯注：慾母神廟（Kamakhya），是供奉慾母神所化身之十位女神的寺廟，是印度「夏克提」寺廟中最古老的一所，有千年以上歷史。

3 譯注：古瓦哈提（Gohati），今日地名是 Guwahati，是阿薩姆邦內最大城。

4 譯注：師母（Mother Teacher），本文譯為「師母」，斯瓦米拉瑪如此尊稱表示尊其為師、為母，但並非是老師妻子的意思。

5 譯注：瑜伽睡眠法（yoga nidrā）是一種瑜伽士的睡眠法。一般人在開始學習這個法門時是用攤屍式的大休息法，必須先以一定的步驟達到整個身心徹底放鬆之後，才能進入此種睡眠狀態。斯瓦米拉瑪的弟子斯瓦米韋達說過，功夫深厚之人，坐著也可以進入瑜伽睡眠境地。瑜伽睡眠法能帶人入到三摩地的邊緣地帶，然而對於身心健康、記憶、思考、創作都有極大的益處，但斯瓦米韋達提醒修行者，正確的心態應該是以開悟解脫為瑜伽睡眠法的目的。

6 譯注：《蛙式奧義書》（*Māṇḍūkya Upaniṣad*），譯音為「曼都基亞奧義書」，是所有《奧義書》中最短的一部。斯瓦米拉瑪曾說過這是喜馬拉雅瑜伽傳承中最重要的一部經典之一。

不老的瑜伽士

有一位名叫得伏拉哈巴巴（Devraha Baba）[1]的瑜伽士，他住在北方邦的東部地區，幾乎每年的夏天都會去喜馬拉雅山中的一間神廟待上幾個月。

據說他非常長壽，我沒有直接證據，但我聽說印度的第一任總統普拉薩德博士（Dr. Rajendra Prasad）曾對人說，根據他親身經歷，得伏拉哈巴巴已經有一百五十歲。他說，他小的時候父親就帶他去見過這位巴巴，那時巴巴已經是非常年老的人。普拉薩德博士說這番話的時候，他自己都超過七十歲了。

這引起了我的好奇心，就決意當這位巴巴前往山上神廟途中，停經瑞斯凱詩的時候一定要拜見他。

我們在瑞斯凱詩交談過多次。他住在一間松木小屋中，他去到哪裡都有人幫他搭建這樣的臨時建築。有時候他也會住搭在樹上的屋子裡。他看來很健康，好像只有七十幾歲的模樣。他非常嚴肅，動作溫和，絕不許任何學生碰觸他。有時候他會為人講述神明的愛。

他在北印度非常出名，常引來大批群眾聚集在他面前，只為了得他的眼神一顧。他的信徒非常多，警察和政府官員都常來拜見他，求他賜福。我有好幾位美國學生在一九七四年於哈瑞德瓦（Hardwar）[2]舉行的孔巴美拉節慶（Kumbha Mela）中，曾經拜見過他。

我試過找出他如此長壽的原因，發現他有規律地做某些的瑜伽練習，只吃水果和蔬菜。瑜伽

不老的苦行僧，得伏拉哈巴巴。

有很多特殊的練習法，有志於此的人要選對適合自己的法門去練。

我和巴巴對談時，他說：「快樂是最大的財富。準時作息修練是絕對必要的。習練高階的調息法也同樣重要。長生的技巧就是一種調息的技巧。」這位得伏拉哈巴巴是愛的象徵。

注釋

1　譯注：得伏拉哈巴巴（Devraha Baba），於一九八九年圓寂，據說活了兩百五十歲，信徒中不乏印度國家領導人。

2　譯注：哈瑞德瓦（Hardwar），或Haridwara，位於北印度恆河岸邊，是印度教的聖城之一。每十二年會在此城的河岸舉行盛大的孔巴美拉節慶（大壺節），動輒吸引五千萬信徒前來，在河中沐浴洗淨。早在第七世紀玄奘西遊天竺時就曾見識過，他稱之為「無遮大會」。

Part 4 學習謙遜

培養謙遜的心理素質，是朝著開悟邁步前進。
能謙，我們才能得，才能無所失。
要培養這個內在的素質，就要用祈禱和沉思
來強化我們的意志力。

自我尊大總是空

有一回，師父住在喜馬拉雅山中一個名叫通噶那特（Tungnath）[1]的聖地。我在前去見他的路上，途中在卡那普拉亞格（Karnaprayag）[2]的廟中略事停留。當地有位非常有名的大師名叫普拉巴斯瓦米（Prabhat Swami），就住在廟旁的一個岩洞中，所以我特地前去拜見。

那時我還是一位見習斯瓦米，正在訓練自己的儀止[3]。我依傳統禮節向他致意。他坐在一張摺成四摺的毯子上，面前坐著幾位村民。我想他應該會邀我坐在他的身旁。我還是有自我膨脹的心理問題，也有部分的原因是印度的村民對具有斯瓦米身分的人極為尊重，見到都會下拜。這就會把新出家斯瓦米的自我意識給餵大了，造成很多問題。

普拉巴斯瓦米看穿了我的問題，笑著對我說：「請坐。」

我問他：「可否請您把毯子打開，好讓我坐在您旁邊那個位子？」我如此堅持，但他就只是望著我微笑。

我又問：「您為什麼不讓我坐在身旁？」我是如此自負又無禮。

他引用了一句出自《瑜伽瓦斯師塔》（*Yoga-Vāsiṣṭha*）[4]書中，羅摩與哈努曼（Hanumān）主僕二人之間的對話：「在永恆中，我們是同一，是不異。但是化為人身的形象，你仍舊是僕，我是主。」然後這位斯瓦米說：「當今之人，還沒有任何成就之前就想坐上主位。」

接著他給我上了一課，他說：

有個人去見某位大師。大師坐在一個高臺上，正在為一群人講課。這個人社會地位顯赫，但因為大師待他和其他學生一樣，沒有給他特殊待遇，所以心中不快。他走向大師，問道：「先生，我可以跟您一起坐在臺上嗎？」

大師說：「你應該要知道學生有學生的角色，老師有老師的角色。」

那人問：「先生，學生的責任是什麼？」

大師解釋道：「學生要負責清潔、服務、洗碗、煮飯，要準備好自己、淨化自己，要為上師服務。」

然後那人問道：「那麼上師做些什麼？」

大師說：「上師只管教，不用做任何粗活。」

那人問：「為什麼我非要先做這些粗活才能成為上師？做粗活跟我能否教學一點關係也沒有。」

大師說：「不。你會傷到自己，傷到別人。你首先需要明白，修行之道上容得下任何東西，但就是容不下自我意識。」

自我意識會在修行人和他所需要學習的東西之間披上一道布幔。人變得自尊自大就是把自己孤立，以致無法和老師以及自己的良知溝通，就不會聽從老師的教導。這樣的自我意識就需要用大量的苦行來修正，否則所有的智慧都會流失。

注釋

1 譯注：通噶那特（Tungnath），位於北印山地，標高三千六百公尺，當地有間供奉神明希瓦的寺廟，據說已有五千年歷史，是印度教徒入山朝聖的著名地點。斯瓦米拉瑪的師父於一九八二年在此地圓寂。

2 譯注：卡那普拉亞格（Karnaprayag），地名。prayag 是河流交匯之地，河流交匯之處都被視為是神聖地方。

3 譯注：此處文義不甚明確，但依下文判斷，此時應該已經出家成為斯瓦米。

4 譯注：《瑜伽瓦斯師塔》（*Yoga-Vāsiṣtha*），是一部完全用故事敘述的手法展現至高哲理的長篇經典，瓦斯師塔是書中一位聖者之名。羅摩和哈努曼是印度傳統中的神人及猴王，後者為羅摩之忠實僕人。

自我膨脹

在雨季期間，斯瓦米是不出外的，在同一個地點住上四個月[1]。大家會在這段期間前來，跟他們學習經論。雖然我只是個見習斯瓦米，每天也要教學。有些老師的問題是學生弄出來的，例如，學生總是視老師高高在上，這麼一來雙方的溝通就有限了。我的學生為我造了一個高臺，要我坐上去。因為有很多人追隨我，我的自大就變得沒有節制。這在新手以及追逐聲名之人最容易發生。追隨者越多，就越自大。

我一直以為，在我的學生當中有一位斯瓦米的學問不是很好。我上課時他總是靜靜地坐在一角。其實這位斯瓦米是一位高人，只是我完全沒有察覺而已。他會來我這裡，是因為我以前經常祈禱：「主啊，賜我光明。主啊，幫助我。」我發自至誠地呼喊，所以上主把那個人派來我這兒。而我怎麼對待他呢？我叫他洗我的裹腰布，整天要他幫我做事。他跟了我兩個月，才決定該給我上一課。

一天早上，我和他坐在恆河邊一塊大石上，我正在刷牙，叫他幫我取水來。他受夠了我的自尊自大越來越沒節制，就對我說：「你繼續刷。」然後我就失去知覺了。

兩天之後，有人發現我躺在原地，我的臉腫得可怕，我的牙刷已經掉落，可是我的手指仍然繼續在口中摩擦著，我是無意識地不停在刷牙。

我的師父來到，他說：「起來！」

我睜開眼睛，但是我的臉重到抬不起來，我的牙床都腫了，下顎無法動彈。

那時師父告訴我：「那位斯瓦米是位聖者。是神派來的。你在一位服侍神的人面前不知謙遜，又無禮對待。現在我希望你得到教訓了，不要再犯這種過錯。」然後他說：「起來，抬頭看著天，開始走動。」

我不滿地說：「如果我一直抬頭看天，這樣走動豈不會摔跤。」

他說：「所以你要是能低頭，走路就不會摔倒。人生之途多險阻，你要學會謙下。自我意識以及自大傲慢是這條路途上的兩個阻礙。你不能謙，就不能學。你的成長就會受阻。」

對於剛走上靈修之途的人，謙遜是必不可或缺的。自我意識會製造障礙，就會使人失去分辨力。如果分辨力不銳利，條理就不能分明，心地就無法清澈。心地混濁的話，就無法成為開悟的利器。

「捨乃必要，為亦必要；人生之冠，在調和兩者。」所謂捨，不是要無所作為，而是要放下對行為結果的執著。你要確定自我意識已經消融於覺性之海中。你要確定它沒有仍然潛伏在內心深處陰暗的穴室中。它的手法多端，它的型態多變。用愛潤滑過的作為，可以讓人一睹永恆，一睹無盡的喜樂。

注釋

1 譯注：斯瓦米韋達曾經解釋，雲遊的斯瓦米僧人，在夏天雨季期間固定停留在一所道院或類似的場所，叫做 **sthala-sanyāsa**（也許即是佛經中所謂的「安居」）。這個規矩就叫做 **catur-masya**（意思就是「四個月」）。

修養

我在喀什米爾的希瑞那加城遇見了一位精通吠檀多（Vedānta）哲理的學者，他是一所知名大學的哲學系主任。他說：「請隨意問我任何問題，我都樂於解答。」

所以我就問了他這些問題：「《奧義書》（*Upaniṣad*）[1]中似乎充滿了矛盾，有的地方說，只有一個『梵』（Brahman）[2]，沒有第二個。第二個地方說，所有一切東西都是『梵』。第三個地方說，世界是幻，只有『梵』是真。第四個地方說，在『多』的底下，只有一個絕對的『真實』。我們該如何理解這些彼此矛盾的陳述？」

他回答：「我不知該如何回答斯瓦米的問題。您是一位商羯羅大師僧團組織的見習斯瓦米，您應該比我更能回答這些問題。」

我曾經問過很多有學問的人，但是沒人能令我滿意。他們可以為我解釋個別的《奧義書》，但是沒人能完美地解答這些明顯的矛盾。

終於，我去見一位斯瓦米，他住在烏塔卡西城附近，要深入喜馬拉雅山區一百三十五英里。他的名字是毗濕奴．馬哈拉吉（Viṣṇu Mahārāj）。他終年赤身裸體，沒有衣物，身無長物。

我對他說：「我想知道一些關於《奧義書》的事。」

他說：「你先下拜。你懷著一個膨脹的自我意識來問《奧義書》，怎麼可能如實理解其中的精妙奧義？」

我向來不喜歡對人下拜，所以就轉身離去。其後我每次要問《奧義書》，得到的回答都是：「去見毗濕奴．馬哈拉吉，別人都答不了你。」但是我不敢，因為他明白我真正的問題出在我的自我意識，所以會馬上考驗我說：「下拜，我才回答你的問題。」而我不肯拜他。我找遍了其他斯瓦米來解答我的問題，但是我問的每個人都向我推薦毗濕奴．馬哈拉吉。

在喀什米爾阿馬那特湖畔的苦行僧。

我每天經過恆河岸邊他住的山洞門口時，都會想，「讓我看他會如何回答我的問題。」但是我一走近就感到非常恐懼，不敢面對他，又改變心意而折返。

有一天，他見到我走近，對我說：「來，坐下。餓了嗎？要不跟我一起吃？」他非常慈顏悅色地招呼我吃喝之後，說：「現在你該走了，我今天沒有多餘時間給你了。」

我說：「先生，我來是因為有疑問。吃的、喝的，我去別的地方都有。我要的是精神食糧。」

他說：「你還沒有準備好。你心中還想試探我，看我能不能回答你的問題，你並不是真的想學。等你準備好了再來找我，我會回答你。」

第二天，我非常虛心地去求教，我說：「先

生，我整個晚上都在準備自己，現在我準備好了！」

因此，他才開始教我，我所有的問題都解決了。他條理分明地解答了我的疑問：

《奧義書》的教導並沒有矛盾之處。這些教導，都是偉大的聖者在深入參究和禪定時所得到的啟示。初修的時候，悟到這個有相世界是變易不居的，而真理是永不變易的。其後明白了這個名相[3]充斥、變易不居的世界是幻，它後面有一個絕對的真實，那個是不變的。到了第二階段，已經認識了真實，明白到唯有一個真實，而那個真實是遍及一切的，所以沒有東西是幻。到了那個階段才知道，在有盡世界和無盡世界中的真實是同一，是不異。但是還有一個更高的境地，到此才知道唯有這「獨一」「無二」的真實，一切以為是幻的，其實都是絕對的「一」所化現。

若是沒有高明老師指引，才會在學習《奧義書》時，被這些表面上看來是矛盾的地方弄得無所適從。高明的老師，會讓學生體驗到不同層次的境地。以為是矛盾的，其實是不同層次的心識境地，它們彼此並不矛盾。《奧義書》中所教導的道理，不是一般的心念所能理解，甚至也不是智力所能理解。唯有直覺的知，才能理解。

其實我是想加深我從師父那兒得來的知識，才會用這樣的問題向別人明知故問。問這類的問題時，如果不能虛心，聖者是不會回答的。單憑謙虛，就能化解這些問題。這位大師教我如何擺脫無意義的爭論，吩咐我聽任泉湧的直覺去解決這類微妙的問題。

注釋

1 譯注：《奧義書》（*Upaniṣad*），是由《吠陀》經典擷取而來，乃總結哲理之教誨。《奧義書》共有一百多部，其中約十二部是最主要的。

2 原注：梵（Brahman），至上之生靈，並非具有「人格」，超越所有形相和作為。

3 譯注：英文是 names and forms，由梵文的 nama-rūpa 翻譯而來，佛經中有譯為「名色」。「名」是概念，「相（色）」是形，有體，有質。

自認完美

年輕時我自認完美，不再需要有人教我，也不需要學習。我覺得全印度沒有任何斯瓦米可以比得上我，因為我比別人更有智慧。很多斯瓦米都是我的學生。我把這個自我膨脹的想法告訴師父，他看著我，問：「你吃錯了藥嗎？你是什麼意思？」

我說：「沒有，真的沒有。我就是這麼覺得。」

幾天之後，他講回這件事。「你畢竟還是個孩子，只會進大學讀書。你還沒有掌握到四件事。要能掌握它們，你才算有所成。你必須要有一股想要見神、知神的欲念。但是不可有為你自己求什麼東西的私欲。你要捨，捨去憤怒、貪婪、愛執。有規律地靜坐。做到這四件事，你才算是完美。」

然後他要我去參訪某些聖者。他說：「你和他們同處的時候，一定要虛心。如果你冥頑不靈，或者逞強好勇的話，你就得不到他們的智慧。他們只會閉著眼靜坐，不理會你。」他之所以這麼說，因為我一向固執又沒有耐心。

他把其他傳承的聖者列在一張單子上給我。他們都是他的道友，也都是在我小時候師父去拜訪他們時，我跟著一起見過的。我小時候很不規矩，會捉弄他們，朝他們扔石子，好讓他們知道有我在。他們來看我師父時都會問：「您還帶著他嗎？」

我首先去參訪一位斯瓦米，他以保持靜默而出名。他完全不理世事。不管身邊發生什麼事，都不會抬眼去看。在去看他的路上，我和那附近的村民聊天。他們說：「他不跟人講話，不看人，甚至不吃東西。這次他已經在同一個地方待了三個月沒有起過身。」這個狀態叫做「蟒蛇定」（ajagara-vṛtti）[1]，就像蟒蛇能長時間維持在不動的狀態，有些聖者能好多時日絲毫不動，維持在深沉的入定狀態。

我去見他時，他正躺在山坡上的一棵菩提樹下，臉上掛著微笑，閉著雙眼，像是一位宇宙之主。不論夏、冬、雨季，他從不穿衣。他的皮膚如同象皮，寒暑不侵。雖然他一無所有，卻顯露出絕對滿足的神情。

我見到他躺著的模樣，第一個念頭是，「他實在不是很得體。」繼之又想，「是師父命我來拜訪他。師父不會要我浪費時間。我看到的只是他的身體。」我就上前去觸摸他的腳。印度的習俗是，當我們觸摸偉人的腳，他就會為我們加持。

他對外界的刺激沒有反應，如同神遊太虛一般。我對他連說了三、四次：「哈囉，先生，您好嗎？」但是他沒有理會，他沒有動，沒有回應。然後我就開始按摩他的腳。當老師疲倦時，我們經常會如此為老師服務。我以為他應該會開心才是，可是他卻踢了我一腳。他踢得很大力，我整個人向後飛出，從陡斜的山坡翻滾下去，跌入下面的湖中。翻下去的時候，我擦撞到很多的樹和岩石，渾身瘀傷非常疼痛。我想報復。「他有什麼理由這樣對我？我恭敬地來見他，為他按摩雙腳，他竟然踢我！這是哪門子的聖者。我要給他一點顏色瞧瞧，我不打斷他的腿才怪！我要加倍還以顏色。」我準備還擊，心想也許師父派我來這裡是要給他一個教訓。

我怒氣沖沖地爬回坡上，他已經坐了起來，面帶微笑，對我說：「孩子，你好嗎？」

我說：「我好嗎？你剛才踢我下山，現在問我好不好？」

他說：「你的師父要你做到的四件事，無疑你已經毀了其中一件。我踢你是要試試你能否控制憤怒。你現在暴怒失控，在這裡是學不到東西了。你定力不夠，還很不成熟。你的師父是位無我之人，你沒有遵從他的靈性教導。你這個樣子，哪有可能從我這裡學到什麼？你還沒把自己給準備好。你走吧！」

從來沒有人會這樣跟我講話。我反省他所講的話，明白都是真的，我的確完全被憤怒所控制。

他問：「你知道我們為什麼要觸摸聖者的腳？」然後他引述了一段優美的文句，出自波斯的信仰：「聖者把他人生最好的部分，獻在神主的蓮花足下。人通常是以面目來識別，但是聖者的面目不在此，而是與主同在。眾人此地只見到他的足，因此對聖者的足下拜。」

他說：「當你觸摸別人的腳，一定要心懷謙遜。此地留不下你，你走。」

我聞之淚下，心想，「才幾天以前，我以為自己是完美的，然而我根本不是。」我對他說：「先生，當我真正征服了自我意識，我再回來。」然後我離去。

人生中這樣那樣的挫折都是一種學習。不管它們怎麼來的，如果我們能從中學到教訓，那就是將壞事變成了好事。佛陀說：「對智者而言，沒有所謂的壞事。如果懂得怎麼利用的話，人生任何逆境都能做為成長的階梯。」

我去見另一位斯瓦米時，決心無論他如何對我，自己都不會被激怒。他有個美麗的農場。

他說：「我把這個農場送給你，你要嗎？」

我說：「當然要。」

他笑了一下，說：「你的師父要你對一切都不可眷戀，可是你馬上就黏上這個農場。」我真的覺得自己太渺小了，我的心好像老是要偏向憤怒和眷戀，而不是偏向比較崇高的東西。

其後，我被派去參訪另一位斯瓦米。在去的路上有一座天然湧泉，我們常常在那裡清洗。他事先知道我會過去，就預先放了幾枚金幣在那裡。我在該處停留時，發現三枚金幣。一個念頭閃過，我想拾起它們，就這麼做了。我把金幣塞在腰布內。繼而我再一想，「但這金幣不是我的。我為什麼要拿？這不是好事。」我就把它們放回去。

當我去到斯瓦米那裡時，他相當不快。我對他下拜，他說：「你為什麼要拾起金幣？你對金子仍然有貪念嗎？出去！這裡不是你該來的地方。」

我不平地說：「可是我已經把它們留在原處了。」

他說：「你是後來才放下的，你拾起來在先。」

這些聖者給我的經歷，讓我開始覺悟到，從書本上學來的知識和親身體驗而來的知識有何不同。我開始見到自己的許多缺點，真相令我覺得不安。

我回到師父處，他問我：「你學到了什麼？」

「我學到自己徒有知性上的知識，卻沒有知行合一。」

他說：「所有的知識分子都有這個問題。他們變得太傲於自己的知識。我現在要教你做一些功夫，你才能真知。」

人所知甚多，但是所知要用在日常生活上。不這麼做的話，所知不過仍然只是一種知而已。我們都知自己該做什麼，知不該做什麼，但最難的是要學會自己「是什麼」。真知不來自於知，而是來自於「是」。

注釋

1 譯注：蟒蛇定（ajagara-vṛtti），與佛經中所謂的「那伽大定」近似。按，那伽（nāga）的原義即是蛇。

能練才能達

有一回，我在教一堂生與死的課，有一位斯瓦米靜靜地走進來和我的學生們坐在一起。我以為他只是一名初學者，所以就待他和別的學生一樣。別的學生都在非常專注地做筆記，而他只是微笑，一直在笑，這讓我有些不快。

最後我問他：「你有在聽我講嗎？」

他說：「你只會講，而我可以示範如何控制生死。你們找一隻螞蟻來。」

有人找來一隻大螞蟻，他把牠切成三段並分開。他隨即閉上眼睛，坐著完全不動。片刻之後，那三段自己開始相互接近，最後結合在一起，螞蟻活了回來就立即爬走。我知道那不是什麼催眠術之類的把戲。

在那位斯瓦米面前，我立即覺得渺小起來。我在學生面前也覺得尷尬，因為我只理解經典中的文字，沒有第一手的悟解，也不能掌控生死。

我問他：「您是從哪兒學來的？」

他說：「你師父教我的。」

一聽之下，我對師父好不生氣，就立即去找他。

他一見到我，就問：「你又怎麼了？為什麼再次讓憤怒做了你的主？你仍然是你自己暴力情緒的奴隸。」

我說：「有些東西您肯教別人，就是不肯教我。為什麼？」

他望著我一會兒，然後說：「我教了你很多東西，你就是不練。那不是我的錯！所有這些本事都要靠練習，不能只靠口頭上的知識。就算你懂了一切有關鋼琴的知識，但是不去練，你就永遠彈奏不出音樂。知而不行，知就無用。知不過是資料。行，才能得到直接經驗，只有直接得來的經驗才是真知。」

花之谷的聖者

世面上關於喜馬拉雅山中的花以及自然生態的文獻不多，但是只要我能找得到，我都會盡力去研究。有一位英國的作者寫了一本書[1]，描寫喜馬拉雅山中一個長滿花朵的谷地，我讀了之後激起一股熱情。喜馬拉雅山中有數不盡種類的百合、杜鵑以及其他的花，但是我特別渴望去一探其中的一個山谷。

有一位斯瓦米經常在書中所描寫那個「花之谷」所在的喜馬拉雅山區雲遊。我跟他很熟。他身體健壯，年約八十歲，是位奇人。他去哪兒都會扛著一床特別的被子。這床被子非常之重，大概有八十或一百磅。你可能會好奇，他怎麼把一床被子變得這麼重。他去到任何地方只要撿到碎布，就縫到那床被子上，所以那是一床有上千個補丁的被子。他把它叫做「古達瑞」（gudari），意思是「百納被」，所以人們就叫他古達瑞巴巴（Gudari Baba），就是被子巴巴。

我央求他帶我去那個花之谷，他說：「如果你真的想見花之谷，要跟我去的話，你就必須一路幫我扛著這床被子。」

我答應了。但是我把被子一扛上肩頭，就被它的重量壓得跌倒。

他說：「你看來是個很健康的年輕人，怎麼會如此軟弱？」

他拾起被子，說：「你瞧，這多輕！」然後他再把被子放在我肩上。他認識我師父，所以才允許我跟他去花之谷。

花之谷

我跟著他走時，這位聖者說：「在花開季節進入花之谷的人，出來就會失去記憶。所以我們應該把世上所有像你這種頑固的孩子帶來這兒，好矯正他們。那些自以為學問好，喜歡與我們爭辯的人，也應該帶來這兒，他們才會知道自己有多少斤兩。」

我說：「但我可是跟著您的。」

他說：「沒錯，可是你老愛辯，從不仔細聽。你以為自己學識豐富，自命不凡。我可不識字，沒讀過書。你的教育程度高過我。你有文化，但是我能管得住自己的心。」

我說：「我也管得住。」

他回答：「咱們走著瞧。」

我說：「先生，首先，請您把我肩上這床被子拿開，我實在扛不動。」

他嘆道：「唉，現代的這些孩子們！」他把被子拿過去，開始跟被子對話：「噢，我最心愛的被子，沒人能了解你。有哪個人能知道你是一床活生生的被子。」

我看著他，心想，「這人真瘋了！」

第二天早上，一位日本的和尚加入我們，他同樣也很想見識花之谷。這位日本師父也認為被子巴巴是個瘋子。他問我：「拉瑪，你是否知道這人為什麼要帶著這麼重的東西？」我們開始交談，我想我們二人能相互交換一下經驗總是好的。

這位日本師父不敢獨自一人前去花之谷。有人告訴過他，遊人進入花之谷，出來後就會失憶而忘記一切，感官對外物也會出現認知不協調的情況。遊人失憶之後，只會一直傻笑。他說，這位巴巴是我們理想的嚮導，因為他在這個地區遊走，認識所有的山路。

到了翌日，這位日本師父開始發燒，打冷顫。他是在緬甸的森林裡染上了瘧疾。他的體溫高達攝氏三十九、四十度，脈搏非常急促。巴巴對他說：「你跟這孩子說我是瘋子。你想不想見識一下我這床被子活生生的威力？你可知道這被子不僅僅是被子而已，它是一股活的能量。你想康復嗎？想，就跪下來，謙卑一點！」巴巴用被子蓋住日本師父。

日本師父說：「我要被壓扁了！我個子小，被子那麼重！」

巴巴說：「別講話！」過了幾分鐘之後，他把被子從日本師父身上移開。移開被子時，被子在顫抖。巴巴問日本師父：「你還有發燒嗎？」

他說：「先生，我完全沒發燒了。」

巴巴說：「這被子非常寬大慈悲，它把你的燒給拿走了。」巴巴望著我說：「你是否希望徹底根治他的發燒？」

我說：「是的，請。」

巴巴說：「但他說我是瘋子，我覺得他不值得我幫。」

我說：「聖者慈悲為懷，不會吝於助人。」

巴巴一笑，說：「我當然會幫他。」

我們同行的十五天中，日本師父再也沒有發燒過。

在巴椎納特（Badrinath）[2]城外九英里處，有一條岔路是通往花之谷的小徑，其地有間很小的錫克教神廟（Sikh Gurudwara）[3]。廟裡的人和被子巴巴很熟，我們就在廟中吃飯，休息了一整日。第二天上路去花之谷，往恆孔（Hemkund）[4]的方向前進。

我們目力所及之處都盛開著鮮花，頭幾個小時令人頗為心曠神怡。但是，我開始注意到自己的記憶在流失。過了五、六個小時，巴巴問：「喂，你！能告訴我，你叫什麼名字嗎？」

我和日本師父都很迷惘，想不起來自己叫什麼名字。我們全給忘了。我只知道我存在，然後有個模糊的感覺是我和另外兩人在一起。其他什麼都沒了。這些花香非常濃郁，強到令我們無法思考。我們的思維功能無法作用，感官都被麻醉了。我們只依稀感到自己存在以及周遭的環境。我們彼此的對話都變得語無倫次。

我們在這個山谷中住了一個星期之久，非常令人享受。這段期間巴巴不斷地戲弄我們，他說：「你們受過的教育和你們所有的優點，都不值一文。」

我們出了花之谷後，巴巴說：「你有喜樂的感覺，那是受到花香的影響，可不是在冥想入定。那就是大麻之類的東西對人的影響，而人們還以為自己入定了。可是你看我，野花的香味就不會影響或改變我。哈哈哈！你受過高等教育，讀過很多書。到目前為止，你都是活在別人對你的看法中。今天你終於有這個難得的機會，讓你明白和比較一下，親證的知識和一般所謂的知識之不同，後者其實是一種模仿。到目前為止，你所有的看法其實都是別人的看法。活在別人看法中的人，就絕不會有決斷力，不能表達自己的看法。孩子，我們不認為提供信息的知識是真正的知識。可是就算你明白到只有親證的知識才是真知，你仍然管不住自己的心。現代兒童所受的教育都是很膚淺的。沒有紀律，就不可能管住自心。管不住自心，就不可能得親證知識。」

出來後，日本師父和我們分手前往菩提迦耶（Bodhi Gaya）[5]，我則留在巴巴身邊又住了十五日。他是這個地區的雲遊者，所有來朝聖的人都聽過他的事蹟。像巴巴這樣的聖者，對生命以及生命中的順流和逆流都有直接體驗真知之人，每一位出家人都應該要和他們同住一段時日，才能學到實用的東西。

注釋

1 譯注：原書沒有註明書名或作者，應該是英國著名登山客 Frank Sydney Smythe（1900~1949）所寫的《*The Valley of Flowers*》（群華谷地，一九三八年初版，其後多次再版）。

2 譯注：巴椎納特（Badrinath），北印度山地著名朝聖之地。

3 原注：錫克教（Sikh），信奉那拉克上師（Guru Nanak）之教徒。神廟（Gurudwara），或 Gudwara，是錫克教（Sikh）的廟宇。

4 譯注：恆孔（Hemkund），意思是「雪缽」。按，「恆孔」（雪缽）是地名，乃通往花之谷必經之地，就是錫克教神廟所在地，原書記載與今日旅遊地理所謂的「花之谷」地點說明似乎不符；但是譯者聽聞斯瓦米拉瑪的弟子們說，今日旅遊地理中所謂的「花之谷」與本書中所描述的「花之谷」並非同一處。

5 譯注：菩提迦耶（Bodhi Gaya），佛陀悟道成佛之地。

Part 5
克服恐懼

恐懼是最大的敵人。它是住在內心的惡魔。
在通往自由的階梯上，第一階是無懼。

魔

一天傍晚，我和一位同門師兄在山中走了三十英里的路，在克達那特（Kedarnath）城外兩英里的地方停下來休息。

我非常疲倦，立刻就睡著了。但是由於極度疲勞的緣故，我睡得並不安穩。天氣很冷，而我沒有毯子可裹身，所以用雙手護著脖子來保暖。我極少做夢，此前大概只做過三、四次夢，而且我所夢到的後來全都實現。那一晚，我夢到魔鬼強用有力的雙手掐住我的脖子。我覺得自己好像要窒息了。

師兄見到我的呼吸節奏改變，意識到我可能有什麼不對，就過來把我叫醒。

我說：「有人掐住了我的脖子！」

他告訴我，是我的手在掐住自己的脖子。

你稱之為魔鬼的那個，其實是你自己的一個部分。傳說中的魔鬼和惡魔，都是由我們的無知所帶給自己的觀念。人的心念是個大奇蹟，大魔術師。只要它想，隨時可以化身為魔，也可以化身為神。它可以是大敵，也可以是善友，為我們造出地獄或天堂。我們想要踏上開悟之途，必須要能先發掘、面對、超越躲在自己潛意識中的種種習氣。

做夢是心念的其中一個自然狀態。它是介於清醒和深眠之間的一個中間狀態。當感官停下

通往克達那特的山徑。

來，不再接觸外在對象的信息時，心念就會開始從潛意識中把以前留下的記憶叫出來。所有潛在的欲望都躲在潛意識中，等待讓它們得到滿足的機會到來。當感官沒有在感知外界的對象，而意識處於休眠狀態時，被回憶所叫出來的記憶就會現身，那就叫做夢。透過夢境，我們可以分析自己某一個潛藏的人格特質層面。有時候，這種分析可以幫助療癒某種病症。借助於靜坐，我們可以有意識地回憶起這些記憶，觀察它們，分析它們，永久地化解它們。

夢境有幾種類型。除了我們一般所經驗到的痛苦和喜樂夢境之外，還有兩種是需要分析的夢。一種是預感型的夢，另一種則純粹是惡夢。預感型的夢有時候具有參考價值。惡夢則代表某種挫折所引起的強烈苦痛。惡夢有時候也會因為極度勞累或消化不良而發生。

我從來沒有聽見任何人聲稱在大白天見到鬼。

我師兄笑著安慰我，說給我聽：「在黑暗中，繩索能被誤認是一條蛇。遠處的幻象能被誤認為是水。這些幻影主要是因為缺少了光明才有。魔鬼存在嗎？如果唯有『一』存在，它自然是遍及一切，遍知一切的，那麼哪有魔可存在之處？相信有魔存在的人，是因為他們忘記了神的存在。負面心態才是住在人類之中最大的惡魔。能轉化負面心態，你就會趨向用正面、天使般的觀點去看一切。天堂和地獄都由心造。畏懼魔鬼是一種恐懼的疾病，必須要把它從人類的心中消滅。」

誤認為鬼

我住在喜馬拉雅山麓的耐尼塔爾森林裡時，偶爾會去下面一個座落在六千英尺高度的小城鎮。當地的人民常會追著我，求我為他們祝福或是為他們開導。印度鄉鎮人民見到瑜伽士或是斯瓦米都會如此。為了要有時間做我自己的修行功課，我就必須避開訪客。我發現了一個公墓，很多英國人埋在這裡。墓園維持得很好，又很安靜。我晚上就到墓園中靜坐，披著一條用白色毯子改成的長衫以避寒。

一天晚上，有兩名在附近巡邏的警員經過墓園，他們拿著手電筒東照西照，以防有盜墓者。我正在一名英國軍官寬敞的墓地上靜坐，整個身體從頭到腳都蓋著毯子。警員從遠處用光朝我的方向照過來，見到毯子下面有個人形而大驚。他們跑回去警局告訴其他警員，聲稱在墓園中見到了鬼。這個謠言立即傳遍全城，很多人為之驚恐。

警察局長在第二晚率同幾名武裝警員來到墓園，再次用手電筒照我。因為我進入了禪定狀態，完全沒覺察到他們，坐著紋風不動。他們都以為我是鬼，警員們拔出手槍瞄準我，想試試看鬼是否能敵過子彈。這時局長說：「等等，我們應該先示警，或許是人，不是鬼。」他們靠過來，包圍了我所坐的墓地，但是無法確認毯子下面究竟是什麼，於是就對空開了一槍。

這時我察覺到他們，就出了定。我取下蓋毯，問：「你們為什麼來這裡打攪我？有事要找我嗎？」

警察局長是位英國人，他認識我，隨即向我道歉，並且命令負責在那區巡邏的警員每晚要為我提供熱茶。嚇到很多人的鬧鬼傳言就此落幕。

那位警察局長普斯先生（Mr. Peuce）以後就經常來看我，想跟我學靜坐。有一天，普斯先生問我：「人類恐懼的本質是什麼？」我說：「在所有的恐懼中，對死亡的恐懼似乎深深扎根於人類的心中。自保的意識能引起很多幻覺。人經常為恐懼而憂心忡忡，所以他會失衡，會依自己的想法而幻想出、投射出種種念頭。他不斷地重複又重複，使這印象更深入心中。恐懼是人類最大的敵人。」

普斯先生非常怕鬼，想知道我是否見過。我說：「我見過鬼王，那就是人。人只要把一己的心念當成了自己，人就成了鬼。哪天當他覺曉到他的真實本質，他的真我，就可以從所有的恐懼中解脫出來。」

很快地，有越來越多人要來見我。其後我的朋友普斯先生為了某種原因決定辭職，搬去澳洲。我也離開了那個城鎮，前去奧摩拉（Almora）地方的山區。

我得到的結論是，活在恐懼的壓力之下是毫無益處的，如果老是要為人生的每一步而擔心，有何樂趣可言。若不敢面對恐懼，我們只會使它變得更強大。在靈性之道上，恐懼和懶散是我們主要的敵人。

對蛇的恐懼

我告訴你我的恐懼是什麼。年少的時候我與常人不同，幾乎是一無所懼。我可以在恆河的汛期游泳渡河，可以深入叢林一點都不怕老虎，但是我一直很怕蛇。我跟蛇經常相遇，但是我會把恐懼感藏起來，不讓任何人知道，連我師父也不例外。

有一回，是在一九三九年的夏天，我和師父一同下山到瑞斯凱詩城。我們要前往威爾巴德拉（Virbhadra）[1]，在路上選了一個露宿的地點，那個地點後來就是我的道院（ashram）[2]所在地。清早起來，我和師父去恆河中沐浴之後，就在岸邊靜坐。那個時候我已經養成習慣，每次靜坐要連續坐上兩、三個小時。大約在七點半的時候，我睜開眼睛，見到有一條眼鏡蛇和我面對面相望。蛇的下半身盤蜷在地上，上半身則是豎起來的。牠保持這樣的姿勢不動，離我只有大約二英尺，一動不動地盯著我看。我嚇壞了，馬上再把眼睛閉上，不知該怎麼辦。過了幾秒鐘，我再次睜開眼睛，蛇還在原地不動，嚇得我趕快跳起來逃走。跑了幾碼遠，我回頭看，那條眼鏡蛇開始爬回樹叢中。

我回到師父身邊，跟他解釋發生了什麼事。他笑著告訴我，入了深定的人，別的生物靠近他，自然也會進入定的狀態。

另外有一回，我在受過許多訓練之後，又有一次和蛇有關的可怕經驗。我受邀請前往南印度，很多人認為那裡是印度文明的故鄉。在一個下著雨的寒夜中，我去到一所寺廟要求借宿。

他們首先刁難我，說：「如果你是一名斯瓦米的話，頭上何必需要有簷遮蓋？」但後來有一名來自廟中的婦人對我說：「跟我來，我可以提供地方讓你一避風雨。」她帶我進入一個只有六平方英尺的小茅屋，叫我待下來，然後她就離去了。

我只有一張鹿皮坐墊，一條披肩，一塊裹腰布。屋內沒有燈，但是因為入口處有光線照進來，所以我可以約略看見一些東西。過了幾分鐘，我見到有條眼鏡蛇爬到我面前，而我旁邊居然還有一條。很快地，我感覺到這屋子裡有好幾條眼鏡蛇，我才意識到自己進了一間蛇廟！當時的情況非常危險，而我當然害怕極了。

那名婦人有意試探我究竟是不是一名真的斯瓦米，而我那時還在實習成為斯瓦米。我非常害怕，但是繼而一想，「我要逃的話，在這樣的夜晚能去哪裡？而且如果我跑了的話，那名婦人今後絕不再會為斯瓦米布施。」我打定主意，「我要留在這裡。就算我死了，至少不會有背於出家人應該一切皆捨的理想。」

我又想，「那名婦人並不像是已經開悟之人，可是她卻能輕易出入這間屋子。那我為什麼不能留在這裡而不受傷害？」我記起了師父的話，我對自己說：「只要我能坐定不動，這些蛇能把我怎麼樣？我沒有任何東西是牠們要的。」於是我整晚坐著睜眼凝視。我什麼都沒丟，只丟了禪定。我無法專住於任何其他東西，只能專注於眼鏡蛇。

縱然有過這兩次的經驗，我對蛇的恐懼感仍然不減。身為一名年輕的斯瓦米，很多人來到我面前都會下拜，接受我的祝福，就連政府高官也不例外。但是我內在卻盤據著一股對蛇的恐懼感。我能為學生講授《梵經》（*Brahma Sūtras*）中的無畏哲理，可是我心中仍然有畏懼。我曾經用盡全力，試著以智性思辨的方法來去除這個恐懼，可是我越是努力，恐懼感就越強烈，它強到了一種病態的地步。任何突如其來的聲響都會讓我懷疑是否有蛇。我靜坐時常常會睜眼查看周圍。我去到任何地方都會先找一下是否有蛇。最後我對自己說：「你一定要除掉這個恐懼感，就算因此失掉性命也在所不惜。恐懼使你無法成長，你這樣怎麼能指導那些敬愛你、依賴你的人？你自己沒克服恐懼卻指導別人如何無畏，真是個偽君子。」

我去見師父，說：「先生？」

他說：「我知道你的心思，你怕蛇。」

我問：「您既然知道的話，為什麼不告訴我怎麼根除這恐懼？」

他說：「我為什麼要告訴你？你應該要來問我。你懷有這恐懼感，為什麼要瞞著我？」我從來沒有任何祕密瞞著師父，但就這一件事我不知怎麼從沒對他提過。

於是他帶我走進森林，說：「明天日出時開始，我們要保持靜默。你早上三點半就要起身去搜集樹葉和野花，我們要用來做一種特殊的祭拜。」

第二天清晨，天還沒全亮，我在地上看見一大堆葉子，當我拾起這堆葉子時，發現裡面有一條眼鏡蛇，而牠就在我手中。我無處可逃，也不知如何是好，驚嚇到幾乎要暈過去了，雙手不停顫抖。

師父也在場，他說：「拿過來給我。」我怕得發抖。師父說：「牠不會咬你的。」雖然如此，下意識的恐懼仍然湧上來。我的心對我說：「你手中捧著的是死亡。」我信任師父，但此時我的恐懼大於我的信心。

他說：「為什麼你不愛蛇？」

「愛？」我喊道：「你籠罩在恐懼中，要怎麼去愛？」這是世間所熟見的情況：如果你怕某人，就不可能愛他。你下意識裡會一直在怕他，恐懼會在下意識中不斷繁殖。

師父說：「你看，這條蛇真是美。牠到處爬，身上還是這麼乾淨，這麼整潔。換你的話就沒辦法保持乾淨，每天都需要洗澡。蛇是世界上最乾淨的生物。」

我說：「牠固然乾淨沒錯，但也很危險。」

他告訴我：「人比蛇還要髒，還要毒。他能殺、能傷別人。他每天都在用憤怒和其他的負面情緒心態，對著和自己同住的家人噴毒。蛇就絕對不會如此。蛇只有在自衛的情況下才會咬人。」

他接著說：「你在熟睡的時候，你的手指會去戳自己的眼睛嗎？你的牙齒會去咬自己的舌頭嗎？你生來就明白到，四肢都屬於同一個身體。哪一天我們能明白到所有的生物都是一體的，我們就不會懼怕任何生物。」

他在說的時候，我一直把蛇捧在手中，漸漸我的恐懼感消失了。我開始想，「如果我不殺蛇的話，蛇為什麼要殺我？蛇不會無緣無故去咬人，為什麼會咬我？我又不是什麼特別的人。」我的心思活動慢慢開始變得正常。從那次經歷以後，我沒有再怕過蛇。

動物的本能很敏感，能感受到愛或恨。如果人沒有加害動物的意圖，動物就會變得被動而友善。即使是野生動物也喜歡和人類相處。我在喜馬拉雅山的谷地中，觀察動物的習性很多年。牠們在夜晚時會接近村莊，到了清晨又會回到森林中。牠們似乎想要接近人類，但是又害怕人類暴力的習性。人類自私、貪執、仇恨的習性，蒙蔽了他的純真本性，因而動物才懼怕人，會出於自衛而攻擊人。如果人學會善待動物，牠們就不會攻擊他。我經常記起蟻垤（Vālmīki）[3]、聖方濟各（St. Francis of Assis）[4]、佛陀是如何地愛護動物，我以他們為榜樣。

恐懼會生起不安全感，不安全感會使得心理失衡，從而影響到行為。被恐懼症所控制的人，最後可能會進精神病院。我們如果能仔細分析某種恐懼，一般都會發現它是想像出來的，但是那種想像就能夠造出某種程度的真實感。恐懼會招來危險，這個說法是真的，因此人就應該保護自己免於被自己造成的危險所逼害。我們所有的夢想遲早都會變為現實。所以的確是恐懼招來危險，而我們通常以為是危險帶來恐懼。恐懼是由心理引起的疾病中最嚴重的。我發現一切的恐懼和疑惑，只需要藉由某些切身的體驗就可以輕易克服。

根據《瑜伽經》，要證得三摩地有十項要遵守的初步要求。第一項就是「非暴」（ahimsā）[5]。非暴就是不殺、不害、不傷。人類由於變得自私、自大的緣故，就變得不敏感而失去了本能。本能是一種很強的能力，如果好好使用的話，可以幫助我們奉行非暴力這條正道。

我悠遊在印度的山區和森林的那段歲月中，我從未聽聞過有任何苦行僧、斯瓦米、瑜伽士遭到野生動物攻擊的事件。這些人面對動物以及雪崩這種天然災害時不必保護自己。人的內在夠堅強，就能無所懼，能無所懼才能跨過個人的意識，和天地的覺識合一。誰能殺害誰？身體遲早必然回歸於塵土，本我可是永恆的。這個信念，是喜馬拉雅山中所有門派的聖者都堅信不移的。

注釋

1 譯注：威爾巴德拉（Virbhadra），城鎮名，在瑞斯凱詩城附近。

2 原注：道院（ashram），是修行人所居住苦修的場所。譯者按，可以譯為道院或道場，並非宗教寺廟。斯瓦米拉瑪所建立的道院，稱為 Sadhana Mandir，意思是「修行寺院」，位於瑞斯凱詩以及威爾巴德拉之間的恆河岸邊。

3 譯注：蟻垤（Vālmīki），或譯音為「跋彌」，古印度的文豪聖者，相傳是史詩《羅摩衍那》的作者。

4 譯注：聖方濟各（St. Francis of Assis），羅馬天主教在中古世紀之聖者。

5 原注：非暴（ahimsā），意思是非暴力、勿傷害，是不殺生，以及避免以心念、言語、行為給眾生帶來痛苦，所表示的是博愛。譯者按，非暴是瑜伽的第一條戒律。這個理念被聖雄甘地應用在印度獨立建國運動中，成為著名的不抵抗主義。

入虎穴

有一次，我獨自一人在塔賴巴瓦（Tarai Bhavar）[1]地區行走，朝著尼泊爾的山區前進。我是在前去尼泊爾首都加德滿都的路上。

我每天要走二十到三十英里。太陽下山之後，我會生一堆火，靜坐，然後休息。第二天早上四點我繼續上路，走到十點鐘，我就找河邊的一棵樹下坐著，度過一天的中午。下午三點半再出發，直到晚上七點。我是赤腳行走，帶著一床毯子，一張虎皮，一壺水。

一天晚上大約六點鐘，我累了，想小睡一會兒，找到距離最近道路有兩英里的一個洞穴，就鑽了進去。因為洞內有點濕，我把毯子攤開鋪在這個小小洞中的地面上。

我才剛躺下來閉上眼睛，就有三隻幼虎撲上來，牠們發出溫柔的低鳴，用爪子撓我的身體。牠們餓了，以為我是牠們的母親。牠們大概只有十二或十五天大。我就躺著輕輕拍著牠們。

過了幾分鐘，我坐起來，牠們的母親就站在洞門口。我第一個念頭是害怕她要衝進來攻擊我，但我內心有個很強的感覺，我想，「我無意傷害這幾隻幼虎，如果她離開洞口，我就會出去。」我拾起毯子和水壺，母老虎退出入口，我就安然離去。當我走離洞口約十五碼之遠，母老虎才靜靜地走入洞內和她的幼虎重聚。

像這樣的經驗可以幫人控制恐懼，一瞥動物和人類之間的連結。動物能輕易地嗅出恐懼和暴力的氣息，那牠們就會兇狠地防衛自己。然而，當動物變得友善時，牠們會極力保護和幫助人類。人類會在危急時棄同類於不顧，但是動物極少如此。

當然，所有的生物都有極強烈的自我保護意識，但是動物比起人類來，更是會為愛而付出。牠們的友情是絕對可靠的，是無條件的。而人與人之間的關係則是有一大堆條件的。我們在自己的周圍蓋起圍牆，和自己內在的本質失去了聯繫，然後又和他人失去聯繫。我們本來是能夠敏銳感覺到自己與他人之間的關係，可惜已經失去了本能，如果能夠重拾這個本能，則我們不必費太多力氣就能證悟。

注釋

1 譯注：塔賴巴瓦（Tarai Bhavar），尼泊爾南部的低地區。

斯瓦米拉瑪前往尼泊爾的旅程。

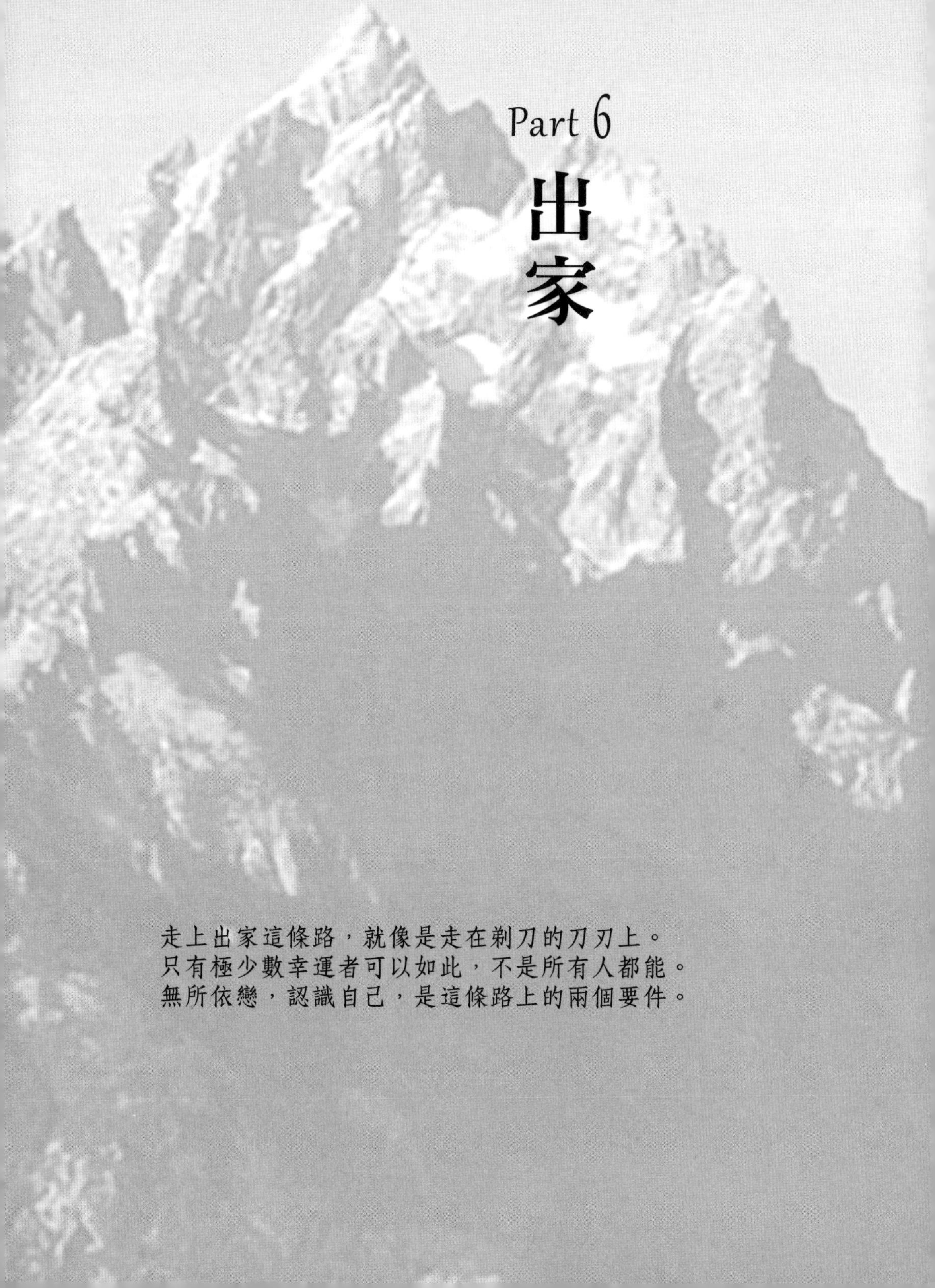

Part 6
出家

走上出家這條路，就像是走在剃刀的刀刃上。
只有極少數幸運者可以如此，不是所有人都能。
無所依戀，認識自己，是這條路上的兩個要件。

眼

有一段期間，前後達兩年之久，我經常會去參訪一位住在希瑞那加附近的斯瓦米。我就待在他身邊為他做事，服侍他，但是他從不跟我說話，也極少打開眼睛。他的名字是哈利嗡（Hari Om）。這兩整年中，他從沒有看過我一眼！

有一天，我對師父說：「我受夠了那位斯瓦米。這簡直就像是去見一截枯木或是一塊石頭，還要服侍它們。」

師父說：「你不可以這樣說。雖然你可能不察覺，可是他確實有見到你。」

我說：「他哪裡有可能見到我？他的眼睛都是閉著的。」

那天當我去見他的時候，哈利嗡居然失笑出聲。「所以我是枯木石塊？難道你不知道我是在如此喜樂境界中，我有何理由要睜眼？我相與為伴的是那個美、那個華之源頭的『一』，我何必要睜眼？眾人所追求的那種些微的喜樂，已經無法滿足我。這就是我為什麼要閉著眼的原因。你要張開心中之眼去看那永恆的美，五官的領受程度是有限的，它們只能領受到有限的對象，有限的美。」

他的這番深富美感的話啟發了我。此後我去見他時，他會稍稍睜開雙眼。他眼睛微睜時，就像是酒在杯中溢出來似的，你可以體驗到那內在流出來的喜樂。

他喃喃唸出梵文的頌辭，「於凡人為黑夜，在智者為白晝[1]」。他解釋道：

最好的時刻，是夜晚的時刻，但是很少人懂得如何利用它的價值和靜默。夜晚時有三種人是醒著的，瑜伽士（yogi）、縱慾者（bhogi）、病者（rogi）。瑜伽士享受的是禪定中的喜樂。縱慾者享受感官之樂。病者因為苦痛不適而睡不著。這三種人都不睡，但是唯一得益的是禪定者。縱慾者享受的是片刻的快樂，然後想要延續那感覺，所以不斷地去重複那經驗。唉，那是永遠不可能用這個方法延續的。在禪定中，真正的喜樂則會延續擴張成為永恆的寧靜。

無意識狀態下把眼睛閉著，心中空無一物，是昏睡。閉上眼而能保持意識，是禪定的一個部分。瑜伽士閉上眼睛，把感覺從感官的對象那兒收回來，定在不受苦樂對立所影響的狀態中。對他而言，閉上眼睛就是睜開內心之眼。凡人用一對小小眼睛來看世間的對象，但是你可知我整個身心靈都變成一個眼睛是什麼光景？

注釋

1 譯注：這段有名的頌辭出自《薄伽梵歌》（II.69）：yā niśā sarva-bhūtānāṁ tasyāṁ saṁyamī.

舞伎

師父常常對我說：「整個世界是一個學習的劇場。你不可以只依靠我來教你，要能從一切事物中學習。」有一次他吩咐我說：「現在，孩子，你要去大吉嶺。那裡的城外有一條溪流，溪畔是個火葬場。我現在要教你一個特別的修練法，在四十一天當中，無論發生什麼事，你都要持續練下去。無論你的心念如何想說服你不要完成這項修練，你都不可以離開那個地方。」

我說：「當然。」

很多人都不敢待在那種地方，他們會幻想一些奇奇怪怪的東西。但我可不在乎。我去到那裡，住在一個茅屋裡，自己生火煮食。那時我還是一名大學生，正是暑假期間。我想，「正好利用假期來修行。」

我遵照師父教給我的方式去修練，到了第三十九天仍然沒有什麼異樣。那時心中就起了一個強烈的念頭，「這真是一件蠢事，在這與世隔絕的荒涼地方浪費時間。你是在白白浪費自己的大好青春。」

師父告訴過我：「記住，到了第四十一天，你絕對會發現自己內裡有進步的徵兆。在這之前絕不要放棄。不要被自己的心內意向所動搖，不要受引誘。」

我曾對他說過：「我保證不會。」可是到了第三十九天，我心中起了一個又一個反對的理由。我想，「再多兩天能有什麼不同？過了三十九天，你都沒感覺到任何東西。你答應過朋友們會給他們寫信，可是你一封信都沒寫。而你現在是活在死人當中！這算哪門子的教法？你師父憑什麼這樣要求你？他可不是一位好老師。」

所以，我決定離開。我拿一桶水澆熄了火，把茅屋給拆了。

夜間很冷，我就裹了羊毛披肩走去城裡。我正走在大街上，忽然聽見樂器的演奏聲。有一名婦人正載歌載舞。那首樂曲的主題是：「人生瓶中之油苦少，怎奈卻長夜漫漫。」她重複又重複地唱著這一段，使我駐足傾聽。伴奏的手鼓聲「咄！咄！」似乎在說我：「呸！呸！看你幹了什麼好事？」

我感到沮喪不已，心想，「我為什麼不能堅持最後兩天？如果去見師父，他會說，『你沒能把法給修完。樹還沒長大你就想摘果子。』」所以我回去完成剩餘兩天的修練。到了第四十一天，我真的如他所預言，得到了這項修練的成果。

於是我再度回城裡，到那位歌者的屋前。她是一位美麗又有名的歌舞伎，被視為妓女。當她見到有位年輕的斯瓦米朝著她的門口走來，就高聲說：「站住！別過來這裡！你來錯地方了！這不是你該來的地方。」

但我繼續走近。

她關起門，叫僕人不要讓我進入。他是個留著大鬍鬚，高大有力的人，命令我：「站住，小師父！你來錯地方了！」

我說：「不。我想見她。她就像是我的母親。她幫了我，所以我很感激她。假如不是她用歌聲提醒我，我就不會完成我的修練。我就會以失敗收場，我會自責，餘生都會內疚。」

她聽見這番話，才打開門。

我說：「真的，對我而言，你就像是一位母親。」

我把事情的經過告訴她，我們又談了一陣。她也聽說過我的師父。

當我起身要走時，她說：「我答應從今以後會跟你母親一樣過日子。我會證明我不只能做你的母親，我也能做別人的母親。現在我得到啟發了。」

第二天她就離去前往瓦拉納西（Varanasi）[1]，那是印度人求學的聖城，她住在恆河中一條船上。到了晚間，她就上岸，站在沙灘上為眾人吟唱，數以千計的群眾會跟著她一起唱。

她在她的船上寫著：「別誤認我是僧人。我曾經是妓女，請勿觸摸我的腳。」她從不直視別人的臉，從不跟任何人談話。如果有人想跟她交談，她會說：「跟我一起坐著，詠唱神的名字。」如果你問：「你好嗎？」她就會唱：「羅摩（Rama）[2]。」如果你問：「你有什麼需要嗎？我能給你些什麼嗎？」她只會回應：「羅摩。」除此之外沒有別的。

有一日，她當著五、六千名群眾的面宣布：「我明天一早就要離去，請把這個身體投入水中，魚還可以用到。」然後她保持靜默，第二天就捨棄肉身而去。

一旦覺悟了，我們的人格就能得到完全的轉化，把自己的過去給丟下。世上有些聖者在開悟前曾經是大惡人，例如《聖經》中的所羅（Saul）後來成了使徒保祿（St. Paul，聖保羅）。所羅在前往大馬士革的路上，覺悟的日子忽然來到，他的人格為之轉化。同樣的情形也發生在印度史詩《羅摩衍那》作者蟻垤的身上。

不要譴責你自己。不論你以為自己以前曾經多麼惡劣、多麼微小，你都有機會讓你的人格完全轉化。真心求道之人永遠都可以證悟真理，從所有的束縛和苦難中解脫出來。你只要一秒鐘，就可以得到開悟。

注釋

1 譯注：瓦拉納西（Varanasi），位於印度北方邦恆河之濱的古聖城，是佛經中的波羅奈國，玄奘譯為波羅痆斯。
2 譯注：羅摩（Rama），是神的名字，也是一個咒語。

殺人犯

喜馬拉雅山有四大名寺：岡勾垂、江莫垂（Jamnotri）[1]、克達納特、巴椎那特（Badrinath）。每年的六月到九月之間，很多在平原地區都市和村鎮的居民會來到山地待上兩個月。這是印度的一個古老傳統，到今日仍然保持著。在山路上你會遇見各種各樣的發心人士。

有一回，我和兩位朋友一同去這些名寺朝聖，在路上遇見了一位約五十來歲的苦行僧。他來自北方邦的班達（Banda）地區，非常謙虛，平靜又安詳。他加入了我們。我們一路上盡可能避開了一般人使用的路線而抄捷徑。到了晚間，我們留宿在岩洞中，生起火烤馬鈴薯吃，這是我們唯有的食物。這名僧人什麼都沒有，就跟我們一起吃。我們在進食之前會誦一段禱文，禱詞是：「一切都是梵，由梵所供奉，由梵所享用。」[2]這樣的歌頌有助於保持對神的覺知。

在我們交談之間，僧人說了他的故事。

在他十八歲的時候，他的父親和同村中另一名地主有土地糾紛。出於嫉妒，村民謀殺了他的父親。嫉妒是一種惡魔，生於自我意識的子宮中，把它養大的是自私和貪執心理。這名年輕人的父親被謀殺時，他正在外地的學校裡。後來，他回去家鄉報仇，一舉謀殺了五個人，然後逃到深山中，投靠喜馬拉雅山中的瑜伽士和聖者。

他長年和聖者為伍，也經常四處巡訪苦行僧，希望能藉此解除心中的罪惡感。他開始苦修，也總是會向他所投靠的苦行僧們揭露自己的罪行。他從事刻苦的靈修，試著將污點從自己的心識中清洗乾淨。他在山中住了三十六年，曾經多次想去向警方自首。三十六年來，他變得廣為人知，大家稱他為「那迦巴巴」（Nāga Baba），因為他一無所有，連條裹腰布都沒有。有很多次，在他跟人們談話的時候，他會說自己曾經是罪犯，形容自己是如何把內在的自我給轉化了。他會說：「我知道我曾經殺過人，但是現在已經完全改變了。」在印度教、蘇菲（Sufis）、基督教、佛教的經典中，都有記載像這樣洗心革面的事蹟。

前往巴椎那特以及克達納特，途經的聖城得伐普拉亞格（Devprayag）。

我們跟他一直談下去，最後我們的結論是，他應該向警方自首，接受法院裁決。因此第二天早上，他不跟我往廟的方向走，而是折回他老家的村子。

他去到警局，把事件全盤托出。他們扣押了他，送他上法庭。但是法官問他們：「起訴的文件在哪裡？以什麼罪名起訴他？」警察就說出他三十六年前犯罪的事件，但是提不出任何關於犯罪行為事實的檔案或紀錄。在詳細問過他，知道他做了些什麼以及他後來的人生經過之後，法官宣判無罪開釋。於是苦行僧得以重回喜馬拉雅山。

犯罪學學者的說法是，所有的罪案都是人處於一種特定的不平衡狀態下所犯的。我同意法律刑罰固然要遵守，但難道沒有辦法改造並教育犯案之人？某人是否因為有某種病症而犯案，或是被逼迫而犯案？這兩種情形都需要仔細認定。如果能宣導讓犯罪的人去做靈性的修行，可以幫助於他們覺察別人的存在以及別人的權利。假如我們視犯罪為一種疾病，就應該找到治療它的辦法。每當我想到我們是多麼自由，就會念及世界各地在牢獄中之人。這實在是個悲劇！我的看法是，我們應該要為這些同胞創造出一個有利於自我改進和自我轉化的環境。

人類尚未完全文明開化。世界上還沒有任何一個國家立法為她的子民提供完全免費的教育和醫療服務，保障平等和公義。我們還沒有建立起一個能夠為全人類提供這些基本需求的社會，還沒有營造出一種氛圍，讓我們能夠達至我們所期盼的，下一個階段的文明。

注釋

1 譯注：江莫垂（Jamnotri），也作 Yamunotri，位於亞穆納河源頭之城。

2 譯注：這裡引用的是傳統的餐前禱詞第一段，全文共兩段，梵文為：brahmārpanaṁ brahma havir brahmāgnau brahmaṇa hutam | brahmaiva tena gantavyaṁ brahma-karma-samādhinā ||

放下貪執

師父什麼都給了我，而我沒有任何東西可以給他。他的信徒供養他的錢，多到他都不知道該如何處理，所以就由我代他分送給別人，或者任我花用。

有一次我告訴他：「我要去孟買。」

他說：「帶一點錢去，要多少儘管拿。」

我拿了五千盧比，買了很多東西，其中有三臺唱機。

他只說：「好啊，孩子，三臺一起唱好了。」

當我真的讓三臺同時播放時，什麼也聽不清楚。

貪婪永遠滿足不了任何人。擁有東西的欲望只會無止盡地增加，最後變成災難的漩渦。這種無知不能靠去廟宇、去教堂禱告、聽佈道、做什麼儀式就能消除的。千百年來，人類已經試著用各種方法來滿足自己的欲望，但是他們依然不能幸福。要達到最終極的真實，就必須將自己由非必要的欲望桎梏中解脫出來。

當所擁有的到了超過必要的程度，就只會為人製造障礙。它會浪費你的時間和精力。只求滿足欲望而不先明白什麼是需要、什麼是必要，會讓人偏離覺悟的正道。欲望是一切苦厄之母。如果能把對世俗成就的欲望，用在自我證悟的成就上，那欲望就成為一個方法及手段。到了這個地步，欲望不再是障礙，反而成為證悟自我的一個利器。

這可以用一個簡單比喻來說明。一苗燭火很容易就會被微風所吹熄。但是如果那苗燭火被護著，然後讓它接觸林木的話，就能造成森林火災，那麼微風反而會助長火勢，而不是熄滅它。同樣的道理，發心之人得戒律之助，護持內在燃燒中那股求開悟之欲的火苗，能讓它越長越大。那麼一切逆緣，與其是阻礙，反而會開始成為助緣。在證悟自我之道上的障礙，並非真的障礙。我們把自己的弱點和價值觀加諸於世間萬物，就為自己造成障礙。貪執是我們造出來最強大的障礙之一。能夠奉行不貪執，我們就能克服這些阻逆。

要清除障礙有四個辦法。第一，如果沒有世間萬物，人心就無法貪執。所以捨離是一種方法。但是對一般人而言，這看來非常不容易做到。第二，在擁有世間萬物的同時，如果能學會把它們當作是供我們使用的工具，那麼萬物就不再能成為我們的障礙。走這條路，需要轉化自己的心態。能轉化自己心態的人，就能把逆境變成順境。第三個辦法是征服之路，在這條路上要學會行事如何能練達而無私，將自己行為的果實奉獻出來利益眾生。這種人才能夠無所貪執，可以安然橫渡人生的汪洋苦海。第四，能捨己，就能將自己以及自己所擁有的一切奉獻給神，過著無所貪執的人生。這條路看起來容易，其實非常困難。

我師父的手法是不直接糾正我，而是讓我自己去覺悟到：因為人有弱點，所以人的心思和情識會改變。我往往會反覆思考自己的弱點，然後用靜坐來完成自我轉化。他從不會說：「做這個，或不要做這個。」而是把路指給我看，讓我自己獨立邁步前進。「學會自己走路」，是我的功課。

嚐過方知捨

年輕時我有些惡習，喜歡穿昂貴的西服。我會去市面選衣料，然後找裁縫量身訂做，會打上領帶，還要佩帶同樣花色的手帕。師父有幾位信徒對我的舉止非常不解，常常非議我。我過了五年的這種生活方式，師父並不在意，因為那其實是為了要讓我學到一課，關係到我將來的成長。

每當我站在師父面前，他會說：「你的品味太差。」

而我會反駁說：「先生，這可是最好的料子。」

有一天，我對盛裝失去了興趣，去見他時只穿了簡單的印度傳統長衫和寬鬆的褲子。他說：「你這樣很好看。」他要讓我先去嚐嚐世間的事物，明白到它們有何價值，經過分析之後，能將它們捨棄。

簡樸地過日子，昇華的思想，有助於培養審美觀。我們需要很長的時間才能培養出審美觀，才能把優雅和美融入自己的生活中。昂貴的服裝不能藏起我們的醜拙，漂亮的衣服不能讓我們變美。與其注重外表，我們應該學習培養和表達我們內在的美。這樣的內在美，會煥發出人人可見到的神采。

出家捨離是一條「火之途」，只有燒盡世間欲望的人，才能踏上此途。很多學生因為情緒受挫，對世間的得失感到灰心，一時衝動之下就想要出世。他們縱然能找到如意的環境，但是不論他們去到何處，內在那個不穩定的世界還是會跟著去。如果不能奉行靈性的戒律，是無法捨去失意、貪婪、欲望、嗔恨、愛執、憤怒、嫉妒這些情緒的。沮喪和不滿的人，就不適合走上捨離之途。否則人坐在山洞中，心中卻老想著世俗的享樂，不啻是種磨難。

我的師父希望我能過一段正常的早年生活，不是一段失望挫折的時光。在那段日子裡，我會買最好的汽車，每年要換兩次車。我過的日子比印度的那些郡主大君還要好。我的親戚和朋友，甚至警察局，都懷疑我哪來這麼多錢過著豪奢的生活。其中的祕密是，我的師父對我有求必應，他自己卻從不擁有或使用任何這些東西。當我終於明白到世俗事物的價值之後，才平靜下來，內心才得安寧，靜坐才能得力。潛伏的欲望是非常危險的，因為它最常在你靜坐時冒出來，而不是在日常活動中能察覺。求滿足世間利益的欲望，會阻礙到求滿足開悟的欲望。

師父有一次對我說：「我們現在去恆河岸邊，還有一堂課要教你。」

我說：「是什麼呢？」

他問：「你為什麼來喜馬拉雅山？」

我說：「我是為修行而來。」

他再問：「你修行是為什麼？」

我說：「是為了開悟，變得完美。」

師父說：「那你為什麼對世間事物還有欲望？你為什麼需要世間？做為一名出家人，你住在山洞中，可是仍然放不下世間，表示你還有潛伏的欲望沒滿足。這令人頭疼，而除了自律之外，沒有任何其他方法可以治。自律能帶你自行習練。自行習練能帶給你直接體驗。透過直接體驗，你可以擴充覺知。擴充是生命的目的。」

世間的魅力、誘惑、吸引力，的確非常強而有力，但是那一股燃燒中的，追求開悟的欲望，不會允許發心的求道者受到分心而偏離他的路線。

考驗

師父從來沒有堅持要我出家，捨棄塵世成為一位斯瓦米。他要我親自去體驗，然後才自己做出決定。他總是對我說：「無論你想從我這兒學到什麼，儘管學。但是你要獨立成長。無論你什麼時候需要我的協助，我都在你左右。」

如果我問他問題，他會說：「你是累了嗎？為什麼不能替自己找出答案來？為什麼你一次又一次地拿問題來問我？我會教你解決問題的方法，但不會只給你答案。」

他試了好多回用世間的事物來引誘我。他說：「你去紅塵世界嘛，去做一名政府高官。如果你老是黏住我，只想跟我在一起，那不是好事。我想要你在世上安頓下來。我會讓你富有。」

我說：「那些不是我想要的。」

他問：「你肯定嗎？」然後他做了一件你絕不會相信的事。他帶我去到山中，說：「你喜歡寶石吧，對不對？」這的確是事實，我對美的東西特別喜歡。

他知道我這個潛伏的欲望，所以說：「這兒，你瞧。」

我吃了一驚，面前居然出現一大堆珠寶。我不斷地眨眼，覺得難以置信。我想試試這究竟只是幻覺，還是真的。

他說：「這不是幻覺。試試看，把它們撿起來。我跟你保證它們是真的。拿去吧。都是你的。你會是印度最有錢的人。現在，孩子，讓我走，我要去遙遠的山中。」

我的淚水開始往下流，我說：「您這是拋下我了？您的意思是我該選珠寶，不選您？我不要這些。我要的是跟著您。」

接著他說：「如果你要跟我，看看這裡。看見那團火嗎？」我一看之下驚呆了，那團火高得像牆一樣。他繼續說：「要是你能穿過那團火，你就能跟著我。你選哪個？你一定要做決定，你對塵世有多渴望，對光明有多渴望？」

我說：「我選火，不選誘惑。我想要重生。不會走第二條路。」如此，我選了出離這條路。

出離這條路就像是走在剃刀的刀刃上，困難重重，每一步都有可能摔下來。在我們所遇到的障礙中，最強的障礙是自私的欲望。只有無所畏懼，只有不再被世間的魅力、引誘、吸引力所困的人，才能走上這條路。能把自己所有的欲望聚集於一點，單單在開悟的欲望上出力，就能成功。

出離這條路只有極少人能選擇，不是適合每一個人。但是能樂於出世生活的人，是有福之人。然而，同樣有用的是積極入世有所作為之路，前提是必須要知道如何無私地、練達地去作為，所以能生活入世，但又能精神出世保持超脫。出世和入世這兩條路的目標是相同的。

新斯瓦米的第一天

我剃度受戒，正式成為斯瓦米僧團一員的第一天，師父對我說：「你是否知道，身為斯瓦米你必須要去乞食？」

我說：「啥？」

他說：「你的自我意識告訴你，你是個獨立存在的個人，因此你要淨化這個自我意識，但是如果你不能變得謙下，就做不到。我要派你去窮人家乞討，你才會知道你是誰。」

我說：「好吧。」

我永遠不會忘記接下來發生的事。我很富有，穿的是絲質的袍子。你能否想像一個身穿絲衣的乞丐？我走起路來大搖大擺，無憂無慮。瑜伽的教導是說，你站著的時候，走動的時候，身體都要保持筆直，但是旁人也有可能認為你是一個過分驕傲之人。我清早外出乞食，遇見一名婦人正在擠牛乳。她一面哼著歌，一面擠乳，她膝蓋間夾著一個陶壺。

我說：「那拉陽哈瑞（Nārāyan Hari）。」[1]她受到驚嚇，往後一跳，那個陶壺掉下來摔破了。

我心想，「噢，天哪。」

她非常氣憤，吼著說：「你身強體健還來討飯！你是國家的累贅，是你自己的累贅！有誰這麼教你的？你有錢穿絲衣，還來討飯！」

我覺得非常渺小，對她懇求說：「請不要辱罵我。」

受出家戒的斯瓦米拉瑪。（譯者按，圖中右下角是斯瓦米受出家戒時所領到的缽。譯者在斯瓦米韋達居室內也看到過同樣的缽。）

她說：「這是我婆婆留給我的一件古董！你這寄生蟲！給我滾！」她對於那個陶壺非常在意，罵個不停。

我回到師父那兒。他有個習慣，每天見到我都會問：「吃了嗎？」那天我以為他會如常地問我有沒吃過飯，但是他沒問。我整天都沒吭聲，他也一樣。當然他一向都靜。到了晚上，我抱怨了：「您今天沒問我是否吃過了。」

他說：「我沒問，因為你現在是一位斯瓦米了。」

我問：「您這是什麼意思？」

他回答：「一名斯瓦米是他自己的主人，能做得了自己胃口的主。」

我說：「所以，讓我做斯瓦米這檔事，意思是您以後不再管我了？」

他說：「現在你是斯瓦米，我是斯瓦米，你和我有什麼不同？是你要當斯瓦米的，現在就該靠自己，為什麼要把我當枴杖用？」

這讓我感到非常傷心，痛定思痛下，我決定要自立。我說：「我發誓從現在起，無論有什麼後果，我絕不會再去乞討。如果神要我活，我會活下來，我寧可一直靜坐，也絕不會去討飯吃。」

他說：「如果你要許下這種誓言，那是你的選擇。我無話可說。你是一位斯瓦米。」

許下這個誓言後，我就坐在恆河岸邊。大家來那裡看我，每個人都以為別人會照顧我。很多人帶了花來對我下拜，就是沒有人帶水果或是吃的東西來。十三天下來，沒人問我吃了沒有。我變得非常衰弱，幾乎無法走動。我問自己：「我究竟為什麼要做這種蠢事來當個斯瓦米？」

到第十三天，我開始哭了起來。我向聖母（Divine Mother）[2]傾訴：「我立下誓言，要正正當當地走這條路，可是到現在連一塊麵包都沒我的份。」忽然間，我看見有一隻手從河裡伸出來。就只有一隻手，捧著一個缽，裡面裝著食物。它朝著我過來，此時我聽見一個女人的聲音在說：

「這兒，這給你。」我接下鉢，開始吃。不管我吃了多少，鉢始終不會空。

我把那個鉢留在身邊三年。我可以從鉢中一直取食物分送給很多人，它永遠取之不盡。如果你放甜品進去，永遠放不滿。有好幾千人都見證過，他們專程跑來見它。他們不停地倒牛奶進去，它永遠不會滿出來。結果我成了這個鉢的奴隸。大家不是來跟我學任何東西，都只是為了看這個神奇的鉢而來。師父給我忠告說：「把它扔進恆河中。」我照著做了。

你走上這條路，神就會給你很多誘惑。只有當你能拒絕所有誘惑，才會抵達目的地。小孩在哭泣的時候，母親會怎麼做？母親會先給孩子吃糖。如果孩子還是哭，母親會試其他的攏絡方法，娃娃玩偶、餅乾。如果孩子仍然哭個不停，母親會把孩子抱起來，摟在懷中。母親總是要過一陣子才會抱起孩子，她會先試其他的引誘。在證悟自我的路上，同樣的情形也發生在我們身上。

乞食的鉢對於僧人而言是必要的，對於其他人則是一種羞辱。我領悟到，能完全將自己的生計託付於主的恩賜之人，自然會有適當的食糧可吃和屋舍可住。如果為食糧和屋舍而憂心，就沒有完全生信。我此生到嚥下最後一口氣為止，都將堅信不移，唯有神是我的本質，依仗任何神以外的東西，必將為我的人生帶來災難。我發現我的主一直走在我前面，供應一切我所需。

注釋

1 譯注：那拉陽哈瑞（Nārāyan Hari），原書註明，這是神主的名號，斯瓦米在遇見人開口說話前，會先說一聲「那拉陽哈瑞」。按，這頗類似佛教僧人在開口時會先說聲「阿彌陀佛」。

2 譯注：聖母（Divine Mother），此處所指是一種信仰母性的生育和慈悲的本質，在密法中則是純陰的「夏克提」。幾乎所有人類的信仰都有類似的母性崇拜，例如時母、度母、準提、觀音、母娘、媽祖等等。

不停地遭受逼迫

我二十一歲時，住在恆河岸邊一間小茅草屋內，距瑞斯凱詩城五英里處。因為我獨自住在那兒，大家就以為我是一位得道的聖者。只要你離群索居，穿著奇怪的衣袍，身邊擺一些經書（即使你從不去翻閱），對所有來看你的人不理不睬，大家就會認為你一定是一位偉大的斯瓦米。

整天都有人要來見我，我連給自己從事修行的時間都沒了。從早到晚不停地有人來對我下拜，帶著鮮花、水果、金錢來供養。這起先還讓我覺得開心，但是慢慢地我起了反感。我想，「這算哪門子？根本是在浪費時間。」我開始對訪客有了怒氣。

來人的反應是，「斯瓦米哪有可能真會動怒？他不過是在假裝不高興，好避開我們。」結果來的人更多。那可真讓我動了氣。我完全失控，開始辱罵訪客。豈知他們回應說：「先生，您的辱罵對我們像是鮮花一般，是在為我們祝福。」我只好逃離那個地方，我對自己說：「我還是沒有征服自己的嗔心。」

很多出家人都有過這種經歷。他們經常被訪客打擾而分心。身為斯瓦米，必須要學會如何不引起人家的注意，如何能過著不被打攪的日子去修行。一位斯瓦米的人生是會不停地受到逼迫。大家相信他比其他人高高在上。在印度人的觀念中，「斯瓦米」是有大本事的人，能療癒眾生，能傳道，是醫師，還有更多的角色[1]。眾人對斯瓦米有這麼多的要求，換成一般人早就被逼瘋了。

大家不明白的是，有些斯瓦米在這條路上還屬於剛入門程度，有些可能已經在路上走了一小段，只有極其少數才能抵達目的地。如果不加分別就會期望過高，對於眾人和斯瓦米都造成困擾。

要從這樣的困擾中抽身而退，可不是簡單的事。每當我老實對人說：「我還在修行階段；沒有什麼好跟大家分享，請不要打攪我。」他們總是會用自己的想法來解讀這些話，然後就有更多的人前來。就算我住在森林深處，依然會受到打擾。有時候我對做斯瓦米這檔事真是忍無可忍。

我並不一定需要穿著出家人的衣袍才能開悟。至關緊要的是自己身、語、意持戒的修行鍛鍊。能當上斯瓦米是件好事，但是能成為真正的斯瓦米，可不是件容易的事。

注釋

1 譯注：斯瓦米韋達說過，印度人還認為斯瓦米能預知未來，擇吉名，看相，看風水。他自己經歷過，在外行走時，就往往有陌生人會上前請他看掌相。當他說自己不懂看相，對方掉頭就走。

卵石堆

假如你正在從事修行以求開悟，但不斷地被訪客打攪，你的修行肯定不會成功。可是印度的風俗是，身為斯瓦米，你就必須為所有來人解答疑問。很多人以為斯瓦米都有解決人生疾苦的靈丹妙藥。這些來訪者有時會因為受益於這種信念而得到療癒。但是結果往往被誇大宣傳，新手也被捧為大師級的神醫。於是使得這個可憐人無法繼續修行，把自己的目標拋到腦後。他浪費的是自己的時間和人生，雖然仍是一位斯瓦米，但是沒有證悟。要避免這種問題，最好的辦法之一是保持偽裝，好繼續自己的修行。有很多怪異的人物其實是偉大的行者，但是故意裝扮成怪誕不經的樣子，才不會受人打擾。

我知道的其中一個例子是，有一位斯瓦米，大家不停地帶食物和金錢去供養他。他不想被人打攪，希望他們不再前來，因此就立了一塊告示，上面寫著：「愛護我的人，會只帶一顆卵石來。」大家以為斯瓦米喜歡卵石，所以每天都有很多人帶卵石來給他。一顆、兩顆、三顆，大家隨自己的意願從路邊撿了卵石來供養他。

過了一段時間，形成一個卵石堆成的小山，斯瓦米就住在上面。大家開始稱他為「卵石巴巴」（**Kankaria Baba**），這讓他能疏遠眾人。

然後這位斯瓦米開始說起一種沒人能懂的語言。任何人來見他，他就說：「嘟，嘟，嘟，嘟，嘟。」連對我也不例外！因此我只好在夜晚趁沒有旁人在場時去見他，他解釋說：「大家還是來打攪我，所以我就發明一種語言，沒人可以跟我交談。」

這位斯瓦米教我要一直以某種方式讓世人不能來打攪我。因為我們的自我意識有很多面向，所以一個人有很多不同的人格特質。有些是我們可以察覺到並予以分析的，但是很多仍然是我們所不知的。那位斯瓦米所得出的一個結論是，世人聲稱是在崇拜神，其實所崇拜的是自我。

當低層面的自我，能認識到自己後面站著的那個本有的真理，它就會開始轉向往內。這樣的自我就叫做高層面的自我。高層面的自我對我們有幫助，而低層面自我會帶給我們苦厄。

修行之途上的誘惑

我去參見一位斯瓦米，他告訴我下面這個故事，目的是要教我，在證悟自我的路上充滿了誘惑。

有一名年輕人受了出家戒，成為一位斯瓦米。他的師父告訴他要避免接觸三件事：金子、女子、聲名。

有一天，這位斯瓦米在過河的時候，發現有一片河岸被沖走了，地下露出了幾個大瓦罐，裡面都是金幣。他想，「我不需要這些，我已經捨離世間一切。但是，如果我用來蓋一座廟，那就是好事。」

因此他去找幾位工匠，把自己找到的東西給他們看，要他們幫他蓋一座廟。

工匠互相商量說：「為什麼一名斯瓦米會有這麼多錢？不如把他扔進河中，我們把金子分了。」

若不是因為神開恩，他幾乎被淹死。他把命撿回來後，下定決心，「無論如何，再也不碰錢。」之後他待在森林的深處，有任何人去見他時，他說：「請站住，不要過來。如果你身上有錢，請先把它放下再過來。」

有一名女子前來。他命令她：「不要靠近我。」

她說：「先生，我每天都只是帶食物來此地，一放下就離開。」

但是她每天都比前一天更接近他一些。

斯瓦米相信她是個好人，他想，「她是真心要照顧我，希望我能啟發她。」

有一天，她帶了一隻貓給他作伴。但是那隻貓不吃她為斯瓦米準備的食物。

他要求說：「我每天需要一些牛奶餵貓。」

所以她牽了一頭牛來。

他問：「誰來照顧這頭牛？」

她問：「我可以來照顧牛嗎？」

他同意了。

她對斯瓦米越來越照顧，終於他們住在一起，女子為他生了一個孩子。

有一天，這名斯瓦米正在顧孩子，另一名斯瓦米到來，問他：「你怎麼落到這個地步？」

斯瓦米開始哭了起來，他明白自己又跟世間糾纏在一起。

於是他離開了，走入森林更深的地方。

他虔心修行，過了幾年有了「悉地」（siddhi）[1]。

有一天，附近村莊有個人來找他，對他下拜，說：「斯瓦米吉，您是位慈悲的大聖者。我非常窮，孩子沒有足夠的東西吃。請幫幫我！」

斯瓦米吉說：「取一根我的鬍子，放在你的櫥櫃中，明天你的櫥櫃裡就滿滿是錢。但你可不要對任何人說。」

那個人回家後，自然把這祕密告訴了自己的妻子，然後她又告訴了好多人。很快的，這新聞就傳遍遠近。數以百計的人群蜂擁而至，都來拔一根他的鬍子。他的臉痛得厲害，也在流血。

他又一次必須逃離，重新修行。但是他學到了寶貴的教訓。現在他知道接觸金子、女子、聲名的後果如何。

告訴我這個故事的斯瓦米對我說：「你絕不要忘記這個故事。把這故事當成是你的教訓，要把它轉告給所有你遇到走上出家這條路的年輕斯瓦米。」

注釋

1 原注：悉地（siddhi），超凡的能力。譯者按，這個字面的意思是「成就」，有時也譯為「神通」。

我是否該結婚？

我住在印度的北方邦時，每天晚上都會有人來見我，聽我講《奧義書》。一天，有位年輕女子要求我單獨和她對談，她是英國文學碩士。她開頭就聲稱我們前世是夫妻，連續講了兩個小時，我只好對她說不是沒有可能。我以前從來沒有跟人單獨談話這麼長的時間。她試著說服我，這一世必須跟她結婚。其後我跟她的母親談話，她也支持她女兒的幻想。她女兒說得天花亂墜，我甚至也動了念頭，想像跟她一起過日子是什麼光景。我告訴她，只要我師父准許我結婚，我就沒問題。這是我此生唯一一次考慮和別人一起過日子，雖然我並不打算離開靈性修行之路。這名女子出身望族，她的兄弟、堂兄、其他親戚，很多都在政府出任高官。他們都敦促我和她結婚。

一年下來，我大大受到自己的情緒所影響。那真是一段黑暗期。我有股挫折感，總覺得有什麼不滿足，這很大程度上是受到那名女子以及她的家族所影響，而我也不知該如何是好。這個經歷讓我見到，在修行路上已經打定主意出家的學生，如何一樣會分心、會受干擾。在我的路上出現了障礙，但我有信心師父的恩惠以及神的恩惠，能領導學生克服障礙。

最後我去見師父，讓他做決定。他從來不曾控制我的人生，只會在我需要時給我建議。每次在經過一些抗拒和討論之後，我都接受他的建議。師父說：「你有一個任務，而你還沒完成它。你已經檢視和比較了世俗伴侶以及靈性成就之後，決定走上出家這條路，可是現在你又讓自己被引誘回去世俗那一邊。如果你執意繼續讓當前這個情況影響你，那你就還要再過好幾輩子才能回到這條路來。」他還是讓我做決定。

在聽了師父這番話之後，我決定斷去這段姻緣，回到出家的路上。

路有兩條，大家都耳熟能詳，一條是出家之路，另一條是入世作為之路。我走的路是出家之途。兩者不可相比較，也不能說孰優孰劣。我當然不會譴責過著成家立業的入世人生之人。這條路能提供生活的種種需要，但也必須花費時間。出家之路則有比較充裕的時間從事修行，但是對生活所需，例如食物、住居、衣服，就不能要求太多。出家人必須依靠在家人來提供這些需求。人走哪條路並不重要。重要的是對自己所走的任何一條路都要誠懇、虔心、老實、忠實。

這個特殊事件為我的人生帶來某些恥辱，因為大家總是把斯瓦米和瑜伽士高高放在臺上，把他們當成半人半神來膜拜。在印度，斯瓦米被認為是應該離群索居，不擁有任何世俗財物，也不從事世俗的工作。我遇見很多在這條路上的人必須過著虛偽的生活，就因為社會對他們有如此的期待。我聽過西方的心理學家說，出家，尤其是禁慾人生，根本是瘋狂的苦行。對於這一點，我讓每個人自己來決定。但此處有個重點我必須一提，虛偽是個很大的障礙。要奉行禁慾的人，如果不能轉化自己內在人格特質的話，就容易變得不正常。不能控制自己原始欲望的人，就不應走出家這條路。

對食物、性、睡眠、自我保護的渴欲，是非常巨大的衝動。其中任何一樣對人類的生活和行為，都有非常強烈的衝擊和影響，為何單獨把性列為是禁忌？瑜伽之學，就在把所有的渴欲都導引、轉化為靈性的開發。不能控制、轉化這些渴欲的人，應該過著在家的生活，要用受到規範的方式來滿足這些渴欲。他們不應該走出家的路，但是可以走密法的道路，將這些渴欲的滿足轉化成靈性的經驗。

斯瓦米拉瑪在恆河岸邊從事苦修。

如果出家人死板地要求學生遵守戒律，就會引起很多混淆。這容易造成學生的不誠實和虛偽。如此的戒律是否必要？一個人的內在和外在有了矛盾衝突，就明顯地表示出他並不是走在靈性修行之道上。

顯赫也是空

我重新痛下決心追隨出家這條路之後，師父認為我會覺得內疚，所以要我前往中印度，住在那馬達河的岸邊從事苦修。他給我的指示是，去到位於嗡卡拉瑞希沃（Omkareśwar）[1]附近的克瑞格特（Kheighāt）[2]以南三十英里處，一個人跡罕至的密林中。那裡的河中都是鱷魚，每天早晚時分都會有好幾隻躺在河邊的沙岸上。

我住在河岸邊，六個月中都沒有人來打攪我。我只有一個水壺，一條毯子，兩塊裹腰布。六英里外有個村莊，那邊的村民每天會拿牛乳以及全麥烤餅，來供應我一餐之需。那六個月密集的身體和心性苦修，是我人生的高峰期。

有一天，一群狩獵大型動物的團體來到附近，他們見到我在沙灘上打坐，周圍都是鱷魚，有的鱷魚離我只有幾碼遠。我沒有注意到這群人，但是他們拍了一張我的照片寄給報社。不久，很多報紙做了報導。

那個時候，卡威皮趟（Karvirpitham）的座主商羯羅阿闍黎正在尋找他的繼任人。商羯羅大師生前把印度劃分為四大教區，其後又成立了第五個教區在此度過他生命最後的時日。每一個教區各有一位座主，也都叫做商羯羅阿闍黎，他們是印度的精神領袖，具有類似西方基督教傳統的教宗地位。

這位座主吩咐手下幾位潘迪特祭師在遠處觀察我每天的活動。他們白天來觀察我，晚上住在村中。他們也用其他管道查詢有關我的生平。在觀察我一段期間，也調查過我的背景之後，他們開始接觸我，試著說服我考慮成為繼任的商羯羅阿闍黎座主。

那時在任的商羯羅阿闍黎是庫特寇提博士（**Dr. Kurtkoti**），是一位有極高智慧的人，也是知名的梵文學者。他的好友是著名的《薄伽梵歌之密》（*Gita-Rahasya*）一書作者，印度領導人提拉克（**Bal Gangadha Tilak**）[3]。我被帶去見庫特寇提博士，他非常喜歡我。於是我去見我的師父，得到他的允許去接任那個位子。

經過一場長達十八天的慶典活動後，我被封為「人間上師商羯羅阿闍黎」（**Jagadguru Śaṅkarācārya**）[4]的繼任者。世界各地人士，包括羅馬教宗和其他宗教領袖在內，發給我數以千計的賀電和祝福。對我而言，這是一次非常奇異的經歷，與之前六個月的單獨苦修和靜默相比，反差何其之大。那時我還未滿三十歲，他們把如此重大的責任託付給我。

庫特寇提博士主張社會和宗教改革，他把自己和其他心靈領袖、政治領袖之間的寶貴信函卷宗交給了我。我和好幾個團體以及領袖人物多次晤談。平日我的行程極其忙碌，要去各地造訪和講演，而當沒有這些活動的時候，從早到晚又有川流不息的民眾前來見我，求我祝福。這對我是很困難的，一點自由也沒有。我想，「我沒有任何時間可以用來靜坐或是從事其他修行。我一整天都在為人祝福，這可不是好事。」

我一點也不快樂，我的良知說：「你注定不該如此的，走吧！」因此，兩年後，我毅然離開，身上一文錢也沒帶。前一天，我還住在大宅院內，一個人有許多輛汽車可乘；後一天，我除了身上的衣服，其他什麼也沒有。

我想要回到喜馬拉雅山中，就跳上火車前往我所要去的地方，我搭乘的是車上的三等艙，雖然我連車票也沒有。車上其他乘客一定在想我身上的衣服是偷來的，因為我還穿著商羯羅阿闍黎

斯瓦米拉瑪，時為卡威皮趟的座主商羯羅阿闍黎（1949~1951）。

華貴的衣袍。由於我沒有車票，也不想透露自己的身分，所以車長來查票後就趕我在下一站下車。我在下車時對他低頭，低聲下氣地說：「謝謝你沒有把我送官究辦。」

商羯羅阿闍黎頭銜的信徒和崇拜者，對於我辭去這樣尊貴的位置非常不諒解，認為我這是曠職。但我真是不快樂，此後再也沒有回去那個地方。

當我回到師父身邊，他說：「你終於見到了世間的誘惑如何會追著斯瓦米而來，看到世界是如何吞沒一名靈性之人。現在再沒有任何東西能影響你，權位、機構、出離，你都經歷過了。世人對於他們的心靈領袖有極大的期望。你要盡一己之所能去鼓舞人心，啟迪世人。但是絕不要忘記你自己該走的路。」

注釋

1 譯注：嗡卡拉瑞希沃（Omkareśwar），著名的供奉希瓦神廟。

2 譯注：克瑞格特（Kheighāt），位於那馬達河畔。「格特」（ghāt）是河邊廣闊的階梯，居民信眾可以拾級而下走入河中洗浴。

3 譯注：提拉克（Bal Gangadha Tilak, 1856~1920），是英國殖民時期著名的印度民族主義領導人，因為鼓吹印度獨立自治立場激烈而多次被捕下獄，在獄中以《薄伽梵歌》為底本，寫成了名著《薄伽梵歌之密》（*Shrimad Bhagavad Gita Rahasya*，簡稱為 *Gita Rahasya*）。

4 譯注：人間上師商羯羅阿闍黎（Jagadguru Śaṅkarācārya），是教區座主的正式頭銜，Jagadguru 的意思是人間上師。

痛苦的經驗

有個認識我的人，他的生計是靠收割草原上的青草，再販賣給農戶當作乳牛和水牛的飼料。他想，「這位斯瓦米拉瑪什麼粗活也不必做，就能享受人生。他去到各地都有人前來獻花，鋪上地毯，甚至特別準備房子給他住。有人會為他洗衣，為他煮食，照顧他一切所需。能當斯瓦米一定是件好事。」

於是他對妻子說：「未來六個月我要假扮成一位斯瓦米。」

她抱怨道：「但我需要錢用，你得先顧上我們這個家。」

他回答：「我收到錢後一定統統交給你。」

他用自己的積蓄買了一件斯瓦米的衣服，扮成斯瓦米的模樣。

頭三天沒人問他是否餓了。他深感受辱，因為他見到很多人來見我時，把帶來的水果放在我面前，而我卻不吃（如果有人拿東西來給我，我都會轉送出去，如此我就沒有責任一定要做什麼。眾人送東西給我是表達對我的愛意，我轉送給別人也是表達對別人的愛意。）七天之後，他的體重掉了很多，也沒有收到任何錢。

他夜晚回家探視妻子，她說：「你真是個笨人。你本來還可以賺不少錢的，現在一文錢都沒進帳。你至少可以去問問斯瓦米吉，看他有什麼祕訣。」

所以他來見我，身上穿著斯瓦米的僧袍。

我說：「斯瓦米吉，請上前來。」

他說：「先生，我想私下問您一個問題。」

所以我請其他在場的人先去屋外等。

他說：「我想知道您有什麼成功的祕訣。」

我說：「我可不覺得自己有什麼成功。你認為我哪一點成功？」

他說：「您不必開口要錢，錢自動送上門來。您有房子任您使用。有司機供您差遣。很多人前來就為了坐在您身邊。為什麼？」

我回答：「你要知道，當我想得到什麼東西的時候，就永遠得不到它們。當我哪天決定我不要了，反而開始得到它們。」

你們要記住斯瓦米辨喜（Swami Vivekananda）[1]說過的名言：「財富就像是要跟你調情的人——你去追她，她就會逃跑；當你對她不感興趣了，她會反過來追你。」

注釋

1 譯注：斯瓦米辨喜（Swami Vivekananda, 1863~1902），近代著名的印度心靈聖哲，是將印度哲學介紹到西方世界的先驅之一。

世界之魅力

曾經有位受過良好教育的年輕人，他決定要成為一位斯瓦米。他沒有受過任何戒律，就憑觀察別的斯瓦米的說話方式以及行為舉止，就披上了斯瓦米的僧袍，表現出斯瓦米的舉止，自立為斯瓦米。

我那時在喜馬拉雅山區的烏塔卡西有一所道院。有一天他來到道院，要求住上一些日子。每次他跟我說話的時候，眼睛總是盯著我手上戴的一隻腕錶，那是一隻奧米茄牌（Omega SA）的精密天文錶，有人送給我當禮物的。我不在乎這隻錶是便宜還是昂貴，但是這位年輕人對它非常著迷。我們每次談話，他總是提到這隻錶。他會說：「啊，多麼棒的錶，它的設計多麼精妙，計時一定十分準確。」

這種情況經過三天之後，我對他說：「年輕人，我要去岡勾垂待上一陣子，你幫我保管這隻錶好嗎？」當我拾起我的毯子和拖鞋，跟這位客人揮別時，我心中知道，不要多久這個人和我的錶就會從我的道院失蹤。

我並非真的要去岡勾垂，只是想試探他。沒多久我就轉回頭，果然，那個年輕人和我的錶都已經不在了。此後好幾天，認識我的人都會問及怎麼沒看到我的腕錶，我只回答有人在用它。我並不在意。

巧的是，六個月之後，我在哈立德瓦火車站撞見這個年輕人。他非常尷尬，一度想要逃開。

他說：「先生，我做了一件非常壞的事。」

我說：「你並沒有對我做什麼。不過假如你認為是錯誤的行為，就不要再犯錯。」

接著，我注意到他沒有戴著那隻錶，所以我問他錶去了哪兒，錶是否正常運轉。

他說：「我把它給賣了，我需要用錢。」

沒多久，那隻錶又回到我身邊。我有位朋友把它買了下來，認出是我的錶，就拿回來給我。我就把那個年輕人找回來，再把錶交給他。

我說：「如果這隻錶能幫到你，你就應該擁有它。」

起初他無法明白，也無法接受我對待他的這個方式，不過後來他終於明白，是可以用另一個眼光去看待世間的事物，那是和他以前所知道的看法完全不同的。這個事件對他起了很大的影響，他進了另一間我所推薦的，以持戒律出名的道院。如今他已經轉變成一個完全不一樣的人。

很多人無法面對自己內在的某些事情，他們不想和自己既不喜歡又甩不掉的種種矛盾、欲念、習慣去對抗。他們也不讓旁人知道真正的自己，就繼續擺出防衛和偽裝。我們在某個時候、某個地方，和某種關係的某個人，應該要完全地展露自己，不要把這些尷尬的種子壓制在內心中。這些隱藏的祕密會拖延我們的進展。我們偏會把自己所不願面對的事情發在別人身上。在靜坐時，我們要讓這些尷尬的想法和欲念輕輕地浮現，那時我們可以靜靜旁觀它們而不參與其中。用這樣的方法，靜坐就是一個有效的工具，能把失調的人生修復回調和的狀態。

那些已經出家，捨棄世俗義務之人，內在仍然帶著前世所下的種子，成為深深烙印在心中的心印（samskāra，就是由以前的經驗所演變成的習氣）。要清除這些心印，就必須讓自心不斷地吸收新的善良經驗印記，栽入靈性的種子，這可是得花上很長時間才做得到。只有走上自律之途，

岡勾垂的寺廟。

奉行戒律，才可能清洗、更換自己心中所裝載的東西。

如今有太多老師聲稱能教人學會靈性之道，教人學會靜坐，聲稱不用遵守戒律。他們或許能講授一些不錯的技巧，但是如果不訓練學生遵守戒律，就像是把種子撒在沒有耕耘過的土地上。

在靈性的道路上，自律是不可或缺的。是否成為斯瓦米或僧人並不是如此重要，真正重要的是要能接受自律的人生。內在的人生和外在的人生之間必須要有一條橋樑。戒律就是那條橋樑的基礎所在。大家不應該受一些區區的技巧所吸引，而是應該學會培養守戒的心態。

兩位裸僧

在前往岡勾垂的路上，我在烏塔卡西停留了一個月，那個地方是在喜馬拉雅山的深處。我每天早上散步，都會往特卡拉（Tekhala）方向走兩、三英里。

在我住的地方和特卡拉之間，有兩名完全裸體的苦行僧，他們住在恆河岸邊一個小木屋內，每人各有一間房。他們都是鰥夫，約莫六十來歲，完全不識字，一無所有，連一壺水都沒有。我認識他們兩人，他們很有名。但並不是因為他們有學問或是有瑜伽智慧。他們出名是因為能赤身裸體地活在如此寒冷的天候下。其實他們充滿了自我意識、嗔心、嫉妒，相互瞧不起對方。

有一天太陽高照，我正往特卡拉方向走，從遠處看見他們已經將他們的乾草鋪在太陽下曬暖。他們每隔不久就要這麼做，以除去草中的濕氣。當我走近他們的房子時，發現他們兩人扭打成一團。兩名年老的裸體苦行僧正在激烈地相互扭打。

我出手干預，說：「這是在做啥？」

他們分開站著，其中一人說：「他踏在我的乾草堆上！他以為自己是誰！他以為自己是世界上最偉大的出家人！」

這次經驗是我人生的一次挫敗，我開始檢視出家之路。我明白到，即使捨棄了財富、家園、親人、妻子、兒女，人還是不容易捨棄對名聲的渴望，也不容易淨化自我意識，將情緒轉化用於證悟自我。

培養一個全新的心態，是開悟必須踏出的一步。僅僅出家只會帶來不樂和挫折。出家而不知人生意義何在，只會為出家人造成問題，也會為那些把他們當成模範的世人造成問題。世人往往以為出家人是應該追隨的最佳模範。但是我見過許多遠比出家人優秀的在家人。內在的心態比外在的生活方式來得更重要。

既入世又出世

如果只看表面，印度有些斯瓦米似乎完全不用勞動，他們要什麼別人就會給什麼。但是並非如此。事實上，印度的斯瓦米經常是群眾的受虐者。眾人以為斯瓦米不是血肉之軀。每個人都期待斯瓦米有超過凡人的能耐，所以可以任意去打攪他。人們來到他面前，會說：「您必須去某某地方」、「您必須見我」、「您必須把這個人治好」等等。如果斯瓦米達不到他們的期望，他們會說：「這是什麼假斯瓦米？」

在印度，很多人會以為斯瓦米不需要食物和睡眠，因為斯瓦米應該已經超越了這方面的需要。斯瓦米既然把一切都捨了，就不應該會覺得飢餓，不應該擁有錢財，就算天氣冷的話，他也不應該有毯子。人們對我們有某種看法，我們就應該依照那種看法而活，不用理會食物、睡眠和其他一切的需要。要當一位斯瓦米可不容易。他必須要面對永不停止的虐行，儘管是出於善意的虐行。

在印度，斯瓦米所到之處，當地人來見他時會熱情地連續長時間擊鼓歡唱。有些日子裡，我白天趕路的話，會要步行長達二十英里的路途，到了傍晚已經非常疲倦。我只有這個休息的機會，第二天一早還要起身靜坐。但是眾人一來就會唱上好幾個小時不停，如果我請他們離去，他們會說：「不，先生，我們要為您而唱。」

我要的是睡眠，他們要的是歡唱。所以我練成一個本事，能在他們唱的時候睡覺，即使周圍鼓聲大作或是有其他的干擾聲響也不礙事。他們閉上眼睛歡唱，我是閉上眼睛睡覺。

你聽說過常人所稱的夢遊，是人在睡夢時走動，但還有另一種你沒聽說過的夢遊。我學成的夢遊是：把干擾我的事當作夢，只管遊走在我自己的道路上。無論發生任何事，我繼續做我的。

你該下定決心，無論發生任何事，你都要堅定地按計畫做下去。只要你有決心，縱使仍然存在干擾，但你會繼續走自己的路線，不受動搖。決心非常重要。你不能改變你的處境，不能改變世界，不能改變社會來遷就你。但是如果你有決心，毅力堅強，你就能成功地完成人生的歷程。

失就是得

從前有一位斯瓦米，他去一位弟子家中，跟他們同住。弟子全家對這位斯瓦米又敬又愛，因為他持戒甚嚴堪為典範，又深具靈性。他會在日出前起身沐浴，然後靜坐好幾個小時。

但是有一天清早，天還沒亮，他大喊：「喂，拿吃的來！」

弟子說：「先生，這是您該沐浴的時間。」

斯瓦米回答：「只管拿食物來就好，我餓了！」

他吃過了之後才去沐浴，沐浴之後才如廁解大號，然後又回去睡。

他把日常習慣的順序都調轉過來，這讓弟子全家都很不安。

他們說：「他有些不對勁，是瘋了。」

妻子說：「我們上師是難得的好人，我們該幫他。」

於是他們找來幾位醫師，對他們說：「你們不要提任何有關醫藥的事，不要讓他不安。要說，『我們來跟您學習。』請尊重他。」

醫師們來到，他們都接受了報酬，裝出像是弟子的舉止。他們問：「上師天，您好嗎？」

但是他不反應。因為他都沒有動，他們以為他可能是陷入昏迷狀態。其中一人檢查了他的眼睛，沒有動靜。一人發現他的脈搏若有似無，對另一人說：「我覺得他活不了了。」第三名醫師用了聽筒，發現他的心跳慢了下來，所以報說：「他心臟衰竭。」

女主人開始哭泣，因為她一向把斯瓦米當作是自己靈性的父親。最後我被叫去。我才一進房，他就坐了起來。

我問：「斯瓦米吉，這是怎麼回事？」

他說：「沒事。你為什麼問？」

我告訴他：「大家都在擔心您。」

他說：「我向來都是為兩件事而靜坐。但是今天我的雙親死了，我很難過，所以就不靜坐了。」他的話中充滿了神祕。

我說：「您的父母死了？您是一位出家斯瓦米，您跟父母不再有關係了。」

「不是，不是。你也是有父母的。當他們死去，你就會明白。」他接著說：「依戀心是我母親，嗔恨心是我父親。他們都已經死去，所以我變得無事可做。現在我不需要做任何事。」

一旦你放掉依戀心、嗔恨心、自大心，禪定就成了你自然的狀態。那時你就不必用打坐來進入禪定，你整個人生都似乎是在禪定中。

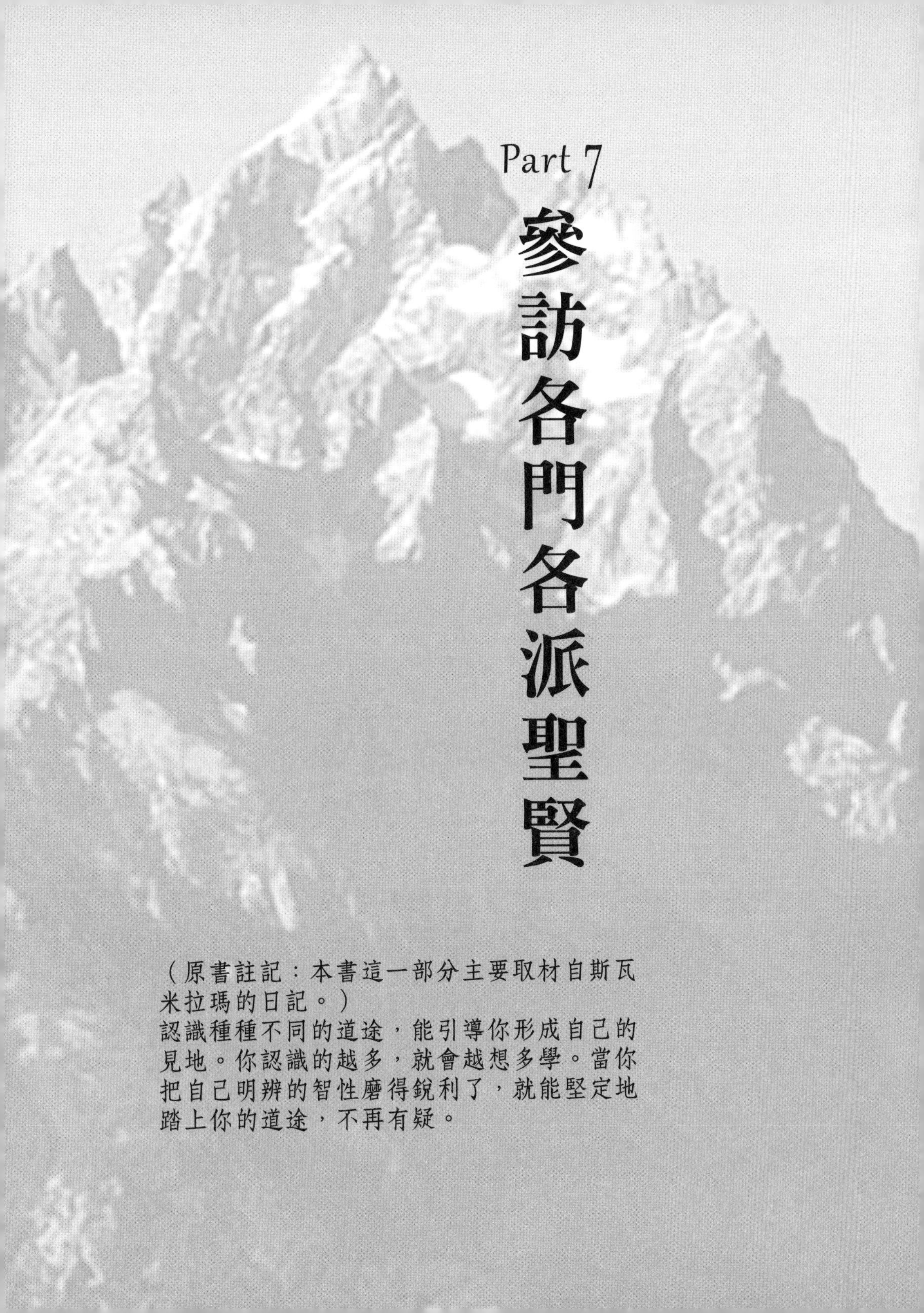

Part 7 參訪各門各派聖賢

（原書註記：本書這一部分主要取材自斯瓦米拉瑪的日記。）

認識種種不同的道途，能引導你形成自己的見地。你認識的越多，就會越想多學。當你把自己明辨的智性磨得銳利了，就能堅定地踏上你的道途，不再有疑。

女聖者

我十六歲的時候，和南亭巴巴住在奈尼塔爾地區拉瑞亞坎塔（Laria Kanta）森林中，我們都是年輕的求道者。那個時候，印度著名的女聖者阿南達馬義．媽（Anandamayi Ma）[1]，和她的丈夫正前往朝聖。雖然他們一同旅行，但沒有一般夫妻的關係，彼此都了解齋戒的重要，決定過著禁慾的生活。那時兩人都是四十來歲的年紀，完全將一己供奉給神主。在這次的朝聖之旅中，有大批的信眾跟隨他們，要從瑪旁雍錯湖前往岡仁波齊山，那裡距離世界第一高峰的珠穆朗瑪峰不遠。很多人相信，朝聖莫過於去這個地方朝聖，大家都期望在此地能一睹聖者，能遇見高人大師。

阿南達馬義．媽聽說過我們這兩名年輕的出家人，所以在前去岡仁波齊山的路上就來探視我們。兩個月後，她從岡仁波齊山回來又路過奈尼塔爾，我們和她再次相逢，也參加了她在晚間對大眾所做的靈性講話聚會。她走的是奉愛之道，會定期為追隨者就這條修行途徑做開示講話。

瑜伽有許多條不同的開悟途徑，但主要只有六種瑜伽，「奉愛瑜伽」（Bhakti Yoga）[2]就是其中一種。這是一條愛和奉獻自我之途，以音樂做為表述奉獻的方式之一。奉愛瑜伽是以自我犧牲、敬畏、慈悲為本。在這條路上，謙卑、柔順、純淨、簡樸、誠摯是最重要的德行。這是一條「心」之道，意思是信奉之人要將一己的情志之力完全投向於神。很多走這條途徑的人，在聽到關於神的講述以及在集會唱誦時，往往都會流下熱淚。從哲學觀點來說，走這條路的求道者並不想將一己和神相融合，寧可保留分離的一己來永遠為神服侍。根據這條道途的哲學說法，貼近神就是解脫。解脫，就是到了登天之地位，因此可以永遠靠近神。很多人走的是這條道途，但是並不如人所想像的那般容易。奉愛瑜伽並不是盲目信徒所遵行的道途。

「智瑜伽」（Jñāna Yoga）是走智慧之道途，所以稱為智瑜伽。在學習時不僅牽涉到知性的智力，更重要的是要把智力給磨利，這就得專心聽聞合格教師傳授偉大聖者之教導，細細尋思其中的義理，最終獲得解脫自在。這條道途有如剃刀之鋒刃，行於其上如果不能嚴守戒律，他很可能成為妄自尊大之人。能時時傍隨聖者，以及能得力於出離心之尋思，是走這條道途的兩個要件。

「業瑜伽」（Karma Yoga）是深信無私盡責之人所走的道途。這樣的求道之人明白自己行為的果實應該完全交給神，而神住在每個人心內。以練達的手法從事無私的行為，就能從行為業果的束縛中解脫出來。要獲得解脫，就必須要知曉業瑜伽之道。能正行，所以不生束縛；有正見，所以能解脫生死輪迴。

「昆達里尼瑜伽」（Kuṇḍalinī Yoga）是瑜伽的其中一面，走這個道途的人需要對人類的身體結構、神經系統、各種能量脈流有極深刻的認識，因此求道者就必須要運用特殊的修練方式，來控制身體的功能以及自己內在的狀態，有意識地喚醒那股在脊柱底端處於沉睡狀態的靈力，導引它經由「中脈」（suṣumnā）[3]往上去到最高的「脈輪」（cakra）[4]，於是「夏克提」（Śakti，譯按，純陰能量）在那裡和「希瓦」（Śiva，譯按：純陽能量）結合。

「王道瑜伽」（Raja Yoga）是一種有系統的修練道途，引領學生順序拾級而上，直到稱為「三摩地」（samādhi）的第八個階段，也就是和絕對的真實結合。這是最全面的道途，是最有系統、最進化的學問，結合了業瑜伽、奉愛瑜伽、昆達里尼瑜伽、智瑜伽。王道瑜伽的理論基礎是「數論」（Sāṅkhya）哲學。

「室利毗底亞」（Śrī Vidyā）[5] 是最高深的道途，由此能徹底明瞭微宇宙和大宇宙之理，只有非常少數修行已經有成之人才能修練這個法門。它講究的是具體實踐之道，但是必須先具備結實的哲理基礎，才能走上此途。盲目照著書本上得來的知識去修練，不僅需要大量時間，也是非常危險的。想要修練這個法門的學生，一定要經由勝任的明師指導，而且必須先對「密法」（Tantra）以及其他哲理下過扎實的功夫不可。這是一條非常罕有的道途，是只有極高成就的聖者所走的道途。

南亭巴巴和我參加了阿南達馬義・媽的信眾大會，每個人都在用孟加拉語和印地語唱誦。我們聽著唱誦，樂在其中，但是總覺得自己更像是旁觀者而不是群眾的一分子。我們倆都更偏好禪定靜坐，都已經走在智瑜伽和王道瑜伽的道途上，當然我們也認可別的道途。如果有人選擇了跟從某一種道途，並不代表他會憎恨其他的道途。

雖然如此，阿南達馬義・媽的一位學生來到我們面前，試著說服我們相信他們的奉愛之道才是最高的道途，要我們改走他們的道途。

他問：「你們為什麼不加入一起唱誦？」

我告訴他：「拉車的馬不會樂於拉車，但是坐在車中的人可是樂於乘車，他靜靜坐著旁觀就能受益。我們所享受到的，比其他任何人都要來得多。你怎麼知道我們沒有遵循奉愛之道？」

由於無知之故，這名學生堅持他走的道途是唯一的路徑。我們的討論很快演變成了爭論，此時阿南達馬義・媽介入，對她的信徒說：「不要和這兩位年輕的出家人爭論。每個人應該了解自己內在的根性為何，然後追隨最適合自己的那條路。奉愛之道並不是盲目地奉愛。奉愛的真義是

阿南達馬義・媽，攝於奧摩拉。

要能完全地奉獻給神，歸附神，愛神。它是一條發自內心的道途，但是它和那些能解決許多人生問題的智性、理性並不相違背。奉愛之道也是構成其他道途的一部分。智瑜伽的大師如果沒有奉愛的情懷，就不可能開悟。每個人都想走奉愛之道，以為這是簡單易行之道。但這不正確。奉愛之道是要接受神的存在，不是崇拜一己的存在。那些會哭泣、顫抖、變得情緒化、做出奇怪舉動的人，不能算是奉愛之道的追隨者。應該要培養的是心的寧靜，如此則能通曉所有的道途，否則都不算數。淨化自己的心念是絕對必要的，而這只有在身、語、意都能服從戒律了才能辦到。爭論就表示還處於學習的境地，不是處於已然的境地。」

她這番高明的開示，我到今天依然記得。

我問她：「是否您的道途優於其他的道途，只有您所從事的才是正途？您是否認為其他人都在浪費時間？」

她回答：「我的奉愛之道適合我，你不用改變你的道途。沒有人指導的修行人是迷惑之人，會不停地變換他們的道途。迷惑之人就不適合任何道途。求真理之人應該要學會如何找到勝任的明師來指導自己，這就要懂得在老師身上看出某些特質和徵兆，例如無私、真實、誠摯，能控制自己的身、語、意。」

「如果學生只是滿懷理想熱情，沒能夠認清自己的極限、沒有遵守任何戒律的話，也容易犯錯。他們只看見自己想看見的。這就會妨礙到他們的學習，然後他們會執著於那條自以為正在追隨的道途。他們會變得狂熱而自大，甚至開始和別人爭辯。這會發生在任何求道者身上，如果他讓自己的自卑情結失控，形成了壁壘，從而關閉了所有智慧之門戶，他就會變得以自我為中心，不與人交流，又極端自大。」

阿南達馬義．媽為我們確認了我們所信奉的理想，鞏固了我們所追隨的理念。她說：「學習經典固然很好，很有幫助，但是如果沒有薩桑嘎開示，這些學習只會使人自大。有學問之人如果能聽聞聖者開示，就會變得謙虛，易於溝通，行為柔順。」

「初學者喜歡爭論、吹噓他所追隨的道途是最優越的，但是真走過來的人就會知道，所有的道途都通往同一個目的地。道途沒有優越或低劣之分。走哪條路並不重要，重要的是能小心看住自己心念的起伏變化，不要迷失在其中。」此時她正凝視著她丈夫，雙眼像是兩杯盛滿了奉獻之情的酒，於是我們告別了阿南達馬義．媽，我回到那個寧靜之處，我經常藏身之所在。

注釋

1 譯注：阿南達馬義．媽（Anandamayi Ma），意思是「喜悅充盈之母」。

2 譯注：奉愛瑜伽（Bhakti Yoga），音譯為帕克提瑜伽，是印度最多人所從事的瑜伽。

3、4 原注：脈輪（cakra），靈性中心，分隔不同的意識層面。中脈是一股最精微的脈流渠道，靈力就在其中運行。中脈不通，靈力就無法升起。種種脈輪是生命之輪，由細微身（subtle body）所用。夏克提是聖母，宇宙世界是她所發顯。「她」是周遍一切之能量，但是必須藉由那股母性之靈力才能作用。

5 原注：室利毗底亞（Śrī Vidyā），解釋微宇宙和大宇宙之間關係的一套學問系統，是一門高深的學問。譯者按，Śrī 是吉祥、崇高之意，也是這門功夫在修練時最主要的種子咒字音；Vidyā 的意思是有系統的學問，佛經中譯為「明」就是學問的意思，例如醫學就譯為「醫方明」，理則學就譯為「因明」。因此，如果直譯 Śrī Vidyā 就是「吉祥明」，本書中譯音為「室利毗底亞」。這被認為是一門無上的密學，請參閱斯瓦米韋達所著《夜行的鳥》，書中第十章「室利毗諦亞：神明的智慧之學」對此有簡單的介紹。

心在掌中，淚在眼中

在印度，好幾個世紀以來，印度教徒、基督教徒、穆斯林教徒、錫克教徒、波斯教徒、蘇菲教徒都能和諧地共處。印度是個大熔爐。來到印度就進入了這個熔爐。這是印度文明的歷史。在印度這個次大陸土地上生活的人民本性平和，但是入侵統治的異族，為了要實行分而治之的政治手段，就在不同的宗教族群之間煽動仇恨。

世界各地的蘇菲教徒都會去印度向印度的蘇菲教徒致敬。即使到了今日，蘇菲教徒還是視印度為家。蘇菲教（Sufism）是愛的宗教，信徒不盡然是默罕默德的教徒。在我遇見過的蘇菲聖者當中，最偉大的其中一位是名婦人，她住在阿格拉市，距德里一百二十英里。這個城市因為泰姬陵而出名，那是象徵愛的建築，是世界奇觀之一。

有一回，我從喜馬拉雅山下來，前往拜會這位年老的女聖者。她一絲不掛，住在一個小小的搭爾尬（dargah）[1]裡面。她已經高齡九十三歲，而且晚上從不睡覺。我叫她「比比吉」（Bibiji），這個字是用來稱呼母親。而她稱呼我為「貝特」（Bete），意思是「我兒」。住在阿格拉的期間，我經常會在午夜至凌晨一點的時分去見這位蘇菲的女聖者。我在夜間去看望比比吉這回事遭人誤解，嚴重到大家開始認為我已經變得失衡。凱若上校（Colonel J.S. Khaira）[2]就是她最忠實的信徒。雖然印度教徒和其他人士都同樣敬愛她，但城裡有很多人並不明白這位偉大的蘇菲祕行者，以及她神祕的生活方式。

她對每位來訪者都慈祥無比，但是她對世俗之人的態度是非常明白的，她說：「世人學會如何用穀子和錢幣將土缽填滿，但是無人知曉如何填滿心缽。」

有一晚，比比吉告訴我，我想要與神相遇的話是很容易的。

我問：「什麼方法？」

她說：「要與神合一，你只要能不再執著於這個塵世，和你的摯愛（Beloved）[3]相繫即可。這再簡單不過。把你的靈魂獻給主，那麼就沒有任何其他可做、可證悟的了。」

我說：「比比吉，但是該怎麼做？」

她開始用一段對話來說明，我完全照她的講法複述在下面。

當我去見我的摯愛時，祂問道：「站在我廟堂入口處的是誰？」

我說：「是愛您的人。」

主說：「你拿什麼來證明？」

我說：「此地，我的心捧在我掌中，我的淚在我的眼中。」

然後主說：「我接受你的供奉，因為我也愛你。你屬於我。去吧，去住在搭爾尬內。」

從那個時候起，我兒，我就住在這裡。我日夜都在等候祂，而我會等到永遠。

我記得一位偉人所說的話，他說：「生命這棵毒樹無他，只結兩種果子：尋思永恆，以及與聖者交談。」

比比吉的眼睛會放射出非常強的光芒，我見過很多次。因為她超絕的神性喜樂、她完全獻出自我，以及她對神無比的愛，令我對她留下深刻的印象。她說：「在心識的海洋中有個貝殼，裡面藏有那顆智慧之珠。你要深深下潛，有一天就會找到它。」

有一日，她含笑捨棄了肉身。我們共有十二人圍坐在她身旁，大家都見證到一個像是星星的光。那個光出自她的心窩處，疾如閃電般竄向天空。她永遠活在我的心中。我懷著愛意與敬意，記著我的比比吉。

注釋

1　原注：搭爾尬（dargah）是穆斯林教苦行僧侶所居住以及禮拜修行的處所。

2　譯注：凱若上校（Colonel J.S. Khaira），應該是斯瓦米拉瑪在印度的一位友人，據說其後移居美加，經常參與喜馬拉雅機構在美國的活動。譯者猜想此段話應該是斯瓦米拉瑪在跟美國的學生們敘述時，順便提及一位他們都認識的人物。

3　譯注：摯愛（Beloved），此地的摯愛，就是神。

業是造物者

我常聽人提到有位名叫烏瑞亞巴巴（Uria Baba）的聖者，他以博學和靈性智慧而聞名。他住在浮林達方（Vrindavan）[1]。我師父派我去和這位聖者同住。有一位和我相熟的人正是這位巴巴的信徒，他就帶我前往浮林達方。我到達當地時，發現已經有好幾百人等著瞻仰這位偉人。巴巴的信徒向他通報我已到來。他非常慈悲，立刻命他的信徒領我去到他的房中。這位偉人的身形很矮小，約莫六十五歲年紀。他被公認為是北印度最偉大的學者之一，信徒遍布全國。他對我非常慈祥而慷慨。

每天在黃昏時分，我們都會去亞穆納河的岸邊從事晚間的盥洗。一天晚上，我問他：「出家捨離世間是否會比住在紅塵世間來得優越？到底哪一條路才對？」在那段時間裡，我正在研究「業」的哲理。我知道業意味著因和果；我也知道要從這業力的雙生法則中解脫出來是很困難的。

巴巴為我解說，他告訴我：

不是所有的人都應該捨離世間，因為捨離這條路非常艱難，不是人人可以走得過來。其實也不用捨離世間的事物，因為一個人並不能真擁有或占有任何東西。因此，需要捨離的不是任何東西，占有東西的心態才是該捨離的。

不論你是住在世間還是世外，都沒有多大的差別。執著於世間的對象不放，是痛苦的起因。只要老老實實地誠心去做無執的功夫，就能從業力的束縛中得到解脫。要走業瑜伽之道，自己分內之事必不可以捨，而且要做得善巧，要無私地去做。出家人雖然捨離了世間的對象，離它們遠遠的，但是仍然要行分內之事。在家人住在世間也要行分內之事。如果有人出於私心而去接受、去使用他們行為的果實，就會為自己造成很多障礙。他們就很難從自己造出來的束縛中解脫。如果不能完全捨離一切執著，不能捨離占有的心態，出家之途就會布滿了苦痛。在家人如果不能在無執上面下功夫，而繼續堅固自私、占有的心態，也會為他們帶來苦痛。

要完成人生的目的，就一定要行自己分內之事，不論是入世或出世都一樣。出家之路和業瑜伽之路，雖然是兩條不同的道途，但它們是同等的，都能達至自我解脫。一條是奉獻自我之路，一條是征服自我之路。

業力法則對所有人同等適用。我們過去的心印深藏在潛意識裡。這些潛伏的心印生起許多心念的泡沫，然後它們表達出來就成為我們的言語和行為。求道者是有可能掙脫這些心印束縛的。這些記憶頑強地盤據在我們心印的底層。能用無執之火、智慧之火把心印給燒盡的人，就能從它們的束縛中解脫出來。它們就會像是燒成灰燼的繩索，雖然仍然留有繩索的形狀，但是不再能有力量綑綁拘束你。被智慧之火燒焦了的潛伏心印，雖然仍然藏在潛意識裡，但它們就像是燒焦了的種子，不再有發芽的能力，永遠長不起來。它們會像是經過烘培的咖啡豆，可以用來煮杯咖啡喝，但再也沒有力量生長發芽。心印有許多，但是可以分為兩類，一類是在靈性之路上能成為助力的，一類則是阻力。

無所執著，就像是能燒掉過去心印束縛力的一把火。出家人捨離世間所得到的功德，在家人只要做到無執就能有同樣的功德。出家人在世外得到開悟，在家人是在世間開悟。

無所執著並不意味著冷漠或者不關愛。無執和愛是一，是同。無執帶來解脫，執著則帶來束縛。因為無執，在家人才能夠無私地行分內之事而不忘卻人生的目的。他的一切作為成了他的手段。捨離世間的出家人，也是因為能時時憶及他的人生目的而得到開悟。在家人無執和出家人捨離都能拓寬意識的維度。人能夠拓寬自己意識的維度，和周遍一切的覺性相結合，那他就不再受到自己業力的束縛。他就能完全自在解脫。

如此的偉人，不論他是入世還是出世，都有能力為他人指出解脫之道。他也有能力為人療癒業債引起的疾病。他能維持超然，不受沾染，不會捲入或者得到別人業債的果報。一位真正的大師是能夠完全做到自我控制之人，能夠自由地游走世間。當陶匠完成了拉胚的工序，陶匠的輪盤仍然會繼續轉上一段時間，但是再也造不出陶胚。一個已經得到解脫的生靈，生命之輪仍然會繼續旋轉，但是他的業不再會為他產生束縛。他此後的行為就是「為無為」。當學生有能力走上解脫道時，偉人就能夠輕易地引領他，所以他有一天也能得到終極解脫。

我請巴巴告訴我更多關於偉人能為人做靈療的本事。他說：

療癒分為身、心、靈三個層面。人是這三個層面世界的公民。真正具有靈療能力的人，能夠為人療癒所有層面的問題，但是如果他企圖以此為職業，他的心地和心量又會跑回到種種世俗的窠臼。耗散的心、世俗的心，就不適於療癒任何人。人一旦起了私心，心就會即刻改變流向，流入較低的凹槽。濫用靈性的力量只會讓靈性意志力（iccha śakti）變弱，被分散。所有偉人都宣稱他們所有的力都來自於神主，他們只不過是工具。

每個人都有療癒的潛能。那股療癒的能量在每個人心內流通無阻。只要正確地用上那股生力勃勃的意志力，這些具備療癒能量的渠道就可以被導引到身心的苦痛之處。療癒的能量能滋養、強化受苦者。療癒的關鍵是無私、愛心、生動的意志力，以及對自己內在神主無間的奉獻之情。

跟巴巴住了十五天之後，我告辭回去。我得到的結論是，不論是出世或入世，生活和生命的藝術在於無所執著，以及將覺知力放在人生目的上。

注釋

1 譯注：浮林達方（Vrindavan），位於北印度的聖城，全名是 Uttar Vrindavan（烏塔弗林達方），又名 Mirtola（米爾投拉）。

甘地的道院

在一九三〇年代末到一九四〇年代初這段時間，我有機會參見聖雄甘地[1]，住在他位於瓦達（Vardha）[2]的道院中，在此遇見了許多溫文又具愛心的人。我住在那裡時，曾經仔細觀察聖雄甘地如何照料一位痲瘋病患者。那位患者是很有學問的梵文學者，情緒低落又易怒，可是甘地以無比的關愛悉心親自照料他。他為我們立下了榜樣，他服侍病人的方式給我留下深刻的印象。

我師父要我留心觀察甘地，尤其是他走路的神態，而我的確注意到他走起路來和其他的聖者有很大的不同。他走路的時候好像是和身體分離的。他似乎是在拉著身體前進，像一頭馬在拉車。他時時都在為他人祈禱，對任何宗教、階級、信仰、性別、膚色的人都完全沒有恨意。他有三位老師：基督、奎師那、佛陀。

甘地是倡導非暴理念的先驅，一直在實驗如何擴展人類愛心的限度。如此之人，在人生任何風暴和試煉中，都能找到安樂。甘地從不保護自己，他永遠在保護的是他那條非暴的主張，也就是愛。愛的火焰日夜都在他內中燃燒著，像是一團永遠無法熄滅的火。自立和無畏，是他所信奉哲學的基石。儘管暴力深深地觸及他的生命，可是他的非暴精神毫不懈怠，他依然獨自邁步前進。他人生沒有說過一個抗議的字語，沒有對人閃現過一絲敵意。

跟甘地同住的期間，我在日記中寫下這些原則：

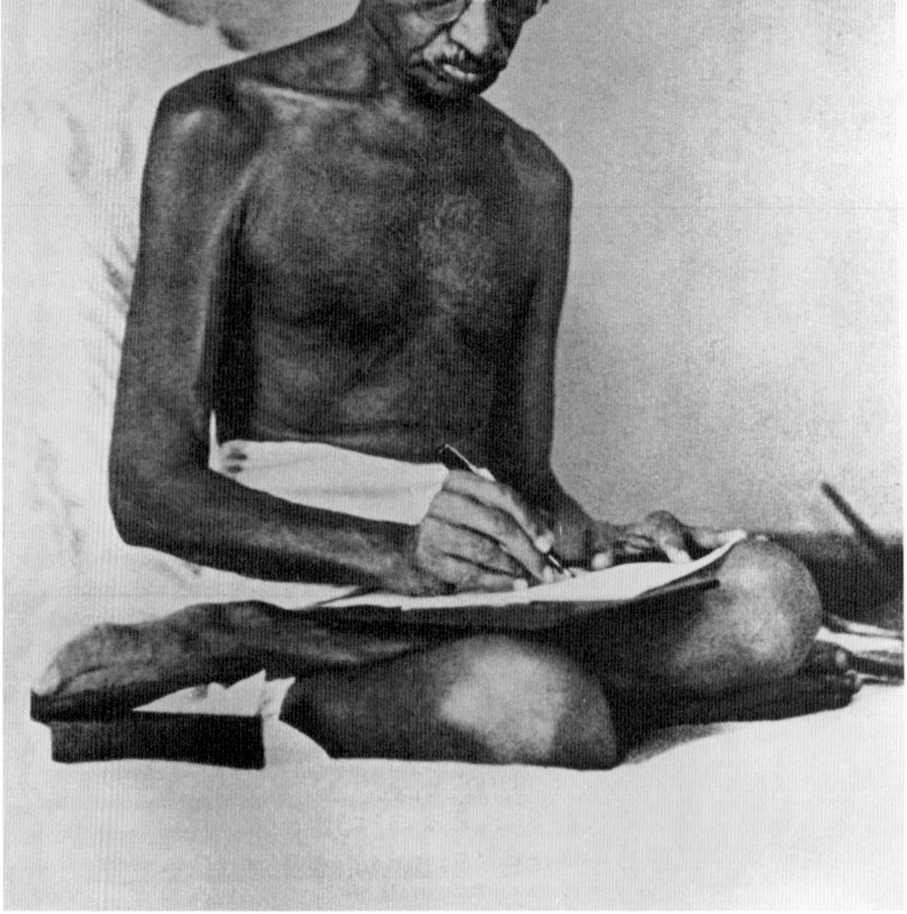

聖雄甘地

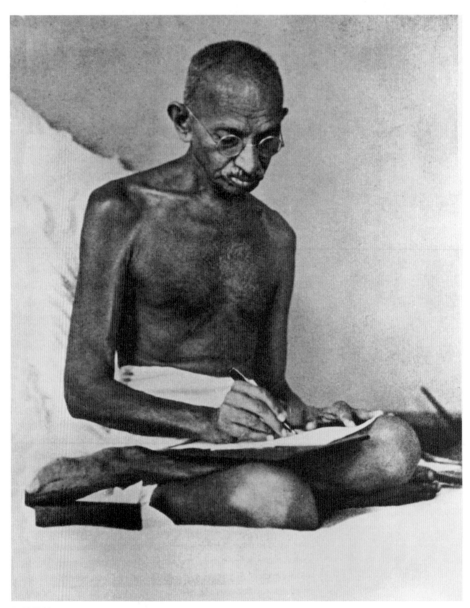

1 非暴和懦弱不可並存，因為非暴是在完美地表達愛，能夠去除恐懼。如果因為有武裝而勇敢，就意味著有恐懼的成分。非暴的力量是一股強度極大的生命能和動能，不是來自強壯的身體。

2 真正信奉非暴理念的人，就不信有失望。他安住於永遠的喜樂與祥和中。那種喜樂與祥和，不會來到以自己的學識和智力為傲之人心中；它們只會來到滿懷信念，能毫不游移地專注於一點之人心中。

3 智力固然可以造出奇妙的事物，但是非暴來自於內心，不是隨著智力活動而來。

4 仇恨無法克服仇恨，愛才可以。這是不易的定理。

5 奉神不在於唇中的禱語，而是以心念、言語、行為將一己交出去。

6 甘地信奉的，不是宗教、文化、迷信所造成的壁壘。他所教導且履行的信念是，所有宗教皆是手足。

7 甘地所信的生活藝術是，毫不關心自己行為的果實。他踐行的是，不憂成敗，但只專注於手邊的事，而無絲毫忐忑和倦意。

8 要享受人生，就不可以自私地掛念於任何東西。無所掛念，就表示有純正的動機，有正確的手段，而沒有任何懸念，也沒有任何所想要的結果。放棄行動之人必然失敗，但是能放下回報之人才會出頭而得解脫。

9 瑜伽是要把心念、智力、感覺、情緒、本能、人格每一個層面的所有狀態，都予以重新整合，經由這個過程而變得完整。

10 讓自己的咒語成為人生的拄杖，讓它護持我們度過一切災厄。每一次複誦都有一個新的意境，帶我們越來越接近神。它能夠將人格中負面的轉化為正面的，能夠逐漸層層深入意識，一一整合其中分化的、對立的念頭。

我在那裡遇見了許多奇人異士，例如 Mahadev Desai、Mira Ben、Prabhavati Bahen 等人，我和甘地的兒子 Ram Dass 成為朋友，曾經帶他去寇薩尼（Kausani）一遊，那是喜馬拉雅山中一個最奇妙、最美麗的地方。

注釋

1　譯注：印度國父甘地被人民尊稱為 Mahatma（意思是「巨靈」），在中文則多半被譯為「聖雄」。

2　譯注：瓦達（Vardha，也作 Wardha），地名，位於印度西部的馬哈拉斯特拉（Maharashtra）邦境內。

「不是犧牲，是征服」——泰戈爾

當我十來歲的時候，常常和一位同門師兄到處旅行。他比我年長二十歲，人稱他為來自岡勾垂的杖錫斯瓦米[1]希瓦難陀（Dandi Swāmī Śivānanda of Gangotri）。有一次，我跟他去穆蘇瑞（Musoorie）旅行，那個地方位於喜馬拉雅山腳，是一處渡假勝地。途中，我們經過一個叫做拉吉普爾（Rajpur）的小城。

那時候，亞洲大名鼎鼎的詩人若賓德拉那特・泰戈爾（Rabindranath Tagore）正落腳於當地的一間小屋內。我的師兄原本來自孟加拉，和泰戈爾的家族很熟，所以我們前去拜會他。他邀我們留下同住，結果我們在那個小屋內住了兩個月。泰戈爾變得很喜歡我，他請我的師兄送我去香提尼克坦（Shantiniketan），那是泰戈爾創立的一所教育機構。

我素來就有一股極強烈的願望要前往香提尼克坦，終於在一九四〇年到了那裡。泰戈爾的兒子若丁德拉納特（Rathindranath）親自接待我，為我安排了一間住房，隔壁就是室利馬立克吉（Sri Malikji），他是泰戈爾以及其所建立的機構最虔誠忠實的崇拜者。香提尼克坦是當時世界上最美麗、最奇妙的道院之一，有幾百名學生在那裡住宿、學習。

香提尼克坦的學生們稱泰戈爾為「上師天」（Gurudeva），一般民眾則對他名字的另一個寫法塔庫爾（Thakur）比較熟悉。他來自孟加拉，是史上最偉大的詩人之一。他外表英俊，卓爾不群，舉凡宗教、哲學、文學、音樂、繪畫、教育無所不精，廣為世人所知。

斯瓦米拉瑪攝於泰戈爾的道院，香提尼克坦。

在我跟他同住的期間，我有機會觀察他對自己工作的投入程度。他總是在做每天例行的修行，或是忙於寫作、繪畫。他睡眠的時間很短，白天從不躺下。縱然年老體衰也不改變任何習慣。我敬他是一位真正的修行高人。雖然說世上所有修行人的目的，都是想能如神一樣。但是對於一位真正如神一樣的人，例如泰戈爾，他不需要去模仿印度其他的「神人」（God Man）[2]來表達自己。那些從事苦行的人，他們的人生貧瘠如沙漠一般，泰戈爾與他們不同。苦行，是獲致開悟最古老的一條道途，真正的苦行的確值得尊重。但同樣值得尊重的，是一條更困難的道途，就是投身入世履行自己的責任。泰戈爾所堅信的道途是：入世但不被世俗所同化。

他的一首詩中有句是：「捨離而得之解脫不屬於我。」充分表達了他的哲學立場。他人生的重點不是犧牲，而是征服。

人類所見過的偉人分為三種類型，第一類是那些天縱英明，出生即是偉人；第二類是那些因為無私奉獻、殷勤努力而偉大之人；第三類不幸的是那些由媒體和公關手段捧為偉人之人。泰戈爾屬於第一類型，他是一位極具天賦、才能極佳的詩人和天才。他一生都奉行《奧義書》的箴言：「天地間所有含靈蠢動者，神主皆居住其內。享用祂分派給你的，但不可覬覦任何他人之財物。」

我極景仰泰戈爾，他是我認識的人當中最包容、最全面、最完整的人。他簡直是集全體人類於一身，了解人類的智力以及創造力。他堅信，一個人要成長，是可以兼顧自己的社會責任以及獨處的需求。有時我稱他是「東方的柏拉圖」。

他對東方和西方的看法，深受這兩種文化中人所推崇。泰戈爾不希望西方人在心理或外表行為上變成東方人。他要的是，西方和東方聯手進行高貴的競賽，來推廣一個全世界都能共同尊奉的最高理念。照他的想法，人類的進化就是人格中創造力的一面在進化。只有人類才有勇氣對抗生物法則。世界上所有偉大國家、所有高貴的作品，都是因為出於高貴的理念而有。理念是創造力的根本基礎所在。誠然，人生布滿了種種不幸，然而能運用理念於自己創造力之人就是幸運兒。時間是最好的過濾器，理念是最好的財富。所謂幸運，是幫你在適當的時候，表達出你的理念和能力的那個機會。

泰戈爾的哲學越過了那些原本會使得真理變得模糊不清的障礙。照他的想法，長久以來死亡一直是恐懼和苦痛的源頭，因為人沒有好好思慮過真理。「噢，為死亡迫近而苦、而恐懼之人，應該聆聽、學習泰戈爾的音樂，從中學會如何在無邊和永恆中失去你自己。只要將你生命的和弦調好，使它們的步調和宇宙的音樂相應和。為了群體的利益，無分男女，每人都應該奮力獲取真理之光，活得簡樸而有智慧。」[3]音樂的節奏支持著泰戈爾的人生哲學。他的人格因音樂而完整，但非僅如此。他的詞句和旋律仍然盤旋在今日的詩人和音樂家心中。

泰戈爾相信，所有的「存有」（existences）構成了整個宇宙這一個活體，它所散發出的愛是它生命能量最高的展現方式，而靈性銀河的中心是宇宙的靈魂所在。在此之前，世人講的都只是關於神的宗教，但是泰戈爾一直在講的是關於人的宗教。他講的宗教是一種由狂喜的經驗而來的感受，這是處於最強烈而活生生狀態中的觀點，對於解決人生的苦厄，遠超過哲學和形而上學所能提供。神的愛，是一種憐憫和人造的回應。神必須要有人，如同人必須要有神一樣。「久久以來，蓮花的魂持續地開著花，我被困其中，好像無可逃脫。它的花瓣張開到無盡處，其中的花蜜如此甜美，以至於你，像個被迷醉之人，永遠無法拋下它；因此你被困住，我被困住，無有救贖。」[4]

在香提尼克坦住上一段日子後，我決定回到喜馬拉雅山中好好消化我在那個地方所學到的觀念，用來譜寫出我自己未來的方針。

若賓德拉那特・泰戈爾

我仍然記得泰戈爾詩中幾段有力的文句：

我在人生和世界的問題中所讀到的是，
淚和喜之轉折。
在我面前我見到，風的繁忙足履，
意味著人以及法。
風急忙去到影子，它激情的所在；
讓我們遠赴海外，重新開始，噢，風，
再度打造更好的人生以及歌曲好嗎？

注釋

1 譯注：杖錫斯瓦米（Dandi Swāmī），意思是持杖雲遊四方的僧人。
2 譯注：神人（God Man）指的是獻身於神的宗教人士。
3、4 譯注：這兩段文字似乎是引用文，但原書沒有註明出處。

還歷史清白

我大約在二十歲那年去過辛剌（Simla），那個城市位於旁遮普地區的喜馬拉雅山中，是個渡假勝地。我在那兒遇見一位斯瓦米，大家稱他為「旁遮普馬哈拉吉」（Punjabi Maharaj）[1]。他的個子很高，身體強健、容貌英俊，而且非常博學。

我見到他時，手中正拿著一把傘。

他問：「你為什麼要多帶這個負擔？要了無所有！」

正當我們一起同行時，天開始下雨。既然我有帶傘，就打開了傘。

他說：「你在做什麼？」

我說：「我在為我們擋雨。」

他說：「別這麼做！這是天與地之間的一個連結，為什麼不讓我們有這個連結？如果你要和我同行，就丟下你的傘，丟下你所有東西。」

我抗議道：「斯瓦米吉，這樣我會淋濕。」

他告訴我：「如果你怕淋濕了衣服，大可以不穿衣服，自在地走，或者你乾脆去躲雨。」

他這番話影響了我，所以我當下就把雨傘丟在路上。從那時起，每逢在戶外碰到天雨，我都能享受那份情趣。

這位斯瓦米冬天在外面走動時，也只穿一件薄薄的棉衫，那是他唯一的身外之物。他是一位感官非常敏銳的人，但是他能完全控制自己對於冷熱的感覺。當我們的心透過感官去覺知外界的對象，它就會經驗到苦和樂的感受。如果你學會不去接觸外界的對象，就能不受外境所影響，在內在找到更佳的樂。

這位斯瓦米非常博學，而且只說英語。他一談到英國文學可以講上幾個小時不停，我們也經常一起討論斯瓦米拉瑪提爾塔（Swami Rama Tirtha）[2]的生平和作品。他是英國牛津大學的理科碩士，拉霍爾大學（Lahore University，在現今巴基斯坦境內）的理科博士，然而他在校執教的科目是主張眾生一體的吠檀多哲理。

他非常憎惡統治印度的異族人。在那個時期，印度還沒獨立，有一小部分現代的斯瓦米不從事靜坐冥想。這些都是年輕人，受過良好的教育，了解當時社會的情況，積極參與爭取國家自由獨立的運動。我稱他們為「政治斯瓦米」。他們的說法是，「先求外在的自由，內在的解脫次之。」這位斯瓦米就是一位政治斯瓦米。

事實上，他就是因為對當時國家的情況感到挫折才出家成為斯瓦米。他為人和藹可親，但又可以變得叛逆。他並不遵守一般出家人的作息規矩，反而把全部時間用在思考如何推翻英國人對印度的統治。這是他生命所追求的目標。有時候他因為侮辱英國人，一天內連續兩次遭到逮捕。他惹惱英國軍官的方式是，當面出聲要他們離開印度。他會辱罵他們，說：「你們說的是英文，可是你們不懂文法。你們連自己的語言都不通。帝國政府派來印度的，盡是這種沒受過教育，不是良好家庭出身的人，真是悲劇。」

有一回，我們走在辛剌郊外的山中，有一名英國軍官騎著馬從對面飛奔而來。當他見到我們在路中，忽地勒停他的馬，對我們大叫：「你們這些猴崽子，別擋路！」他因為扯轠繩的力道太猛而摔下馬，跌到地面。

斯瓦米對他說：「走在這條路上是我們的權利，這是我們的國家。你少管閒事，給我起來，騎上你的馬，走開！我不是你的奴僕。」

第二天，斯瓦米被逮捕，但是兩小時內就獲得釋放。當地邦政府的首長在倫敦就跟他相識，也知道如果關他入獄只會造成更多問題。

在這段時間，我對英國的統治者也有反感，甚至考慮過投身加入獨立自由運動。

斯瓦米對我說：「來，我們用槍把這些英國殖民官員一個一個幹掉。」他很誠心地邀請我加入他去對抗英國人。他說這並不是在造惡。「如果有人來到你家中，想毀滅你的文化，你為什麼不能抵抗？」他是我見過的斯瓦米中，最憤世嫉俗的一位。

我信服的是甘地的哲理、他的存心，以及他提倡的運動，但是我從未參與過任何政治行動。我想影響這位斯瓦米離開政治，而他想影響我進入政治。這樣子持續了四個月之久。他試著要說服我，而我的師父說過我不可以加入任何政治團體黨派。師父說：「你來自宇宙，是世界的公民。為什麼只認同印度的人民？你該關心的是全人類。你首先要培養出內在的堅韌力，磨利你的智慧，學會控制自己的情緒，然後才行動。狂熱地獻身於任何一個國家，即使是像印度這樣一個心靈巨國，有失你做為出家人的身分。」師父告誡我絕對不可參與任何暴力的行動，他甚至預言了印度獨立的日子。

其後，我和這位斯瓦米分手，我們走上各自不同的道路。就在那年，他在喜馬拉雅山的庫魯（Kulu）谷地被英國警察所射殺。

我待在辛剌的時候，遇見一名英國傳教士，他正在寫一本關於印度文化和哲學的書。他讓我讀了草稿。我讀了大驚，他對印度文化、文明和哲學的描述，有好幾處根本是在扯謊。他甚至還想要我改變信仰，想引誘我和一位富有的英國女孩結婚！我該改變什麼？生活方式和文化習慣？我深愛耶穌基督以及《聖經》，所以我也喜歡基督教，但此人卻讓我在心中大起反感。從此以後，我都避免接觸那些在印度城市、村莊、山地到處可見的基督教士們。他們受到英國政府的資助，其實是披上傳教士外衣的政治人物。他們會寫出這樣子的書，根本是有意試圖摧毀古老的吠陀文明。吠陀文化和哲理是好幾個宗教之母，例如印度教、耆那教、佛教、錫克教，而他們竟然刻意去扭曲它。

那位斯瓦米極力反對這些傳教士，他對他們說：「你們不是基督真正的信徒，對《聖經》也不是真的懂。」這些英國的傳教士兩、三百年來一直在試著摧毀印度的文明。但是他們沒有成功，有兩個主要的原因：一、印度文化和文明的建設者及守護者是婦女，二、百分之七十五的印度人口住在鄉村，一直沒有接觸到英國的統治者和傳教士。

雖然外來的異族人民統治了印度好幾百年，但是他們無法改變印度的文明。不過，他們在語言和衣著的改變上，以及引進某些英國人的習慣這些方面，的確有所成功。英國政府有計畫地大規模宣傳發行，例如教會機構的書籍作品。印度的作家和學者受到壓制，如果他們駁斥這些書籍的論點，或是為文反對這種宣傳的話，就會被逮捕入獄。英國人所發行的這些作品混淆視聽，誤導了西方的學者和遊人，剝奪了他們學習印度在文學、哲學、科學等方面固有的巨大財富。

雖然有些西方人士，像是杜森（Paul Deussen）、穆勒（Max Müller）、歌德（Goethe），對印度哲學中的瑜伽、《奧義書》等系統寫過書，但一般的西方大眾對印度仍然是充滿了迷惑和誤解。可以說，在安妮．貝桑特（Annie Besant，著名的神智學家，曾經擔任過印度國會議長）[3]以及約翰．伍德若夫爵士（Sir John Woodroffe）[4]以前，西方的作者沒有老實地認真寫過任何一本關於瑜伽的書籍。在西方的作者中，寫印度哲學的要以約翰．伍德若夫爵士為佼佼者。雖然他沒有辦法如願替印度所有的經典寫書，卻把正宗的密法哲學介紹至西方世界。直到今日，很多的遊者以及所謂的作家，自己沒有老實學習、理解、實修過，卻仍然不停地在寫關於瑜伽、哲學、密法以及種種靈性修行方面的書，我覺得他們很可悲。

在過去，印度學校所教導的歷史，是被刻意扭曲過了的。因此，印度的學生忘記了自己的歷史和文化。和自己的傳統切斷聯繫，就是和自己的一己切斷聯繫。英國人把印度的整個教育系統做了改變。所有的科目都要使用英語為學習的媒介，每一名學生都被強迫要依照英國教會的方式去祈禱。既然失去了思想的自由，當然也失去了言論和行為的自由。不是經由那套英國體制所教育出來的人，不可能求得好的工作。因為經歷過這些，我認識到權力可以腐蝕一個國家，毀滅它的文化和文明。

要毀滅一個國家及其文化，最快的方法是先改變它的語言。英國人在這方面做得很成功。即使在印度獨立三十年之後，官方的語言仍舊是英語。因為印度向來沒有一個統一的本土語言，所以不同的邦之間在過去、乃至到今日，彼此都無法有效溝通。印度各個土邦的郡王彼此鬥爭不休，無法形成一個統一的陣線。這就是為什麼印度在過去幾百年來吃盡了苦頭。語言的統一，是印度的人民和政府到現在仍然做不到的一件頭等大事。有了優秀、完美的語言，才可以產生優秀的文學，才能豐富文化、教育、文明。印度仍然沒有統一的語言，因此不同地區的人民到今天還無法彼此溝通。

印度當前的教育和養育方式，應該要根據印度文明的種種需求而仔細做出調整。每個地方都應該要興建新式的學校，要鼓勵民族文學和藝術的發展。我們還沒有好好考慮過，要如何用文學、科學、藝術、教育，從基本上建立印度新的社會秩序。被動、冷漠的思考和生活態度，需要變得主動而積極。教育最主要的特質應該在於整合，要能夠把各種文化以及彼此之間共同的文明連結起來。你們要牢記聖賢的話，他們教你們要重拾、要利用你們古代歷史中，那些對開發人類思想和文化有價值的東西。你們該盡快學習，明白真正國際化的教育對印度下一代的必要性[5]。

那位來自辛剌的斯瓦米讓我明白到，在受到英國人統治之前印度曾經非常富裕，不只是在精神文明方面如此，在物質財富方面也曾經積聚了大量的珠寶黃金。印度有很多災厄是由入侵者帶來的，像是蒙兀兒人（他們跨過了印度河，由印度西方侵入），接著是法國人、葡萄牙人，最後是英國人。他們摧毀了印度的財政、經濟、文化、歷史。印度，這個曾經被稱為是「金雀」的國家，它的金銀珠寶被入侵者劫掠一空，運回自己的國土。一度，這裡的人民富足，貧富差距沒有如此懸殊。此外，種姓制度是一種以勞力分工為準而建立的制度，但是英國人來了就改變了，他們用了一貫的分化統治手段，製造出仇恨。我這麼說，心中並沒有恨意，只是在敘述事實。

即使今日去到印度的人，也都不了解真正的印度歷史。他們不斷地重複同樣的一個問題：「假如印度真的富有靈性文明，為什麼會如此貧窮？」我不是從事政治事業的人，但是很多人問我為什麼印度這麼窮。我回答說，世界上任何的歷史時期，都見不到靈性能帶動經濟發展的例子。這兩者是截然不同層面的東西。在印度，宗教和政治一向是分離的，從事靈性修行之人素來不參與政治。這兩股不同的力量在印度無法結合，整體的力量自然就會下降。印度之所以貧窮並不是因為靈性太過發達，反而是因為沒有實踐靈性，以及不知道如何將靈性融入現實生活的緣故。現在的國家領導人應該要明白這個事實。因為今天的領導人以及民眾，對於該如何提升整個國家的水平，還沒有建立起共識，所以印度還在受苦。他們對於解決人口問題沒有答案，看來也不可能有任何能立竿見影的措施。我認為，印度之所以還能夠存在，完全是因為她有著豐富的靈性和文化遺產。

任何的國家、民族、團體都有文明的一面以及文化的一面，而這兩面是不可分的。如果某人在別人面前出現時總是衣冠楚楚，他會被視為是個有文化的人，但這不必然表示他是個文明的人。文明指的是一個國家民族思想和感覺的方式，指的是他們在不殺生、慈悲、虔敬、真實等理念上進步的程度。文化是外在的生活方式。文化是一朵花的話，文明就是花的芳香。一個窮人可以是有文明的人。但是一個不文明的人，縱然有文化，縱然於外在世界中是成功的，對於社會卻沒有幫助，因為他內在少了那份能夠滋養個人和民族成長的品質及德性。文化是表現在外的。文明是蘊藏在內的。在現代世界裡，這兩者必須要能夠整合。印度的文明非常豐富，但是它的文化已經變成是一種偽劣版的英國文化，所以到今天仍然給印度帶來種種問題。

注釋

1 譯注：旁遮普馬哈拉吉（Punjabi Maharaj），Maharaj（馬哈拉吉）中的「馬哈」，在佛經中常譯音為「摩訶」，意思是「大」；拉吉是「王」。因此，「旁遮普馬哈拉吉」的意思為「旁遮普地方的大君王」。對出家人斯瓦米稱呼「馬哈拉吉」是尊稱其地位崇高，並非是受到封地的郡王。

2 譯注：斯瓦米拉瑪堤爾塔（Swami Rama Tirtha, 1873~1906），大瑜伽士，是最早去西方世界弘法的瑜伽大師之一。

3 譯注：安妮・貝桑特（Annie Besant, 1847~1933），是「神智學會」（Theosophy Society）的主要人物，雖然是英國人，但積極參與印度政治，推動印度脫離英國獨立，在印度獨立前出任過印度國會議長。曾經將克里希那穆提（Jiddu Krishnamurti）收為義子，將他帶至西方，大力為其宣傳。

4 譯注：約翰・伍德若夫爵士（Sir John Woodroffe, 1865~1936），英國著名的「東方學」和梵文專家，在英國殖民時期的印度擔任法官多年，對印度哲理尤其密法（Tantra）傳承殊有研究，曾經化名亞瑟・阿法龍（Arthur Avalon）出版多本精闢介紹密教理論的書籍，例如：*The Serpent Power*, *The Garland of Letters*，斯瓦米拉瑪和斯瓦米韋達都讚歎有加。

5 譯注：這一段末尾最後二句話似乎是引用語句，而且針對印度人士而言，但原書並未特別註明。

馬哈希・拉瑪那[1]

加及普爾城（Gajipur）的名醫杜塔先生（T.N. Dutta）來信告知，他即將到我那時所住的那席克城（Nasik）[2]來見我。見了面後，他告訴我此行的目的。他說他非常希望能帶我去南印度的阿如那恰拉（Arunachala）[3]參見[4]馬哈希・拉瑪那（Maharshi Ramana）。於是在一九四九年的冬天，我們前往阿如那恰拉。

我在那個道院住的時間雖然短暫，但是非常愉快。道院中也住了幾名來自海外的學生。那個時候，馬哈希・拉瑪那正處於靜默期間，所以講課是由他的資深弟子夏斯垂吉（Shastri-ji）負責，馬哈希・拉瑪那只是靜靜地坐著。

當他在場的時候，我發現到一個非常特殊的情形，是別的地方很少遇見過的。能夠打開內心聆聽的人，就會體驗到整個道院任何時刻都瀰漫著一股「靜默的語音」，只要坐在他附近，心中任何疑問就能得到解答。據說待在偉人身邊就如同經歷過一次初級的三摩地一樣，的確如此。馬哈希・拉瑪那並沒有跟過具有人身的上師[5]，然而拉達奎師南博士（Dr. Sarvepalli Radhakrishnan）[6]說他是「印度大地百年來所誕生過最偉大、最神聖的人物」。只要一睹這樣的一位偉人，就能淨化自己的靈魂。

馬哈希・拉瑪那說，求道之人只要參究一個題目：「我是誰？」就可以見性開悟。雖然這個參究的方法，早就是東方和西方哲學共同的基石，卻是由馬哈希・拉瑪那重新開啟這個修行

馬哈希・拉瑪那

法門。馬哈希・拉瑪那把所有吠檀多的哲學帶入了實修之路。他把整部希臘史詩《伊利亞德》（*Iliad*）簡單扼要地講了出來：「能知道一己的本我，就能知道所有一切的本我。」這種非常簡易而又深奧的自我參究法門，是東方人和西方人都可以接受的。

我們在阿如那恰拉這個充滿靈性震盪的氛圍中待了五天後，回到那席克。參拜這位偉大聖者之後，我決定要辭去商羯羅阿闍黎這個矜榮尊貴的頭銜和位置。身為出家人，要過著如此忙碌的日子實在是個負擔，也深感煩悶。前往阿如那恰拉參見馬哈希・拉瑪那之行，對我裡面已經在燃燒的那把火，無異是添加了燃料。

「能捨己，才能得。」這句話在我心頭強烈地迴響，讓我無法再在那席克待下去。要我遽然放下一切責任遠走高飛，可不是件簡單的事，可是有一天，終於上天賜我勇氣，我離開了那席克，返回我喜馬拉雅山的家。

我深深相信，開悟絕對要靠自己。但是聖者能啟發你，讓你內心生出力量，沒有這股力量，則證悟自我是不可能的事。在今天的世界裡，眾人找不到可以仿效的榜樣，沒有人來啟發他們，所以開悟變得如此困難。偉大的聖者是我們獲得啟發和開悟的源頭。

注釋

1 譯注：馬哈希・拉瑪那（Maharshi Ramana），上個世紀印度最著名的心靈大師之一，為所有宗派一致推崇為「聖人」。關於他的教誨可以參考《走入靜默，如你本來》一書，橡實文化出版。

2 譯注：此時是斯瓦米拉瑪仍然身任商羯羅阿闍黎的期間（見本書第六部中「顯赫亦是空」一文），所以住在所駐錫的南印度那席克地區。

3 譯注：阿如那恰拉（Arunachala），是馬哈希道院所在地。

4 原注：前去聖人或神明尊前瞻仰。譯者按，聆聽大師教誨也叫做 darśan，字面的意義就是「見」，除了一睹大師真貌，也有讓參拜者被大師的眼睛所見而獲得加持的意思。引申下來 darśan 還有教導、哲學的意涵。

5 譯注：眾人以為馬哈希是「無師自通」，但是他曾經答問說：「你怎麼知道我沒有上師？」可見他是有精神上的上師。

6 譯注：拉達奎師南博士（Dr. Sarvepalli Radhakrishnan, 1888~1975），哲學家、政治家，曾擔任印度獨立後之首任副總統、第二任總統。

遇見室利奧羅賓多

我無法忍受那席克的那種高度拘束的環境，就計畫前往朋迪榭里（Pondicherry）去參訪「母親」和室利奧羅賓多（Sri Aurobindo）[1]。這個道院的學生都非常虔誠，深信自己的修行生活是最上乘的方式。我抵達朋迪榭里的那天，正好有場音樂會，演出者是一位著名的音樂家，是奧羅賓多的一名弟子。「母親」非常體貼地安排我入住一間宿舍，並且讓我出席聆聽那位虔誠弟子的靈歌唱誦。

我在朋迪榭里住了二十一天，這段時間夠長，益發堅定了我在阿如那恰拉所受到的啟發。在那段期間裡，我因為心中紛亂不已而無法安定下來；我一心嚮往著拋棄世俗，但世俗的責任義務又在拉扯我去另一個方向。

住在朋迪榭里時，我和室利奧羅賓多見了幾次，他非常客氣，都和我交談。他的人格魅力強大又啟迪人心。我開始尊重他所創立的現代而理智導向的「調和瑜伽」（Integral Yoga）[2]。我將自己對這個哲學的理解，重點摘要如下。

室利奧羅賓多的哲學被稱為「調和不二論」（integral non-dualism）。它主張，真理基本上是「一」（Oneness），只有從這裡下手才有可能認識真理。根據這個主張，只有一個單一的「絕對」（Absolute），它含攝一切，而我們所觀察到種種差異性之形成，都是發生在它的範疇之內。

瑜伽士室利奧羅賓多

調和不二論消弭了一切倫理、宗教、邏輯推理、形而上學之間的分歧。室利奧羅賓多所信奉的是，絕對真理本質上是不二的，非概念、推理所能表達的[3]。它必須經由對純粹靈性的直覺所產生之洞見有直接的體驗才能觸及。

根據「不二論」（advaita）[4]，真理是超越了物質性、因果律、條理性、數目。這個理念，就是吠檀多哲學中的「無相梵」（nirguṇa brahman）、佛教哲學中的「空」（śūnyatā）、中國哲學中的「道」、密法中的「超諦」（tattvātitā）。

根據密法哲理一貫的主張，人可以藉著喚醒那稱為「昆達里尼」的潛伏靈能，來提升靈性。如果能夠有系統地將這個潛伏的靈能次第導引到更高的層面，生命就能任運自如，和終極的生存目標相應。

韋紐天教派（Vaishnavism）[5]所推崇的愛和奉獻法門，是要全心全意奉獻一己於神才能做到。基督教中的神祕主義，以及蘇菲教派，在這方面和韋紐天教頗為相似：「遵奉祢的意志，不是我的意志。」是他們的靈性能夠成長的祕訣。

與此相對的，吠檀多強調的方法是沉思和自我參究，這包括了要能區別本我和非本我，然後要捨離所有對於非本我的情執。一旦能夠除去對於非本我的妄想執著，內住的真理之光就能夠顯露無遺。

根據奧羅賓多所謂的「調和哲理」，人性中高尚的和低下的成分，以及宇宙，都是源自於同一個終極的真理。低下的成分指的是世界中物質的力量，以及潛意識中的本能驅動力。人性中高尚的成分是由純粹的覺性和靈性的志向所構成，它是因為覺知到那終極的創造能量，而由低下的人性成分昇華而來。那終極的能量叫做「夏克提」（śakti）[6]，奧羅賓多把它稱為「神聖母親」（Divine Mother），人必須如實地覺知這股力量，才能證悟到那「絕對」。這種覺知，意味著要能和諧地調和物以及靈。奧羅賓多說：「我們唯有穩穩地立足於物理世界，方能夠完完全全地掌握到超物理世界。」

要開發這種覺知有兩個方法。一個是將靜坐冥想融入有為中。經由靜坐，我們能撕開無明這塊蓋紗；因此能實證到真正本來的我，而那個我也正是一切的本我。經由無私和博愛的有為行動，我們創造了與他人之間的連結。第二個覺知到神性（Divine）的方法，在於認識到覺性有上行和下行兩種動力。上行力的動態能夠逐漸擴張靈性的視野，幫助我們提升到更高的覺性層面。下行的動態能將較高層面覺性的光明和能量往下帶，進入到我們物質生命的所有層面，也就是把物質[7]轉化成為有效的渠道，來傳達博愛，以及統一的真理[8]。

室利奧羅賓多將新的觀念溶入古代的「不二」哲理中，因為他深信現代人不一定需要走出世的路來完成不二苦行的目的。能在有為的行動中保持禪定的心態而無所牽掛執著，修行之人一樣可以喚醒昆達里尼靈能。實證到夏克提和希瓦的結合[9]，能夠將人類的覺知提升到更高的層面。

我堅信，室利奧羅賓多所提倡的哲理，不僅能被具有現代觀念的印度人所廣為認可，更能夠被西方人所認同。但是我習慣了安靜的離群索居環境，沒有辦法適應這個道院中種種的活動，像是戲劇、音樂會、網球。我回到那席克，打定主意要離去，回到喜馬拉雅山中。

注釋

1 譯注：室利奧羅賓多（Sri Aurobindo, 1872~1950），聞名世界的心靈大師，道院所在地是朋迪榭里（Pondicherry，或音譯為「本地治理」）。他的道侶是一位法籍女士，原名 Mirra Alfassa，於奧羅賓多退休後，繼承了奧羅賓多的道業，被信徒們稱為「母親」（Mother）。

2 譯注：調和瑜伽（Integral Yoga），是奧羅賓多所創建的哲派，請參閱本文對這個傳承哲理的敘述。這和後世有一位 Swami Satchidananda 所推行的 Integral Yoga 不同，後者是要整合了六種主要的瑜伽習練方法。此外還有很多現代的瑜伽以 Integral 或 Integrated 為名，不可混淆。

3 譯注：「非概念、推理所能表達」似乎很接近佛經中所謂的「不思議」或「不可思議」說法。

4 原注：不二論（advaita），主張最終的真實只有一，沒有對立的二。

5 譯注：韋紐天教派（Vaishnavism），是印度流傳最廣的信仰，崇祀「韋紐天」（Viṣṇu）以及韋紐天在人間的轉世，例如羅摩、奎師那（Kṛṣṇa），又分為許多不同的宗派。

6 原注：夏克提（śakti），力，能，勢，神聖化現力，至上之力或宇宙能量。

7 譯注：意味著凡人的血肉之軀被轉化為傳播博愛以及真理的渠道工具。

8 譯注：斯瓦米拉瑪在別處有解釋過所謂的上行力和下行力，引述於下：「力」有上行和下行之別。什麼是上行之力？是人為的努力。什麼是下行之力？是神力降臨加持之力。

9 譯注：根據密法理論，夏克提就是昆達里尼的靈能，是純陰，當她被喚醒後會循著脊柱上升至頂輪，和純陽的希瓦相結合。

喜樂之波

有一回，我去到聖地奇特拉庫特（Chitrakot），根據史詩《羅摩衍那》，這是神主羅摩被流放時所居住的地方。它座落在芬迪亞山脈（Vindhya）中，是印度境內最長的山脈。根據古老的傳統，棄世之苦行僧一定要前去弗林達方或是奇特拉庫特朝聖，拜奎師那的人去弗林達，拜羅摩的人去奇特拉庫特。在芬迪亞山脈中別有一處，名為芬迪亞喬（Vindhyachal），住了許多崇拜夏克提的信徒。

在前往雷瓦邦（Rewa State）[1]的路上，我進入了薩塔納森林（Satana），遇見了一位斯瓦米，他非常英俊，飽學吠檀多和瑜伽哲學，既通經論，又是一位出色的實修之人。後來他被提名為久提馬雅寺（Jyotirmayapitham）[2]的商羯羅阿闍黎座主。他的名字是梵喜．薩拉斯瓦提（Brahmananda Saraswati）。

他只靠進食發芽的種子加少許鹽來維生，住處在山丘上一個小小的天然洞穴中，附近有一個山泉水塘。當地的村民帶我去到那個地方，但是我找不到人，非常失望。第二天我再度前往，只在水塘邊發現了幾個他的木屐留下的足跡。我試著跟蹤足跡找他，但是無功而返。如此連續試了好幾天，終於在第五天的早上日出之前，我回到水塘邊，他正在洗浴。

我向他問候，說道：「南無那若楊（Namo Nārāyan）。」[3]這是斯瓦米之間彼此問候常用的語句，意思是：「我向您內在的神明下拜。」

室利斯瓦米——梵喜·薩拉斯瓦提

他正處於靜默期間，就以手勢示意要我跟著他進入洞穴，我高興地跟著去了。那時候是他靜默的第八天。我跟他共處了一夜之後，他打破靜默，於是我輕聲向他表明來意。我想知道他生活的情形以及他所從事的修練方法。

在交談中，他開始跟我講起無上密學室利毗諦亞（Śrī Vidyā），這是最高的修行之道，在印度只有少數幾位精通梵文的大師能做這個修練。這法門融合了王道瑜伽、昆達里尼瑜伽、奉愛瑜伽、不二吠檀多。修練此道的老師所推薦的兩本書是《悅波頌》和《麗波頌》[4]，這兩本書合編成一本，也叫做《麗波頌》，梵文是 *Saundarya-laharī*。這種法門還有一部分是記載在另一類被稱為「瑜伽實修」的文獻中，這是一種手稿形式的文獻，只保存在邁索（Mysore）和巴若達（Baroda）兩地的圖書館中。如果沒有得到親身修練過這種法門的老師之助，學者也無法了解這些靈性瑜伽的詩篇頌文。

後來我發現，室利毗諦亞和馬杜毗諦亞（Madhu Vidyā）[5]的靈性修法，都只有非常少數的人才懂，整個印度不過十至十二人而已。於是我開始有興趣了解這門學問，我今日有區區這一點成就，都是因它而有。在這門學問裡，身體被視為是殿堂，神是住在其內的那位。人自己就是一個具體而微的宇宙，能認識到自己，就能認識到整個宇宙，最終實證到那絕對的「一」。

在研讀許多典籍，學習種種門徑之後，在我師父的幫助下，我最後選擇了修練室利毗諦亞一途。在這條道途上，昆達里尼之火被視為是「神聖母親」，經由瑜伽的習練，它會被喚醒，一路上升至最高的脈輪。脈輪是生命之輪，它們構成了我們靈性的身體，和整體的覺性之流相銜接。

脈輪的學問非常簡要，如果能深入了解這門學問的話，對我們內在各個層面都會有極大的助益。脈輪的作用遍及物理、生理、能量、心理、靈性的層面。這些能量中樞在肉身中所對應的位置，是沿著脊椎分布的點。最低的一個位於尾骨，第二個位於薦骨部位，第三個位於肚臍，第四個在心窩，第五個在喉嚨底部，第六個在眉心中間一點，第七個在頭頂。

較低的幾個脈輪是低層次心識流向匯聚所在。心脈輪（anāhata cakra）[6]分隔了上半身和下半身，是神聖寧靜的中樞點。這個中樞點在佛教、印度教、基督教、耆那教都有的，在印度教稱為「心輪」，在猶太教稱為「大衛星」，在基督教稱為「聖心」。較高的幾個脈輪是上行能量的中樞。從心輪到位於頭頂內部的千瓣蓮花輪，各自代表不同層次的覺性。當我們靜坐時將背脊打直，這些中樞就對齊了。我們可以將能量集中於一個脈輪或其他脈輪。靈性開展的其中一個方面，就是要開發出將能量導引至較高脈輪的能力。要有次第、有系統地體驗所有的脈輪，就必須要具備對氣脈載體的知識。

印度教和佛教的文獻中，對脈輪有大量的記載，後來被一些只講理論的作者把它介紹給西方的讀者。西方的作者也就脈輪這個題目寫了很多書，但是除了約翰．伍德若夫爵士的著作，大多數都會誤導讀者，其中有許多二手資料，也沒有任何可以帶領讀者實修的東西。這是一門發展到極度完美的學問，卻到處可以找到這些誤導的書籍，甚至擺在健康食品店中發售。真是荒唐！

斯瓦米梵喜．薩拉斯瓦提是一位懂得室利毗諦亞修行的極罕見高人。至於對《奧義書》的理解，尤其是商羯羅阿闍黎所作的釋論，他也絕對是超卓的權威。此外，他還善於講演。他的弟子包括了知名的學者斯瓦米卡巴垂（Swami Karpatri），後者就是央請他出任北方教區的商羯羅阿闍黎座主的那位。那個尊貴的位子已經虛懸了三百年之久。以前無論他去到哪個城市，都會有好幾千人來聽他傳法，在他獲提名為商羯羅阿闍黎座主之後，信眾人數更是大增。他的教導方式有一個非常吸引人之處，就是他能夠把奉愛法門和不二法門這兩個體系結合在一起。我跟他短暫相處的時間中，他也談到了馬度蘇達那（Swami Madhusūdana Sarasvatī）[7]對《薄伽梵歌》的釋論。

斯瓦米梵喜有一個用紅寶石製成的室利揚特拉（Śrī Yantra）[8]，他拿給我看的時候，也為我解釋他是如何去祭拜它。能見到這些偉大的聖者是如何將身、心、靈所有的能量，集中在所祭拜的對象上，的確值得一提。在我所見過的印度眾多斯瓦米中，只有非常少數幾位如此光華橫溢的人物，縱然身處紅塵世間，仍然不受外物所惑，不為所動。我跟隨他幾個星期之後，就動身前去烏塔卡西。

注釋

1 譯注：雷瓦邦（Rewa State），印度早年眾多的邦國之一，英國殖民時期仍然保持相當的自治，印度獨立後土邦併入鄰近邦，在今日的中部邦（Madhya Pradesh）之內，是白老虎生態地區。

2 譯注：久提馬雅寺（Jyotirmayapitham），原書中寫為 Jyotirmayapitham，可能是 Jyotimathpitham 之誤。Jyotimathpitham 是首任商羯羅阿闍黎將印度劃分為四大教區中，北方教區的商羯羅阿闍黎座主所坐鎮的寺廟。

3 譯注：南無那若楊（Namo Nārāyan），Namo（正確讀音為「拿摩」）意思是歸敬，Nārāyan（Nārāyaṇa）意思是神。

4 譯注：*Ānanda-laharī* 以及 *Saundarya-laharī*。《麗波頌》相傳是商羯羅阿闍黎所著，是一種歌頌文體，每句皆為17音節，也請參閱斯瓦米韋達所著《夜行的鳥》。

5 譯注：馬杜毗諦亞（Madhu Vidyā），madhu 意思是「蜜」。「蜜」也是瑜伽修行中的一種境地，例如威亞薩在解釋《瑜伽經》第三篇五十一經時就提到「蜜地」，當瑜伽士修行到了這一個階段，感受到自己細微身的種種樂，是一種非常甜美的境地，到那個地步，連神仙都不想當。請參閱斯瓦米韋達所著的《瑜伽經白話講解：必普提篇》。

6 原注：心脈輪（anāhata cakra），是七個主要脈輪之一，位於心窩部位，分隔了身體上下兩個半身，主控情緒。

7 譯注：馬度蘇達那（Swami Madhusūdana Sarasvatī，約 1540~1640），斯瓦米馬度蘇達那是一位不二論的大師，同時也提倡奉愛法門，他的《薄伽梵歌釋論》（*Gūḍhārtha Dīpikā*）被譽為是和商羯羅阿闍黎所寫的釋論齊名之作。他以出家人斯瓦米之身組織武裝部隊，上馬殺敵保衛家園，開創了斯瓦米僧團中「武僧」的先例，是一位極特殊的人物。相傳本書作者斯瓦米拉瑪與斯瓦米馬度蘇達那有某種神祕的連結關係。斯瓦米拉瑪在這一世也為《薄伽梵歌》寫了一本給現代人讀的書，名為《薄伽梵歌：永恆的心理學》（*The Perennial Psychology of Bhagavad Gita*）。

8 原注：室利揚特拉（Śrī Yantra），用圖案表示出人類和宇宙所顯現或隱藏的結構。研習認知這個圖案可以帶人去到最高境地的證悟。譯者按，yantra 字面的意義是機器、設備，室利揚特拉是將室利毗諦亞的學問用幾何的線條圖形方式表現出來，極其深奧。將二度的平面圖形製成三度立體的室利揚特拉，就呈現出金字塔的形狀。常見用白水晶或者玻璃材質製造，代表純陰的夏克提，祭拜時有特殊的儀軌和咒語。還有全程不斷變換結手印，在靜默中祭拜的方式，可以長達數小時之久，都只有在密法傳承才可見。

密法的派別

我師父派我去向一位大師學習密法，他住在南印度的馬拉巴山（Malabar Hills）。大師已經高齡一〇二歲。他為人平靜，有學識，又健康。雖然他是一位在家人，但他教密法哲理的學生當中卻不乏許多老於修行的瑜伽士和斯瓦米。

與密法的哲理和學問有關的文獻極多，但是它可不容易理解，也常被濫用。這是一門高度進化的祕密法門，它的修練在印度教、佛教、耆那教中都有。在巴特納（Patna）的庫達巴克夏（Khudabaksha）圖書館、巴若達的圖書館、馬德拉斯（Madras）[1]圖書館的收藏中，盡是關於這個主題的手稿，但是這些文獻外行人是讀不懂的。同時，勝任的密法老師也很難得。不過，如果能在勝任的老師指導下正確地修練，這條道途可以比得上任何其他靈性的開悟之途。

根據密法的學問，宇宙的陰陽兩性稱為夏克提和希瓦。每個人的內在都有這兩個性。密法基本上有三個派別：考拉（Kaula）、密希拉（Miśra）、三摩耶（Samaya）。

考拉派，也被稱為「左道密法派」（譯者按，字面意義是「左手派」），是祭拜夏克提，他們祭拜的儀軌包括性的行為在內，都是外在的。他們要將意念集中於喚醒位於脊柱底端海底脈輪（mūlādhāra cakra，或稱根底脈輪）那股潛伏的內在靈能（昆達里尼），外行人常會濫用這條修行之道。

密希拉（意思是混合、綜合）派別，則是混合了內在和外在的祭拜。他們要喚醒那股潛伏的靈能，將它導引至心脈輪，在那裡從事祭拜。

密法中最純淨、最高的派別是三摩耶，也稱為「右道密法派」（譯者按，字面意義是「右手派」）。它純粹是瑜伽，與任何儀軌無關，也不牽涉對性的祭拜。它的重點在靜坐，但是它的靜坐方法非常不尋常。在這個派別，靜坐是要集中心念在那最高的脈輪千瓣蓮花中為之。這種祭拜的方式叫做「內祭拜」（antaryāga）。對於「室利恰克拉」（Śrī Cakra）[2]的認識是由這個派別所傳出來的。要成為這個派別的弟子，就必須要先具備對於脈輪、脈流（nāḍī）、普拉納（prāṇa，氣）的知識，以及對生命哲學的知識。

我對這三個派別都有所知，不過我所接受的啟引是三摩耶之道。解說這門學問的書籍中，我最喜歡的兩本書是《喜悅之波》和《美麗之波》。我跟在這位大師身邊一個月，其間學習了這門學問的修練方法，研讀了上述兩本經典的幾部釋論。然後我就回到了山中。

注釋

1 譯注：馬德拉斯（Madras），南印度最大城市，濱臨孟加拉灣，現改名為欽奈（Chennai）。

2 譯注：室利恰克拉（Śrī Cakra），將「室利揚特拉」之圖形，由內至外（或者由外至內）解構為九個「恰克拉」（輪形）。

七派哲學體系

我經常造訪阿剌哈巴德大學（University of Allahabad）的拉納德教授（Ramachandra Dattatrya Ranade）[1]，他是那個時代對吠檀多哲理解析最精闢的大師之一。這位舉世無雙的老師、神祕主義者，是他弟子們口中的「上師天」。後來他曾經帶我到他位於內恩巴（Nembal）的道院。在印度所有大學的學者當中，我最敬重的就是這一位偉人。我能夠有系統地學習印度哲學，都是因為他的緣故。他說，印度的哲學有七個派別，都是在試著解答最基本的幾個哲學問題。這些重要的問題是：

1 我是誰？我從哪裡來，為什麼要來？我和重重宇宙以及他人之間有何關係？
2 我生命的本質是什麼，表相世界的本質是什麼，它的起因是什麼？
3 覺性中心和世界中的物質對象有何關係？
4 世界中物質對象的「相」和「名」本質是什麼，它們如何能被人的本質或是那普在覺性所用？
5 只要我們還活在這個自然身體中，行為的準則如何？身體死亡後，我們是否還活著？
6 什麼是真理，我們如何就這個問題獲得理性的結論？

神祕主義的哲學家，拉納德教授。

解答這些問題的印度七派哲學是：吠檀多論、瑜伽論、數論（Sāṅkhya，也有譯音為「僧佉論」）、「勝論」（Vaiśeṣika，也有譯音為「吠世師迦」）、彌曼沙論（Mīmāṃsā）、「正理論」（Nyāya，也譯為「明論」或譯音為「尼耶也論」）、佛教。以下提及這些哲學派別創始人的年代，是近代西方學者的意見。但是這些學派中的人士則認為真正的年代還要再上推好幾千年。

吠檀多論

我乃：本有、覺、樂——這些並非我的性質，而是我的本然。我沒有來處，這個我也沒有去處，但是會現出種種形相，有種種名字。我的本質不受任何拘束，沒有任何限制。我像是洋，所有眾生像是其中的波。個體靈的本質就是「梵」（Brahman），它無所不包，無所不在的。無性別之分的「嗡」（AUM，也寫成OM）字音是它的名稱；它是核心，宇宙是它的擴展。它是絕對、超越、無質性的「真實」。它也永遠能在它之內，將它內在的夏克提（力）化現。因此，「梵」的這個力，也稱為「摩耶」（māyā），能化出、給予，成為「多」的相——而其實並非真有「多」，無限的絕不會成為有限的。有限的僅是無限的之上的覆蓋，一旦「真實」再度展露，覆蓋就會消失。然後人就會證悟到自己在「梵」中，本來就是「梵」。他認識到自己是「梵」，與它合一。

下面是取自《奧義書》中，一些最重要的吠檀多哲理的陳述[2]：

1 「此處」[3]無「多」。以為在「此處」見到「多」之人，是從死亡至死亡之流浪者。

2 宇宙由「梵」中生起，又消融於「梵」中，安住於「梵」之人，能寂靜。

3 一切皆「梵」。

4「梵」乃純智。
5 此一己即「梵」。
6 彼即汝。
7 吾即彼。
8 吾即「梵」。

這門哲學是由《吠陀》（西元前兩千年至五百年）之「見者」（Seer）[4]所教導，源遠而流長，由一長串的聖者，例如威亞薩（Vyāsa）、高答巴達（Gauḍapāda）、歌文達巴達（Govindapāda），將這些古老的哲理記錄成文而來。最後，第八世紀的商羯羅阿闍黎將之整理而大成，並且建立了僧團和寺廟制度。在他之後，又有許多的阿闍黎（傳法大師）紛紛成立了與他不同的「不二」以及「二元」的哲學派別。

瑜伽論

根據瑜伽系統的哲理，個體靈是求道者，宇宙覺性是個體靈在其內在所找到的終極真實。從實際修練的角度而言，瑜伽可以接受所有的宗教、所有的哲學系統。當個體靈還是居留在宇宙的多重表相中，它就還必須照顧好肉身，淨化自己，提升自己的能力。在這個系統裡，個人必須要遵照稱為「夜摩」（yama）的戒律和稱為「尼夜摩」（niyama）的善律，做為行為的最高準則，以及讓心的種種作用受到控制。因為練習讓身體和呼吸平靜下來，所以感官得以受控，然後再經由專注和禪定，修行者得以轉化一己，最後得「三摩地」（samādhi）。這個系統最終的目的是證得「獨存」（kaivalya）。它的經典稱作《瑜伽經》，一共只有一九六經句[5]，作者是帕坦迦利（Patañjali），大約是在西元第一世紀時寫成，不過瑜伽體系在帕坦迦利之前好幾千年就已經存在了。瑜伽論的哲學和數論的哲學相似。

數論[6]

數論的體系主張二元，認為有覺的「靈我」（puruṣa）[7]和無覺的「原物」（prakṛti）[8]是分離、並存的獨立真實體。在數論中，有覺的靈我又分二重：：「個體靈」（jīva），「遍在靈」或「神」（Īśvara）（在有的數論系統中，神是否存在並不重要）。所有數論系統的目的都是要滅苦，認為苦厄的起因是靈我纏於原物，忘記自己本是恆淨、恆智、恆解脫的。

原物有三個「質性」（guṇa），分別是：「悅性」（sattva，寧靜）[9]、「動性」（rajas，活動）、「惰性」（tamas，不活動）[10]，像是同一條繩上纏的三個結。宇宙中所有的現象，包括心的作用在內，都不外乎是原物的這三個質性在交互牽動，所以使得原本隱藏在因中的果得以顯現為種種現象。當這三個質性彼此平衡，原物就處於均衡狀態。這包含心物的宇宙，生起且經歷二十四、三十六、乃至六十類狀態[11]，涵蓋了所有的現象和經驗。

印度所有哲學派別的體系中，都含有某些來自數論哲學的觀念。數論哲學體系是印度心理學的根基所在。從它生出了數學這門實證科學。它也生出了印度的醫學體系，因為要認識身體就是要認識人類所有的質性。數論哲學的創始者是阿修力（Asuri），而迦毗羅（Kapila）是最古的「見者」之一，被稱為是這門學問的「傳法大師」[12]。接著是自在黑（Īśvarakṛṣna），他在西元第三世紀時將這門哲學條理化，整理成《數論頌》（*Sāṅkhya Kārikā*）[13]流傳於後世。

勝論

這個哲學談的是人身和宇宙的物理及化學，它探討了各種「元素」[14]、它們最細微的粒子，以及它們彼此間的互動關係，是大約在西元前三百年由羯那陀（Kanada）所創。他說這個哲學的主題是「法」（dharma），就是人類行為的準則，能在此生帶來樂，為來生帶來至善。這個哲學探討的九個主題，稱為九個「實」（地、水、火、風、空、時間、方所、心意、靈魂）之間的關係。這個哲學到了西元第四世紀，由普拉夏斯他巴達（Prashastapada）進一步開展。

彌曼沙論

彌曼沙體系是由耆米尼（Jaimini）所建立。根據這個體系，《吠陀》所載是內證的知識，是無需證明的真理[15]。它主張人必須要經由行為才能得到解脫，因而建立一套非常詳盡地解釋了儀軌、祭祀、德行的準則之理論，形成了「業」的哲學。這個學派對當時強勢的文法學者、理則學者所主張的語言學、修辭學，是一種反動。它是一個強調行為的學派。耆米尼大約是西元前四百年的人物。

正理論

正理論是邏輯學者的派別，由遠古的聖者喬達摩（Gautama）[16]所建立。它認為哲學思辨的前提要件是「起疑」，為辯證的方法建立了一套非常詳盡的準則。所有印度的學派到今天仍然遵守正理論的邏輯系統，到第十六世紀更進一步發展成現代人所稱的「新邏輯」，這是一套非常複雜的系統，類似於今日西方的數學邏輯。

佛教

佛陀喬達摩大約是在二千六百年前出生於迦毗羅衛城（Kapilavastu），這個城是建在數論哲學創始人聖者迦毗羅的道院遺址上。喬達摩跟從一位名為阿羅邏（Adara Kalama）[17]的老師深入學習數論哲學，其後他提出了「四聖諦」：

1 有苦（苦）
2 有苦的起因（集）
3 苦可以滅（滅）
4 有滅苦的方法（道）

四聖諦在帕坦迦利寫的《瑜伽經》中也已經提出，但是不同之處在於佛陀主張「無我」（anatta）[18]。遠古吠陀時期的「見者」對於「非此」（neti）[19]這個字已經有了充分的了解。佛陀拒絕參與形而上的臆測戲論。他不談論神是否存在，也不回答佛涅槃後是否存在。他說這類的問題不值得探究。這位「覺者」是一位講究實際的老師，他要弟子們履行八正道，以證得最高層次的覺性——菩提（bodhi）。他使用百利文（Pāli）做為溝通的語言。

佛陀涅槃後，僧團開始走出幾種不同的路線，然後分成兩大派別：遵照當時大部分長老所主張的戒律而得名的「上座部」（Theravāda）[20]派別，以及「大乘」（Mahāyāna）這個其後在印度消失了的正式佛教哲學派別。對於這兩個派別的歷史以及他們所主張的主要差別，已經有大量的文牘可供參考。上座部認為佛陀的教導和印度其他的哲學體系是完全分離的。他們保留使用百利文做為研讀經典的工具，不過百利文並沒有開展出太多的哲學推理。他們繼續以佛陀為已經開悟的導師。為了尊顯佛陀，所以造了許多大型寺廟，裡面有精美的佛像，仍然使用印度教風格的祭祀方法去供佛。然而根據他們的主張，佛陀並非救世主，每個人必須要找到自己的光明，才能開悟而最終入到無我。

大乘體系則和印度其他的哲學派別展開激烈的辯論，被迫採用複雜的語文，於是便以梵文為溝通工具。其中以龍樹為最偉大的學者之一，以解說「空」（śūnya）而著稱。唯識宗所提出來的藏識「阿賴耶識」（ālaya-vijñāna），是宇宙的覺識。印度教開始接受佛陀是神的第九個轉世，但是佛教徒對於響應靈性的召喚以及人類對更高等生靈崇拜的需要，卻不知所措。於是便發展出一種概念，主張有種會轉世的更高等的真實存在，因此佛陀具有三身，或者說三種存在：

1 法身（dharma-kāya）：絕對的體性，有如《奧義書》中的「純白梵」（śukla brahman）。

2 報身（sambhoga-kāya）：發顯宇宙為體，有如《奧義書》中的「帶斑梵」（śabala brahman）以及「依希伐若」（Īśvara，人格化了的神）。

3 化身（nirmāṇa-kāya）：歷史中肉身的佛陀，為轉世。

大乘佛法的教導中，也用到昆達里尼以及脈輪的說法。至於對象徵圖像的觀想，以及繁複的儀軌準備功夫，都和印度教的做法完全相同。對高等慈悲生靈起信和皈依，也和印度教經典中所教導的方式一樣。佛陀之道是「中道」。佛陀教導的對象原本主要是出家眾，但是如同其他古代的教導一樣，佛教後來成為廣大世人的一種生活方式。遵照如此的中道，可以滅除會引起「渴欲」（taṇhā）的「無明」（avidyā）。唯有如此，才能從煩惱、痛苦、悲慘中解脫出來。

* * *

這七個體系所演繹的，是不同面向的真際和真理。它們都有神聖的高遠目標，在某些基本的要義上意見一致。因為這個緣故，印度融合義理的文學，例如《往世書》（*Purāṇas*），以及史詩文學例如《摩訶波羅多》、《羅摩衍那》，將所有這些哲理體系都視為是真理。

注釋

1 譯注：阿剌哈巴德大學（University of Allahabad）是印度著名學府，建校於一八八七年，曾有「東方牛津大學」之美譽。拉德納教授（Ramachandra Dattatrya Ranade）曾任該校哲學系主任、校長，是著名的印度哲學權威，退休後隱居於一所位於內恩巴（Nembal）的道院。本書作者斯瓦米拉瑪曾經在該校讀書，頗受拉德納教授重視，據說如果他留在學術界發展的話，可望成為拉德納教授的接班人。

2 譯注：此處所引用的名言即是所謂的「摩訶偈語」（Mahāvākhya），是要放在心頭，反覆參究能讓修行者忽然豁然開朗的偈語。這是屬於吠檀多的參究法門，而不是咒語。斯瓦米在出家儀式中，上師會在耳邊交代一句「摩訶偈語」，此後終生參究不息。

3 譯注：「此處」指的是此世，這個塵世。

4 譯注：「見者」（Seer）（梵文為 ṛṣi），見道之人，佛經中譯為仙人。相傳《吠陀》是「見者」受天啓而得。

5 譯注：現存《瑜伽經》有一九六經，也有一九五經的版本。

6 譯注：數論（sankhya），印度最古老的哲學體系。

7 譯注：譯者也譯為「本我」，在《大藏經》中的《金七十論》則譯為「神我」，或「我」。

8 譯注：在《金七十論》中譯為「自性」，或「性」。

9 原注：悅性（sattva），顯像宇宙的三個質性之一，特質為光明、純淨。

10 譯注：在《金七十論》中，「質性」是譯為「德」，而三德分別音譯為：「薩埵」（悅性）、「羅闍」（動性）、「多磨」（惰性）。

11 譯注：「類」（tattva），也可以稱為「實」，在《金七十論》中譯為「諦」。

12 譯注：一般認為數論哲學是由迦毗羅見者（仙人）所創，其後傳給弟子阿修力。

13 譯注：《數論頌》（*Sāṅkhya Kārikā*，或稱《僧佉頌》）再加上後來論師所寫的釋論，就是《大藏經》中由陳朝諦真所翻譯的《金七十論》。

14 譯注：就是「實」。

15 譯注：也就是所謂「聖言量」。

16 譯注：喬達摩（Gautama），與喬達摩佛陀並非同一人。

17 譯注：阿羅邏（Adara Kalama），原書寫做 Adara Kalama，而一般常見到的寫法是 Āļāra Kālāma（百利文）或 Ārāḍa Kālāpa（梵文）。

18 譯注：《瑜伽經》秉承數論哲學的觀點，主張有「靈我」（puruṣa，神我、本我）。

19 譯注：常見 **neti neti** 加重語氣的說法，提醒修行人「非此！非此！」任何皆不可執為實有。

20 譯注：有識之士均呼籲勿再用「小乘」（Hīnayāna）這個具有貶意的名字來稱呼「上座」或「南傳」佛法。

蘇摩[1]

我讀過一本書，是一位山岳學家所作，他對蘇摩做過研究。蘇摩大大有名，是喜馬拉雅山地的巫醫在祭祀和法會中所飲用的某種草藥。在《吠陀》中有一段提到這個草藥、如何服用它、如何製作它，以及它所生長的地方。這位山岳學家的書引起我極大的興趣，於是我聯絡了作者。

作者介紹我認識了一位百若杜特先生（Vaidya Bhairavdutt），他是著名的喜馬拉雅山草藥專家，公認的世上碩果僅存的蘇摩權威。他現在已經去世，但是他創立的中心和實驗室仍然繼續為全國各地供應各種草藥。他對經典也頗有研究。這位草藥師答應提供蘇摩的草藥給我，而且會教我如何服用。他說那是一種在海拔一萬一千英尺以上地區所生長的蔓生植物，而且在那個高度只有兩、三個地方才長得出來。我付了他一千盧比做為旅費[2]。冬天過後，他帶給我一把那個蔓生植物，總重量還不到一磅。

他把蘇摩給準備好，我們就找一些平常吸食大麻的苦行僧來實驗。服用這種草藥的結果是，他們變得無所畏懼。他們形容服用後所產生的經驗，和西方人士服用迷幻菇類的經驗類似。草藥師為我解釋，有一些種類的菇類會有相同的藥效。不過，他說做蘇摩的蔓草絕對不是菇類，而是屬於一種肥厚多汁類的植物。有一本古老的阿育吠陀醫書描述過很多種類的菇，詳細列出它們的顏色、大小，以及如何服用。文中也提到古人用菇類來製造幻覺經驗，然而在描述仙人掌以及肥厚多汁植物的書中，在提到這種蔓生植物時並沒有用到「蘇摩」的名字。其他肥厚多汁的植物不會產生這樣的藥效。有幾種草藥，例如姬松茸（Agaricus）、天仙子（Hyoscyamus）、曼陀羅花（Stramonium），它們具有毒性，但是服用少量則會製造出幻覺。在用這些草藥時，一定要懂得正確的用量。

古人對於蘇摩和汞有過很多記載，有些文獻中羅列了幾百種這類毒品的調製方子給人類服用。不過，所有瑜伽的派別都不准使用這種外來的刺激物。有些劣等的苦行僧會使用這類草藥，卻往往不懂正確的用法。常見到有些這類的苦行僧，隨地亂坐著，表情癡呆。順勢療法會建議給臨終病人微少劑量的砷來消除他的恐懼感，古埃及和古希臘會讓臨終之人服用毒芹，所以病人不會感覺到疼痛，能欣然接受死亡。同樣地，印度山地的草藥師尤其會讓人用蘇摩把注意力轉向內在，他們在做儀式時會加入這個草藥，這演變成古代阿利安人在宗教慶典中必備的項目。

把瑜伽整理成文字的帕坦迦利，在他寫的《瑜伽經》第四篇第一句經就說，草藥（auṣadhi）能助人經驗神通[3]。這些神通經驗是有某種程度的功用，而且它們比起一般感官得來的經驗要高，但是神通在靈性上是絕對無用的東西。古代文獻中提到的「蘇摩汁」（soma-rasa）是用來幫助程度較差的學生，因為他們無法長時間採取一個姿勢坐著不動，也無法讓心念專一。這個草藥會影響身體的運動功能，會使人對於外界的刺激較不敏感，所以心念可以朝著一個方向，身體可以靜下來，不會感到痛楚。有些人的身體沒有經過有系統的方法先調教好，無法保持靜止，在祭祀儀式時要使用蘇摩，然後才能坐得住。那個情形可不是像今天的人如此隨便接觸迷幻藥。使用那種草藥是有限制的，是由專門的傳統草藥師來控制，他們一輩子都在研究和實驗如何使用各種不同的草藥。

百若杜特說，在施用這種含毒藥劑的時候，通常也會配合使用某種咒語。在高人指導之下做閉關斷食，或是進行其他苦修時，也會用上特殊的咒語。這門咒語的知識是保留在某一個特殊派別的苦行僧手中。

沒有經過苦行紀律的訓練把身心給準備好的人，冒然使用迷幻藥物就能造成傷害。它可能傷到神經系統，尤其會影響到細微的脈絡，如此會引起幻覺，導致精神錯亂。我曾經觀察過這種藥物對使用者有什麼影響，結果發現他們的行為顯示其靈性沒有因而提升。他們也許會有一些不尋常的體驗，但是所得到的是負面效果而且還有後遺症。所以這種體驗有什麼益處可言？對於身心還沒有準備妥當，沒有能遵守某種飲食要求的人，這些藥物所常見的後遺症是人會長時間感到憂鬱。使用蘇摩汁的人有幾點要注意：健康的飲食方式、平靜的環境、咒語、有高人指導。

這位草藥師宣稱他自己都會服用蘇摩汁（但是我根本無法確認那就是古人所謂的蘇摩，或是別的東西）。他說，服用後會有種喜悅、飄飄欲仙的感覺，但如果經常服用的話就會帶來憂鬱的反應。他也得到一個結論，重複使用這種藥物會讓人的心理對它產生依賴和上癮。但是他說服我試一次，他說：「那感覺很妙，是你從來沒有體驗過的。」

有一天早上，他配了一道「八味汁」（aṣṭa varga，混合八種草藥），然後加入他帶來的蔓草汁。我們兩人都喝了下去。它的滋味苦中帶酸。過了一會兒，他開始搖晃著吟唱，最後把身上的衣服都脫光，跳起舞來。我則是感到劇烈的頭疼，覺得頭像是要炸開來似的，必須用雙手扶著頭。平日在身邊照料我生活的人，見到我倆行徑怪異，不禁搖頭嘆道：「天哪！一個只管在外面跳舞，一個只管抱著頭坐在房間一角。」我根本坐立難安，真想跳進恆河，游過去對岸跑進森林中。那是一個極度混亂的體驗。

那位草藥師一面跳舞，一面大叫自己是宇宙之神希瓦，哭喊著：「我的帕瓦提（Pārvatī，神話中希瓦的配偶）何在？我要和她行歡！」這驚動了當天早上來見我的學生，他們試著制服他，可是他力量奇大，連五個人都壓不住他。他的塊頭並不大，可是他竟一個接一個地把他們都甩開。

我從窗戶看出去見到這景象，但是我的頭重到使我根本無法邁出房間。另一位斯瓦米提了三大罐溫開水來，讓我作「上灌洗法」（瑜伽的胃潔淨法，一次灌飲大量的水，然後再嘔吐出來）。這使我好受了一些。這次經歷是我待在烏塔卡西城的烏迦利道院（Ujaili Ashram）時發生的，它打亂了整個道院的作息，我也不知道該怎麼對我的學生解釋這個事件。

我認真研究過迷幻藥物的用處和使用方法，好幾年下來所得出的結論是，它的弊害遠遠大於它或許有的益處。在心理上沒有做好準備功夫的人，不是在服用當下，就是在其後，一定會產生不好的體驗。但是對於已經準備好了的人，就不需要這類藥物[4]。

注釋

1 譯注：蘇摩（soma），也翻譯為須摩、酥摩。相傳是古代祭祀時飲用的一種草藥汁，飲用者會生起幻覺，但究竟是用什麼草藥所製成，至今仍無定論。

2 譯注：當時印度盧比的價值據說一盧比可以買到二十五公斤的大米。

3 譯注：《瑜伽經》第四篇第一經是說，神通（悉地）可能來自於：天生、藥物、咒語、苦行、三摩地。

4 譯注：古今中外對於這一類的迷幻藥物都有記載。近代南懷瑾先生也曾提及有種草藥服用之後可以讓人有近似得定的感覺。又例如美國有位報導文學作家 Michael Pollan 親身去參加「地下團體」，將食用某種菇類產生的幻境的經驗（例如粉碎了對「自我」的認識）寫成了暢銷書，其中提及最受用的人士是絕症末期的患者，在服用這種「藥物」後，克服了對死亡的恐懼，改變了心態，對生命有了不同層次的認識，而能夠坦然面對此生的盡期。據說近代在校園中也有某種「藥物」，學生服用後可以長時間專心讀書毫不分心，可能也屬於這一類型。此種藥物所牽涉的層面極廣，與社會的道德倫理都有關，值得研究探討。但是誠如本書作者斯瓦米拉瑪所言，它的弊害遠大於它或許會有的利益，所以還是要慎重行事。

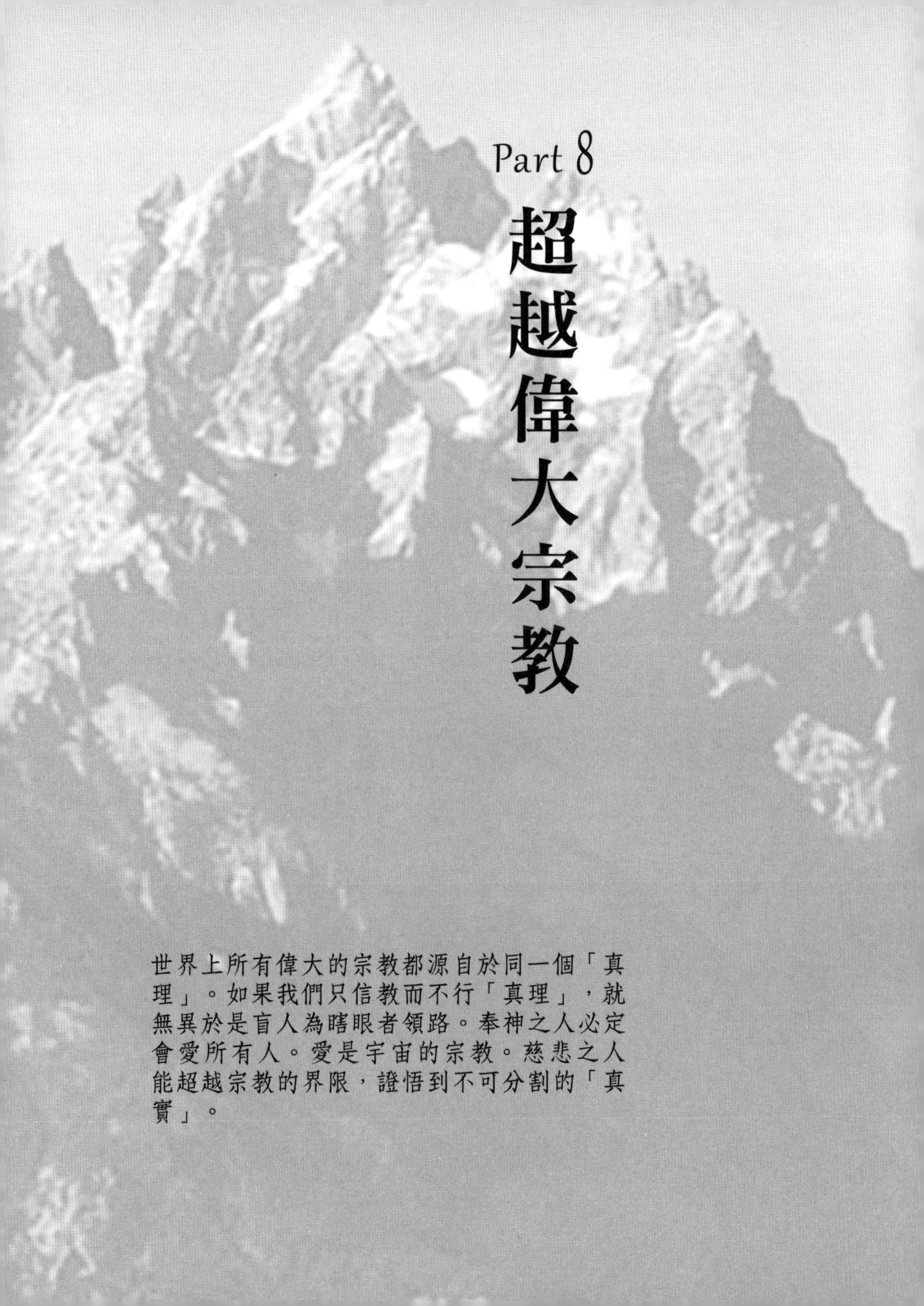

Part 8 超越偉大宗教

世界上所有偉大的宗教都源自於同一個「真理」。如果我們只信教而不行「真理」，就無異於是盲人為瞎眼者領路。奉神之人必定會愛所有人。愛是宇宙的宗教。慈悲之人能超越宗教的界限，證悟到不可分割的「真實」。

喜馬拉雅的基督聖徒

我們的寺院中曾經住過一位聖者，他對於基督的知識非常深刻。他的名字是苦行僧松達辛格（Sādhu Sundar Singh）。每次他造訪馬德拉斯，總會有好幾萬人聚集在海灘上聽他弘法。還有人專程從歐洲飛過來，就為了聽他談話。他生於旁遮普邦的阿米瑞斯塔（Amristar）的一個錫克教家庭中。

他還年輕的時候，曾經連續每天晚上都見到同一個景象，他不知道那究竟是夢，是要來引導他，還是會帶來傷害的東西。他見到有一個人叫他起來去喜馬拉雅山。他試著不睡，但是到後來總是不敵睡意而閉上眼睛，然後又會見到那個景象，聽見一個聲音在說：「你是否打算要聽我的話？我是來救你的。你沒有別的路可走。」

他不知道來找他的究竟是誰，去問別人也是意見紛紜，有人說是基督，有人說是奎師那，還有人說是佛。後來當他一見到基督的畫像時，他立即認出來：「這就是來到我夢中，喚醒我的那位大師。」基督又一再來到他夢中，對他說：「我兒，你還在拖什麼？」

終於有一天，他沒有對任何人講，悄然離開了自己的家園，前往喜馬拉雅山，在那兒待了很長時間，在我們岩洞寺院住了幾年。

他介紹基督教的《聖經》給我讀，也教我對《薄伽梵歌》和《聖經》做比較研究。他說：「在上午傳的法，是奎師那的法；在下午傳的法，是佛陀的法；在晚上傳的法，是基督的法。三者沒有差別。基督是仁人，佛陀是覺者，奎師那是完人，他們所傳的法，是根據他們各自的時代，以及他們廣大追隨者的需要而說。這些偉人，都是那同一個絕對『真實』所化現，每當世人需要『祂』的時候，就以不同的外形降臨世間，來引導人類。凡是智者，他的傳統就是對一切偉大的宗教都同樣地尊重。」

松達辛格為人非常仁慈和藹，是一位精神層次極高之人。我非常尊敬他，稱他是我的老師之一。有一次，他為我將佛教和基督教做了比較，立論精闢。他說：

基督教是猶太教之子，正如佛教是印度教之子。這兩個偉大的世間宗教，在好幾個世紀之久的逐漸成長過程中，有過許多轉變、演化，展示過無數風貌。在這兩個偉大高貴的宗教中，有幾個重要的共同特徵。

他們都排斥慾根，認為那是從人類低層次的心智中湧現出來的。他們都主張慾根是萬惡的源頭。原罪和自私的理論固然容易讓人變得悲觀，但他們積極地強調，受苦和行慈悲是為了全人類而為。這兩個宗教根本上都接納愛的理念，甚至願意因為助人、愛人而犧牲自己的生命。他們都認為無私的愛是人類必要的特質，因此要他們的信徒致力於培養這個特質。兩者中，佛教的愛的範圍比基督教來得廣，基督教的對象僅止於人類，而佛教則將慈心普及到所有的有情眾生。基督教借助於神學理論來分析人生，但是講到用信心所構築的圍牆時就止步；佛教則是將人生合理化，而止於涅槃。佛教的清修教的是平和，基督教的清修教的是喜樂。但是要了解這兩個宗教，就要來到「平和與喜樂」這個點上，那種世界所無法給予或剝奪的平和與喜樂。佛教和基督教一樣，都強調意志力，但是要將之用於培養道德的人生，重點在於自律、鍛鍊、形成好的習慣。這兩個宗教所傳播的教導，在大方向上是沒有太多分別的。

追隨佛陀的人，是能非常專注於覺知自己的心念、言語和行為之人。歷史上也記載，跟著基督一起生活的人是能夠不為小我之私，而完全將一己奉獻於大我之人。基督教和佛教都主張要教導每個人去完善自我德性。佛教相信四聖諦，主張苦痛最主要的根源是欲望。基督教則是展現了典型西方的心態，樂於爭取機會，利用機遇。佛教徒所選擇的偶像是一個在深入禪定和沉思聖者的坐像——完美的平靜。基督教所用的偶像是一個年輕人被釘在十字架上，所展現的是愛克服了極度的苦痛。佛陀和基督的人格特質相似，但又不同。基督對真理有一股狂熱的愛，佛陀則是平和慈悲的聖者。在對道德這個形而上的問題上，兩個宗教的取態是有反差的。基督教是有神論的，佛教則明顯是持不可知論[1]的。這種反差正是在澄清一個誤區，基督教和佛教的信徒堅持他們各自的宗教涵蓋了二方所有的價值，而忽略了一個事實，就是兩者都有獨特的見地，對人類的進步都做出了貢獻。

基督教徒有如印度的韋紐天教徒，相信二元[2]。佛教徒相信涅槃，這和吠陀的說法完全相同。「涅槃」原本是梵文字，吠陀中早就提到了。「涅槃」是由「解脫」這個字轉變而來[3]，聖者所求的就是解脫。聖者之途[4]是最古老的道途，基督教和佛教的教導都包含在內。此處我們不是在談印度教或印度的宗教，因為印度教的宗教途徑是信仰「化身下凡」（āvarta）或轉世之神。而聖者之途才是最崇高的，他們是吠陀這最古老宗教的創始者。世界上有哪個宗教不已經包含在吠陀中所提及的道德、哲理、人和宇宙天地的關係中？吠陀是今天人類所有文獻中最古老的，佛教和基督教所有的教義都在其中。

吠陀結尾的部分被稱作《奧義書》。這些《奧義書》真實傳遞了聖者的意旨，但有種種不同的解讀。這些教導是永恆的、普世的，為所有人而作。吠陀並不是任何一個人所創，而是許多聖者在最深邃的禪定和沉思境界中所證悟到的奧妙真理。從這個智慧的源頭冒出了七個不同的湧泉[5]，其後各自逐漸擴大形成了溪流，其所流出的智慧是普世的。

吠陀智慧原本的守衛者是阿利安人。但問題是，誰遵照吠陀的教誨？吠陀中指出，道途不只一條。無法走上出世這條路的人應該要了解，我們受到「業」力束縛，業力法則是無法逃避的。業力法則是雙生的「因」和「果」法則，它們是分不開的。行為如果不是出於奉獻和愛，業行就無法帶來解脫。業行是我們自我證悟之途上的障礙，所以人才會被束縛。轉世之理和業報的哲學是不可分的，它們是同一個東西。

聖者之途是禪定和沉思之途。它固然是一種苦修，但也能滿足入世之人所需。它提供了一些實際的教導引人通往靈性的人生，以及要堅決秉持一種信念，就是只要能善巧地、無私地履行自己的責任，就可以當下即刻悟到最終的「真實」。如同基督教講神的國度，以及佛教講涅槃，聖者之途講的是自我證悟。走上聖者之途，唯獨需要認識自我，就能悟到那絕對、不可分割的「真實」。與基督教和佛教不同的是，聖者之途沒有任何特別的偶像讓人膜拜。聖者之途是要從區區一己之我，到真實之我，然後到一切之大我，是兼容所有人，不摒除任何人。

松達辛格這番有力的講話，在任何聽者的心上都會留下深刻的影響。他行住坐臥之中，基督都不離心頭。

有一天我問他：「你見過神嗎？」

他說：「你這樣問就是在侮辱我。你以為我只見過神一次、兩次，還是三次？不，我隨時都和我的主同在。當我無法與祂同在的時候，祂會與我同在。」

我說：「請慈悲開示。」

他的解釋極為高妙，他說：「你只要是在清醒的時候，就要無間斷地憶念神來保持對神的覺知。當你行將睡著，意識心開始變得淡薄之際，就放下一己。你臨睡前最後一念應該是：『噢，主，請與我同在。我屬於您。您屬於我。』如此則神主會整夜與你同在。你們就能時時同在。」

一天，這位偉大的聖者進入喜馬拉雅的高山中就此消失。沒人知道他的行蹤[6]。我試著追蹤他的下落好幾次，但是都沒成功。他幫助我認識到，在生活中時時覺知到神是可能的。像他這樣不為人知的聖者還是有的。能時時把基督放在心頭之人，才是有福之人。

注釋

1 譯注：原書用字是 agnostic，西方的「佛學者」就佛教是否可以定性為 agnostic 或 atheist 已經大打筆戰多年。譯者建議讀者此處不必在名詞用字上糾纏，書中下文接著講，各執一詞畫地自限就不可取。

2 譯注：此處的「二元」是說，人神二元，人要崇拜一個在自己之外的神。

3 譯注：原書中的「涅槃」是直接用梵文的 nirvāṇa，加上英文的 emancipation（解脫）做為註解。而對於「解脫」則只是用英文的 liberation，沒有加註梵文，但應該是梵文的 mokṣa（佛經中譯音為「木叉」）。

4 譯注：「聖者」指受天啟而將「吠陀」傳遞到人間之諸聖，印度傳統視聖者高於天神、天帝。

5 譯注：即是上一部中提到的印度七大主流哲學體系。

6 譯注：松達辛格留下許多著作，被稱為「印度的基督聖徒」，足跡踏遍世界各地。據說他一九二九年進入西藏高地後就不知所終。

耶穌會教士苦行僧

在我擔任商羯羅阿闍黎座主的時候，我巧遇一位耶穌會教士（Jesuit）[1]的苦行僧（苦行僧是一切都奉獻於神之人）。有時候苦行僧和斯瓦米會穿白色的袍子或褐色的粗布衣，但是當他們剃度出家的時候，都會拿到橘黃色的僧袍。橘黃色僧袍代表了火的顏色。只有在智慧之火中把世俗的一切欲望都燒盡了的人，才准穿這種僧袍。也有一些大修行的僧人不穿這種袍子，不受這些形式的拘束。他們會穿白袍，把毯子圍在身上，或者穿褐色的粗布服。對他們而言，穿什麼布料毫不重要。

斯瓦米僧團組織一共分十種，苦行僧也分幾種。在斯瓦米的十種團體中，有四種是專屬於婆羅門階級的，因為婆羅門階級從孩童時代就開始修行以及學習靈性的書籍。他們是在靈性的環境中生長。他們要研習智慧的經典，才能正確地傳播智慧。另外六種團體則是屬於其他階級的。

這位耶穌會教士苦行僧身穿橘黃色僧袍，頸子上掛著一個十字架。這讓我感到很好奇。他是我僅見過的第三名基督教苦行僧。我們一起談的是基督教的應用層面。這位耶穌會教士是飽學之士，他懂梵文、英文，以及大部分南印度的語言。他的生活方式和印度斯瓦米的生活方式完全一樣。印度基督徒和歐洲基督徒似乎有些不同。印度基督徒懂得打坐，而且他們對《聖經》哲理所做的解釋，和印度斯瓦米對《奧義書》的經論所做的解釋幾乎完全一致。他說要振興基督教，就要去教它的應用方法。在西方，基督教中的實用性不廣為人所知。他堅決相信基督曾經住在喜馬拉雅山中，不過我覺得基督是否曾經住過那裡並不重要。

這位耶穌會教士為人謙虛，他跟我談起自己與基督同行。

我問他：「你怎麼能跟活在兩千年前的人一同行走？」

他笑著說：「真是無知。基督是一個完美狀態，是一個合一狀態，是一個真理狀態。真理是永恆存在的真實，沒有所謂死亡的。我活在對基督的覺知中，跟隨祂的腳印。」

我說：「哪裡有腳印？」

他又笑，說：「我去任何地方，朝任何方向走，都發現祂在領著我。所以腳印無所不在，但是你要用你信心的眼睛去看。你有嗎？」

我佩服他對保持對基督覺知的那股熱情。於是跟他道別。

注釋

1　譯注：耶穌會教士（Jesuit），是歐洲天主教的一個教士組織，創立於十六世紀，早期成員多半是飽學之士，以葡萄牙人和西班牙人居多。耶穌會教士在明朝中葉以後抵達中國，輸入歐洲的天文曆算學問，一直到清朝初期都受到朝廷的重視。其後因爲羅馬教宗明令禁止中國信徒祭祀祖先拜孔子，遭到康熙皇帝查禁，被逐出中國。

耶穌在喜馬拉雅山

阿瑪納特，喀什米爾的岩洞神廟。

我放下商羯羅阿闍黎座主身分之後，前往師父身邊住了幾日。然後，我決定去喀什米爾境內最高的聖地阿瑪納特（Amarnath）[1]進行朝聖之旅。阿瑪納特是個岩洞，終年積雪覆蓋。滴水形成了一個巨大的冰凍圓柱體，看起來就像是「希瓦陵迦」（Śiva liṅga，或是譯為濕婆林伽）[2]，這是印度教徒所崇拜的一個象徵，就像是十字架之於基督徒、大衛星之於猶太教徒的意義。一對白鴿的故事在這個地區非常出名，據說在每年開放朝聖的那天會出現一對白鴿。

這段旅程中，我的嚮導是一位喀什米爾的潘迪特，他很有學問。他開始告訴我關於耶穌基督的故事，他說耶穌曾經住在喀什米爾修練禪定。這位潘迪特提到一個以西藏文書寫的經卷，一直藏在位於喜馬拉雅山海拔一萬四千英尺高度的一座廟宇內，其後被一位俄國作家翻譯出來，又輾轉翻成英文出版，書名是《耶穌行蹤成謎的歲月》（*The Unknown Life of Jesus Christ*）[3]。在喜馬拉雅山的這個地帶，有太多人相信這個故事，讓你不敢表示不同意見。此地附近有座山，因為據說耶穌曾經住在那裡修練禪定而享有盛名。

我的嚮導給了三個理由來支持他的論點：首先，耶穌所穿的袍子是喀什米爾傳統的袍子；第二，他的髮型也是喀什米爾的；第三，他所展現的奇蹟是人所能詳的瑜伽神通。這位潘迪特聲稱耶穌在十三歲的時候離開了小亞細亞，此後是他人生中一段行蹤不明的期間，而他其實是住在喀什米爾的山谷中直到三十歲。我不知道是否該相信他，但我當然也不能否定這個說法。他對耶穌的愛非常深厚，我可不想和他爭論。

喀什米爾的神廟，據說耶穌曾在此處居住

在前往阿瑪納特的途中，他帶我去七英里外的一個道院，位於古瑪格（Gulmarg）的森林中。古瑪格是一個外國遊客很喜歡來渡假的勝地。有一位斯瓦米住在那裡，他是喀什米爾希瓦教派（Kashmir Shaivism）的一位學者，大多數時間都在靜坐。

喀什米爾希瓦教派的經典有很多還沒有被翻譯出來，也沒有人做過解說。這些偉大的經典大部分都不為人知，只有極少數走在這條修行道上，而且已經有了相當底子的幸運者，才能讀得懂。如果沒有一位高度勝任又修行有成的老師，絕對無法讀通這些經典。這門哲理主張，我們的身、心、靈，以及宇宙世界中一切層面的真實，都是由一種自發的振盪所顯現出來，他們稱這個振盪為「斯般達」（spanda）。這些經典的主題是「夏克提巴塔」（śaktipāta）[4]以及喚醒人內在潛伏的能量。

這位斯瓦米告訴我，有一位雲遊的高人每年夏季都會來到阿瑪納特岩洞，但是沒人知道他其他時間住在哪裡。從拉達克（Ladakh）那邊過來的人經常見到他獨自一人在山中的小道行走。我有興趣的不只是要探訪岩洞，也要見見這位雲遊喜馬拉雅山的高人。

我一生所見過的高人當中，有三位佼佼者，他們在我記憶中留下深刻的印象。那位高人就是其中一位。我跟著他，在距離岩洞神廟五十碼的地方一起生活了七天。他每年都要前來這個特殊的岩洞。

當時他大約二十歲，非常英俊，雙頰泛光有如櫻桃一般。他是位梵行者，身上只裹了一條腰布，完全不擁有任何其他財物。他完全適應了高緯度的氣候，靠著一些瑜伽功法之助，能在一萬至一萬二千英尺的高地赤足行走和生活。他對寒冷完全無感。

能和他一起生活，對我而言是一次具有啓發性的經驗。他簡直是一位完人，瑜伽智慧具足，寧靜無比。大家稱呼這位年輕的高人為「童子薄伽梵」（Bal Bhagawan），意思是轉世神童，但是他完全不為這些讚譽所動，經常在喜馬拉雅山間雲遊。他已經認識我的師父，也在我們岩洞寺院中住過。他向我問及當時和他一起跟著我師父學習禪定的幾位同修。他說話言簡意賅，語氣柔和，但是我可以感覺到，當我的嚮導對他下拜，碰觸他的腳，難抑興奮之情跑來跑去時，他不甚開心。這位偉大的高人成了我的模範。

我從來沒有見過有人可以坐著不動，連續八到十小時，連眼皮也不眨一下。這位高人非常不同。他禪定時身體會飛升離地二英尺半。我們先用一條繩子比過，其後再用尺量過繩子。我要講清楚，以前也說過，我並不以為飛升代表了靈性的修行。這是一種高階的調息功法配合了「鎖印」（bandha）[5]的運用。懂得體積和重量之間關係的人，就能明白飛升懸浮是可能的，但只有長期修練才會成。不過這不是我要求的東西，我要的是跟這位高人直接接觸的經驗。

我引用了一段《奧義書》中的頌文，來問他一個關於最高開悟經驗的問題，他回答：「當感官完全受控內攝，不與外界的對象接觸，它們就不再會令心識中生出感受的相來。那麼就可以練成將心念集中於一點之上。當心不再從潛意識中回憶出種種心相，心就處於一個均衡的狀態[6]，接下去就可以進入高階的覺性境地。最高的開悟境地是全然的寂靜，定在『悦性』之中。勤修禪定，捨離無著，是兩個要訣。要建立明確的人生哲學，必須要有堅定不移的信念。智性會干擾，盲目情緒會誤導，雖然這兩者都具有很大的力量，但是必須要先認識它們、審思它們，然後才將它們導向直覺的源頭。直覺才是唯一的真知。所有這些你看見的外界形形色色，全部都非真，因為它們永遠在變易中。真實隱藏在這些變易之下。」

他指示我，要毫無所懼地在我所走的道途上邁進。經過七日的薩桑嘎開示，嚮導和我告別了這位高人。我回到斯利那加（Shrinagar），去我在喜馬拉雅山的住處享受秋季。

注釋

1 譯注：阿瑪納特（Amarnath），是一個天然岩洞形成的聖堂，位於海拔三千八百公尺的高山上，因為天候因素，每年僅在夏季短期開放朝聖，且因山路陡峻，海拔過高，常有朝聖者死於途中。近年來該地區不平靜，喀什米爾分離主義分子對繞山香客的恐怖襲擊也時有所聞。

2 原注：希瓦陵迦（Śiva linga），希瓦的象徵。

3 譯注：《耶穌行蹤成謎的歲月》（*The Unknown Life of Jesus Christ*），這是一本具爭議性的書，原作者是俄籍 Nicolas Notovitch（1858~?），有中譯版。

4 譯注：夏克提巴塔（śaktipāta），是一種特殊的傳法，上師可以用接觸、咒語，乃至於眼神傳授法力（夏克提），瞬間對弟子起轉化的作用。也可以說是一種「能量灌頂」。斯瓦米拉瑪在別處說過，一般人誤以為夏克提巴塔是一條捷徑，可以輕易獲得法力，其實弟子是要在用盡一切力量仍然無法得到突破，幾近絕望之際，才會獲得上師用此方法加持。請參閱本書第十四部中「我們的傳承」一文。

5 譯注：「鎖印」（bandha），是一種功法，藉著收束身體某個部位的肌肉群，例如會陰、胃部等，來控制氣息的流動。

6 譯注：也就是所謂的「等」。

見到基督

一九四七那一年，在印度宣布獨立後，我從西藏回來，路過錫金時住了幾天，去參拜幾位著名的佛教瑜伽大師。其後我去了阿薩姆的希隆（Shillong）[1]，那是印度境內基督教最興盛的地方之一。我遇見了一位來自加合爾的苦行僧。

他是一位知名的基督教神祕主義者，為人和藹可親，完全不沾染任何世俗習氣。他教我讀《登山寶訓》及《啓示錄》[2]，把它們和帕坦迦利的瑜伽系統相提並論。他能說多種語言，並且帶我去拿嘎山（Nāga Hills）[3]和該若山（Gairo Hills）[4]，這兩個地區森林中的住民分別屬於新教徒和天主教徒兩個族群。這位苦行僧是調和兩個族群之間的中間人，他總是教人如何將基督教義應用於人生，而不是高談理論或佈道。他常說：「我愛的是基督教，不是基督教會。」我肯定至少有部分教會人士會覺得受這說法所冒犯。

他相信神的國度就在每一個人心中，耶穌在「受聖膏」（anointed）[5]之後成為了基督。他主張，基督是普在的覺性，如果不先進入基督的覺性境地，無法得證最終極的真實。一般的基督徒很少會理解這個道理，不過基督教中的神祕主義者對此有深刻的認識。這位苦行僧掃除了我對基督教神學中的許多疑議。很久以前，我就已經愛上了基督以及祂的教導，但是我以往對於唯有透過基督才能得到救贖的這種教條，一直無法理解。可是當這個教義是用了「聖父與聖子，以及人人可得『完美』」的方式來解讀時，我的疑問頓時迎刃而解。

遇見這位偉大的基督教苦行僧兩天後，我在地方當局又惹了一些麻煩[6]。當時有幾個政黨正在為地方政府即將舉行的選舉在宣傳拉票，有人來尋求我的意見。我告訴提問者，假如他們認為當時地方政府的執政黨不誠實的話，就不要投票給該政黨。在那個城市裡，我是一名外來者，警察逮捕了我。他們控告我不擁護印度新政府，但其實我根本沒有任何政治動機。那個時候的印度，民主制度才剛萌芽，人民以及當局對於民主制度下生活和行政的真義，還有待學習和調適。

於是我又陷入不解，「我費了這麼多勁避免傷害任何人，為什麼還得受這種苦？」於是我向主祈禱求助。那天晚上，我在睡眠中清楚地見到了耶穌基督。祂抓住我的手臂，安慰我說：「不要擔心，你不會有事的。」

第二天，案子移送到法庭，我被帶至一位基督徒法官面前。

因為我蓄有短鬚，穿木拖鞋，拄著長杖，身披袍子，常有人以為我是基督徒。

法官看了我一眼，問道：「你是基督徒？」

我回答：「不，生下來不是。」當然，我敬愛基督教，如同我敬愛其他偉大的宗教。

他問：「你為何被捕？」

我回答：「我只是表達個人意見。有人問我他們該投票給誰，所以我建議，『你要投誰，決定權在你。』」警察用一個捏造的罪行控告我，而法官把事證弄清楚之後，同意逮捕我的理由不成立，將我開釋。

我在希隆住了四個月，跟著那位基督教神祕主義者學習。我從來沒有遇過別的苦行僧能夠如此清楚地將《薄伽梵歌》的哲理和《聖經》的教誨相比對，因而最後對兩者都有更深刻的理解。他有規律地靜坐，為人平靜、安詳、一無所懼。跟著他學習之後，我花很多時間沉思《登山寶訓》和《啓示錄》的義理，這兩篇長久以來一直是我最欣賞的典籍。我堅信《聖經》裡有很多智慧，只不過有時候傳教士的解說會模糊了它，扭曲了它。

這位聖者告訴我：

在詳細比較研究了世界上偉大的宗教之後，我發現所有偉大宗教的基本真理都是同一個。假如這是正確的話，那為什麼會有仇恨、嫉妒、教條主義？這使我明白到，那個普世的、最古老的吠陀宗教已經滅失，印度的祭師智慧並不足以表達吠陀聖者要傳達的訊息。而這些祭師偏要說自己才是懂吠陀之人。

商羯羅在他的《薄伽梵歌》釋論中明確地解釋，《薄伽梵歌》是被修改過了的吠陀，而神主奎師那只不過是一位敘述者。真理是永遠存在的。世界上所有宗教的創始者和傳道者，都只不過是一位敘述者，而其實神的轉世者並非高貴真理的創建者，聖者們才是。這證明了那些偉大的轉世者，縱然是神的轉世，但只是把聖者們所給予的訊息加以修改。神的轉世者是聖者們的信差。他們只換了籃子，籃子中盛的還是一樣的蛋。

這位基督徒苦行僧所解釋的這個道理，為我的眼界開了另一個維度。他接著說：

就規範社會而言，宗教扮演了重要的角色。宗教的精神領袖和創始者都被視為權威，但是依我之見，只有來自聖者的智慧才是永恆而完全的。各個宗教中偉大的信差和領導者，都只是古代聖者們的傳遞管道。對宗教的領袖和創始者的膜拜，就是一種教條主義，就是一種狂熱，是沒有扎實的哲學基礎可言。跟從聖者的道途就無需做那種英雄式的崇拜，因為他們的教導是放諸四海皆準，歷經萬代彌新。

當宗教的導師不能夠為學生傳授實用的知識，世間的宗教就會開始朽壞。他們說：「你要信神。」而對世人心靈真正的訴求卻不予理會。世上所有的傳道者，都在濫用信念的教義，東方和西方都一樣。傳道者為現代人所製造的困惑，比人們被自己問題所引起的困惑還要大。社會問題和宗教問題都會製造出嚴重的衝突及偏見，非常不容易化解。假如宗教給人帶來拘束和苦厄，這個宗教還有什麼價值？聖者所傳達的訊息中，最重要的是自在解脫，卻偏偏被擱置在一邊，所以當今宗教的信徒活得像是奴隸，被揮之不去的魔、邪的觀念所恫嚇。他們對罪惡、對撒旦，比起對實證自我、對神還要在意。

新世紀（New Age）人士主張要全面修改這些宗教觀念，但是，唉，目前為止沒有哪一個宗教做到了改革。社會的宗教不經歷一個全面改革的歷程，真正宗教的花朵就無法綻放。人類進化的徵兆和象徵就是改正及革新。這個改革要成功，就得改變心態，在日常生活中實踐「非暴」（ahiṁsā）。只有愛才能帶來改變。這樣的改革和改變，能為現代人做好準備，提升到下一個維度的覺知力，而終於聯合起全人類。

那位基督教的聖者真的打開了我內在的眼睛，我開始期盼這一天的來臨：全人類都信奉人本的宗教，它崇拜的是唯一真理，它實踐的是愛。那麼，仇恨、嫉妒、其他人生中的偏見，就都無法存在。跟在這位偉大的人物身邊四個月，讓我能更正確地了解基督教。見到基督，讓我更深深愛上祂的教導，祂一直在我內心最寧靜的空間中，引領我，保護我。

注釋

1　譯注：希隆（Shillong），在英國殖民時期原是阿薩姆的邦城，其後美格拉亞邦（Meghalaya）由阿薩姆邦分割出去立邦，希隆成為現今美格拉亞邦城。

2　譯注：《登山寶訓》及《啓示錄》，都是《聖經》中的章節。

3　譯注：拿嘎山（Nāga Hills），原本在阿薩姆邦境內，後來劃入納嘎邦（Nāgaland），區內居民大多數屬於少數族裔的那嘎族人。

4　譯注：原書作該若山（Gairo Hills），可能是 Garo Hills 之誤。Garo Hills 在於今美格拉亞邦境內，區內居民大多數屬於少數族裔的嘎若族人。

5　譯注：受聖膏（anointed），以油膏塗抹在身上的一種聖禮。

6　譯注：作者此處所謂「又」惹了麻煩，所指可能是因為在此之前他和一群朋友打算前往西藏，在邊境被當時英國殖民政府官員盤查，發現他們帶著印度獨立運動領袖尼赫魯（Nehru，甘地的信徒，建國後當選為首任總理）和甘地的信件，懷疑他們是尼赫魯的同黨人，因此將他們扣留在邊境。其後斯瓦米拉瑪脫身深入西藏參拜太老師（見本書第十二部中「入藏尋太老師」一文，一直到印度宣布宣布獨立後才回到印度）。

猶太教與瑜伽

有一回，我接受一群巴哈伊（Baha'ism）[1]信徒邀請，前往普納（Poona）參加一個三天的會議擔任主持。會議期間我遇見了兩位印度裔的猶太教士。他們談的題目是「卡巴拉」（Kabbalah）[2]，在與他們傾談之後，我對於猶太教的修行法有了更深入的認識。

印度境內有一個很小的猶太族群。猶太人在世界各地都受到壓迫，大概只有在印度是例外[3]。在印度，膜拜聖火的波斯祆教徒（Parsis）[4]，對著大衛星沉思的猶太人，都有和別人一樣平等的公民權利。瑜伽的修練和卡巴拉的修練法類似。在研讀了大量文獻之後，我得出的結論是，世界上所有偉大宗教的靈性修行方式都是一樣的。

瑜伽哲學的基礎是遠古的數論，它和卡巴拉哲理似乎是來自同一個源頭。根據卡巴拉的哲理系統，生命和數字攸關。這正是古代數論的觀念。《薄伽梵歌》中很多的教導和猶太教相同。印度教和猶太教同屬世界上最古老、最偉大的宗教之一，在很多方面都是一致的。巴哈伊的教堂和宗教也接受這個理則，充分表現在他們的圖案和文獻中。室利揚特拉是一種遠古以來已經高度發展又極度科學的瑜伽開悟行法，它的中心概念就是大衛星，在瑜伽文獻中也稱為「心脈輪」，在基督教中稱為「聖心」。古代建築索羅門聖殿的人可能都熟知室利揚特拉。根據文獻記載，它是古老的瑜伽神聖行法，讓人為自己和其他生靈、整個宇宙以及宇宙創造者的關係中，找到定位。

我相信，瑜伽是一套完整的生命科學，能平等適用於男女老少。宗教則是社會科學，有助於維持文化和傳統，對人類社會裡的法律結構具有支持作用。瑜伽是一門可以普世應用於自我提升以及開悟的學問。任何宗教關於自我成長的方法，都已經寫在瑜伽的文獻中。

在會議期間，我發現世界各個地區、各個團體的精神和宗教領袖有必要聚在一起討論，分享各自的哲學和理念。我堅決相信，所有偉大宗教都是同、是一，儘管他們所採用的方法似乎不同。開悟之道有多門，但是終極目標都是相同的一個[5]。如果精神領袖們能夠聚首，研討並理解其他的道途，就能更好地幫助自己的群團，引導他們與世界上不同的宗教和族群相互溝通。任何人說，只有他的宗教才是唯一的真理，他就是無知之人，就會誤導他的信徒。偏見像是毒藥，會扼殺人類的成長。愛是包容，是所有偉大宗教的基礎。

注釋

1 譯注：巴哈伊（Baha'ism），是近代源自於波斯的一種泛神信仰。
2 譯注：卡巴拉（Kabbalah），猶太教內的神祕主義。
3 譯注：這裡所描述的世界大約是在一九五〇年以前的局面。
4 原注：波斯祆教徒（Parsis），崇拜聖火之信徒。
5 譯注：所以佛經也言：「歸元性無二，方便有多門。」

我只屬於神

有一回我去參訪一位住在河邊的聖者。那個時候我有個愚蠢的想法，以為只有在喜馬拉雅山上才能找到真正的聖者。我想，「哪有真正的聖者會住在距離城市這麼近的一條小河邊。」但是我想要直接體驗一下他的生活情形。

當我到了離他的住處還有四英里遠的地方，他已經差人給我送食物來，但我並不覺得這有什麼稀奇。我想，「這沒什麼。如果有人要來見我，我也可能感應到他在路上，會為他準備吃的。這並不是真智慧。」

當我見到他時，他說：「你來遲了。明天早上我就要丟下這個身體。」

我問：「您可以多留十二個小時，教點什麼給我嗎？」

他說：「不成。我沒時間了。」

他有很多來自不同宗教背景的信徒。印度教徒認他是斯瓦米，穆斯林當他是伊斯蘭信徒，基督教徒信他是基督徒。基督教的信徒準備在他去世之後，把遺體帶去他們的墓園。穆斯林堅決主張他應該葬在他們的墓地。印度教徒則想在他的葬地上建一座紀念堂。

第二天他果然走了。然後來了一位醫師，宣布他已經死亡。其後幾個小時的局面非常混亂。各個宗教的領袖人士開始爭奪他的遺體，各個團體都要保住自己的地位。該地區的行政長官來找我，說：「你待在他身邊，也許知道他究竟屬於哪個宗教。你可以幫我解決這個爭端。」

我回答：「我對他一無所知。」繼之我想，「他這算是個什麼聖者？他一死了之，給我和別人造成了困擾，又沒有教我任何東西。」我在心中說：「如果他真是一位聖者，就不會引起如此的混亂。」

這時，距離他死亡的時間已經有四個小時──他忽然起身，對眾人說：「瞧，因為你們要爭，我決定不死了！」

行政長官和所有人看著他，畏懼不已。

聖者說：「都給我滾，你們這些印度教的，基督教的，穆斯林的，都是愚蠢的人。我只屬於神，不屬於別的！」然後他看著我說：「我的孩子，別擔心。我現在要留下來三天教你，到第四天我會靜靜地丟下這個身體。」

我跟他住了三天，這段時間非常具有啟發性，是我人生中最好的一段日子。他教了我許多東西。每一天他都會多次重複這同一段話：「要做真正本來的你，不要扮演不是本來的你。」他一再重複又重複地說。

三天後，他說：「我要化入水中。」就走入河中，消失了蹤影。

當人們來找他時，我對他們說，他走進河中就沒再出來了。

他們用盡了一切辦法去尋找及打撈他的遺體，但是一直都沒找到。

偉大的聖者不會把自己侷限於任何一種特定宗教或是信條。他們超越了所有的區別。他們屬於全人類。

Part 9 神的護持

「放下自我」是開悟最高也是最容易的方法。能把自我完全獻出去的人，會時時得到神力的護持。不為自己占有一物，也無人保護自己之人，是屬於神的人，神自然會一直照應如此之人。

呵護的臂膀

在喜馬拉雅山的雙膝上，我知道很多適合居住和修行的寧靜處所。每當我感到疲乏，就會想回到喜馬拉雅山中小住充電。我最喜歡的其中一個避居所在，是在加合爾地區的蘭德斯當鎮（Landsdowne）以北十二英里處，當地海拔六千五百英尺，在茂密的杉樹林中有一座小小的希瓦神廟。

在那一帶，人們在進食之前一定會先把食物供奉給那座廟中的神明。根據當地傳說，如果有人沒有遵守這個規矩的話，他家的房子會震動，家中人的舉止也會反常。我十四歲的時候第一次聽到這個傳說，從那時起就一直想要去看看這座廟。那時我認為這個神話是人想像出來的，並沒有事實根據，但是傳開的結果變得遠近的人都相信。所以我決定去這座廟查個究竟。

我到了那附近的時候，大約是晚上七點，天色已經變暗。我獨自一人走在懸崖邊緣的小路上，沒有帶任何照明。那個時候我穿的鞋子是木屐，很容易滑跤。我一不小心滑倒，眼看就要跌下陡峭的懸崖，忽然有一位身形高大、穿著白衣的老者用雙臂將我托住，扶我回到路面。

他說：「這裡是聖地，你受到保護。我會帶你去到目的地。」

他領著我沿小徑走了大約十分鐘，直到我們接近一間外面點著火炬的茅屋。我們走到圍繞茅屋的石牆邊，我以為他走在我後面，當我轉身要向他致謝，卻再也看不見他。於是我試著呼喊他。

住在茅屋內的苦行僧聽見，就走了出來。他很高興有訪客到來，引我進入他的小屋，裡面生著火。我告訴苦行僧，有一位老者帶我在黑夜中走小徑過來。我描述了老者的樣子，以及他如何

塔克希瓦（Tarkeshwar）的希瓦神廟。

保護我不致跌下懸崖。

苦行僧開始哭泣，說：「你真有福報，能遇見那位大士。你知道我為什麼會在這裡？七年前我也在同一個地方迷了路。那時候是夜晚十一點。同一位老者扶著我的手臂帶我來到現在住的這個茅屋。從此就再沒見過他。我稱他悉達巴巴（Siddha Baba）[1]。他慈愛的手臂也救了我。」

第二天早上，我尋遍了那個地區，就是沒找到那位老者。我回到懸崖邊，我滑倒處留下的痕跡還清楚可見。我一直記得那雙充滿愛意的手臂保護我免於落下懸崖。那個地方非常危險，如果我真的掉了下去，絕無生還的可能。後來我跟村民談起這段遭遇，他們都知道這位悉達。他們相信是他在森林中保護著村民的婦孺，但是沒有任何村民見過他。那段期間，我嚴格遵守師父的吩咐從事苦行，不擁有任何財物，也不帶任何東西。我的經歷常常驗證了一個信念，就是神自然會照應那些一無所有的人。

苦行僧所居住的茅屋，距離那座希瓦小廟只有一百碼遠。廟座落在林中一塊空地上，周圍盡是高聳的杉樹，此地充滿了靈性的迴盪。我聽聞六百年前有位悉達大士就住在那裡。雖然他一直保持著靜默，卻是在靜默中對住在當地的人施以教誨，領導眾人。他去世後，民眾在他住的地方建了一座六尺見方的小廟，裡面供奉著一塊希瓦陵迦（橢圓形的石塊，象徵了希瓦）。到今天，當地的居民仍然會在每三個月逢季節轉換之際前來神廟祭拜，維持對那位大士的記憶不滅。有人說，我即將跌落懸崖時出手救了我的就是他。我在神廟附近的一間小屋內獨自住了幾個月，期間保持靜默，從事某種苦修。

在我第一次造訪那座神廟之後，過了幾年，因為廟宇年久失修，又小又老，於是有幾位婆羅門階級人士決定將它改建成一間更大、更堅固、更恢弘的新廟。當工人動工挖掘地基要移走舊廟時，發現土中盡是各種顏色的小蛇。於是他們把土連蛇一同挖起丟置在一旁。但是他們挖得越深，就跑出越多的蛇來。

鄰近村莊有一名老婦連續好幾年每天早晚都要來到這個神廟，她傍晚走三英里路來到廟中點燈，第二天早上再回來熄燈。她覺得神廟不應該改建，就警告工人不得驚擾到它，但是那班工程人員不理會她。

挖掘到了第六天，地中還是有源源不絕的蛇。他們一再清理蛇，但似乎只會剩下更多的蛇。他們繞著希瓦陵迦挖掘，想把它移開，可是發現它埋得很深，往下挖了八英尺深，還是無法移動它。到了第八天夜晚，工程師夢見了一位身穿白袍、留著長鬍子的老者，也就是拯救我的那位瑜伽士。他告訴工程師，神聖的希瓦陵迦不可移動，神廟也不可以擴建。因此最後神廟完全依照原來的規模，重建在它已經屹立六個世紀的原址上。

我在一九七三年重回這座廟宇，這次帶著斯瓦米阿嘉亞（Swami Ajaya）[2]以及一群學生同來。我們在此停了六日，住在距離神廟幾百英尺遠的一棟由土石搭建的二層高小樓中。現在換了另一位年長的苦行僧住在當地，類似擔任神廟的祭師一職。他非常樂於待客，會接待到來的任何人。那個地方非常寧靜美麗。在圍繞著谷地的群山之上，可以遙望綿延不絕的喜馬拉雅山脈，積雪覆蓋的峰頂一個又一個緊緊挨著，似乎決心永遠屹立不搖。

注釋

1 譯注：悉達巴巴（Siddha Baba），siddha（悉達）是具有「悉地」（siddhi，超能力、神通）之人。

2 譯注：斯瓦米阿嘉亞（Swami Ajaya），心理學博士，是本書作者斯瓦米拉瑪的美國弟子，一九七二年在印度由斯瓦米拉瑪剃度出家成為一位斯瓦米，目前居住美國從事心理治療和諮詢。他是本書實際的執筆者。

迷失在諸神的國度

有一個神祕的村落名叫「江剛及」（Jñānganj）[1]，我聽過、讀過太多關於這個地方的故事，所以有股強烈的欲望想要親自去一探究竟。很多朝聖者都聽過那個地方，但是甚少人有那股毅力走到那裡。

這是個很小的靈性修行人社區，位於雪峰環繞的喜馬拉雅深山中。一年中有八個月無法進出。有一小群瑜伽士終年住在此處，他們靜默不語，大多數時間都用來禪定。他們住在一棟棟小木屋中，主食是馬鈴薯和大麥，一次要儲存一年的量。這個特別社區的成員是來自印度、西藏、尼泊爾的苦行僧。這群修行高人是住在西藏和印度的皮投拉嘎特（Pithoragarth）交界上的喜馬拉雅山中。世上沒有第二個地方可以稱作江剛及。

我決定前往岡仁波齊山，再從那邊去這個村落。同行的還有四位出家人。我們由奧摩拉（Almora）出發，經過多邱拉（Dorhchola）到了嘎必安克（Garbiank），幾天之後，我們到達拉克夏斯塔湖（Rakshastal）[2]後就迷了路。那時是七月份，喜馬拉雅山的冰雪此時開始融化。每年這個季節，冰川會快速移動，有時候整個冰川崩下來，擋住了道路，旅人可能好幾天都被困在原地。

我們在步行時，碰到了冰川坍崩，把我們的去路和後路都擋住了。我對於這樣的突發災難習以為常，但是其他的斯瓦米就沒遇過這種險況。他們非常恐慌，然後開始怪我，因為我來自喜馬

斯瓦米拉瑪，攝於前往岡仁波齊山途中。

拉雅山。

他們說：「你應該知道會發生這種狀況，你是來自山區的人。你帶錯了路。我們沒有食物，路又斷了，這裡非常冷。我們要死在這兒了。」

我們被困在巨大的拉克夏斯塔湖邊上，這個湖名的意思是「鬼湖」。因為融雪及雪崩，湖的水位開始上升。

到了第二天，他們每個人都慌了。

我說：「我們可不是普通的世俗之人。我們是出家人。我們應該快樂面對死亡，要一心向著神。發慌可是幫不了我們的。」

於是他們每個人開始憶持自己的咒語和祈禱，但是好像都沒有什麼用。此時正是考驗信心的時候，但是他們根本信心不足。他們害怕會被雪掩埋。

我開始說一些玩笑話：「假如你們都死了，你們的機構、財富、信徒怎麼辦？」

他們說：「我們可能會死，但是我們肯定會讓你先死。」

我開玩笑的話，以及我不當一回事的態度，使得他們更加氣憤。

很少人懂得去欣賞幽默。大多數人遇到逆境時會變得很嚴肅。幽默是一個很重要的特質，讓人在人生任何狀況下都能保持愉悅。培養這個特質非常要緊。

當蘇格拉底被判死刑，那杯毒藥送到他面前時，他仍然保持幽默，還開了幾個玩笑。他說：「我能跟諸神分一杯羹嗎？」然後他笑著說：「毒藥殺不死聖者，因為聖者活在真實中，而真實是永恆的。」於是他面帶微笑飲下毒藥。

我對那幾位出家人說：「只要我們命不該絕，只要我們走的道途是正確的，那麼神會保護我們。有什麼好擔心的？」

天色又暗了起來，開始降雪。

忽然有一位手執燈火，身穿白袍留著長鬚的人，出現在我們面前。

他問：「你們迷路了嗎？」

我們回答：「我們困在這裡快兩天了，什麼也沒得吃，也找不到出去的路。」

他叫我們跟著他走。原本那場雪崩看起來根本無法走出去，可是我們跟著他，最後居然走到了另一邊。他指給我們看如何走到幾英里外的一個村莊，告訴我們在那兒過夜。然後他忽然消失了。後來村民告訴我們，類似像這樣的經歷，在這個諸神的國度並非罕見。這些神靈（deva）[3]是會發光的生靈，會帶領性情純真的旅人走出迷途。

我們當晚入宿在這個村莊中。第二天，那四名出家人拒絕再與我同行。他們要回頭。他們怕遇到更多危險，不願意再往深山中前進。我向村民問了路之後，就朝著江剛及走去。

到了江剛及，有位好心的苦行僧讓我住進屋中，我在那裡待了一個半月。這個地方被高聳的雪峰所環繞，是我見過最美麗的地方之一。

告別了江剛及之後，我回程走的那條路是通往岡仁波齊山腳下的聖湖馬納薩柔瓦（瑪旁雍錯）。我遇到了許多印度和西藏的瑜伽高人。在岡仁波齊山腳下，我和一群喇嘛在他們的營地住了一星期。到今天我仍然珍惜著那個經歷。

其後我隨著一群羊走到嘎必耀克（Garviyauk）。同行的牧羊人告訴我，神靈在喜馬拉雅山中救助旅人的故事。他們對我述說了許多這樣的經歷。這些神靈叫做「提婆」[4]，是在生命的可知與不可知兩界之間遊走的生靈。他們能夠為求道者現出有形的身軀，然而是住在無形的域界中。提婆也有他們所存在的域界。密教之學（Esoteric Science）以及神祕主義常常提及這些神靈，然而現代的科學家們都排斥這理論，認為這種生靈不是空想出來的，就是幻覺的產物。我就聽過年輕的科學家說，相信有這種生靈存在的老人家一定是在起幻覺。老年是又一次的童年，荒唐事很多，也會引起幻覺。但是靈性之人在年老時只會變得更有智慧。他們已經先淨化了自己的心地，然後有了高層次的覺性經驗，是不會起幻覺的。

科學家還沒有學習到，生命是有許多不同維度的。他們還在研究人腦以及裡面的不同區塊。在心理學中，被稱為超人格心理學或是超越心理學的這一面，仍然不在現代科學家所能掌握的範圍內。古人經過千百年的磨練所留下來的永恆心理學，是一門精確的學問。它來自於直覺，那才是最精純的了知。有形的科學是有限的，它所研究的範圍仍然限於粗大的物質、身體和大腦。

注釋

1　譯注：江剛及（Jñānganj），也寫作 Gyanganj，據說位於西藏西部，是一個瑜伽修行高人聚集之處。

2　譯注：拉克夏斯塔湖（Rakshastal），位於西藏岡仁波齊山南側，是鹹水湖，藏語是拉昂錯，意思是黑色的毒水湖。

3、4　原注：神靈（deva），天神或放出光明的生靈。譯者按，中文譯音為「提婆」，佛經中常譯意為「天」，並非指至上唯一的「神」。

漢薩國度

我一生所去過的地方當中，沒有別的地方比岡勾垂更迷人。這是個「漢薩」（見四十六頁注釋）聚集的國度，山頂終年被積雪覆蓋。我年輕時，那裡有三十到五十名瑜伽士，他們住在恆河兩邊山壁上的小小洞穴內。他們大多數人終年不穿任何衣服，有的甚至連火也不取用。

我獨自一人住在一個小洞穴裡，距離我師兄所住的洞穴約五百碼，就這樣度過了整整三個冬季。我極少跟任何人交談。住在那裡的人可以從遠處望見彼此，但是絕不會去打攪別人，沒人有興趣交際。那是我人生過得最充實的一段日子。我絕大部分時間都是在從事瑜伽的修練，用以維生的食物是麥子和鷹嘴豆。我將麥子和鷹嘴豆浸在水中，等二天發芽了，摻一點鹽巴吃。這是我僅有的食物。

附近有一個洞穴中，住著一位受全印度景仰的聖者，名叫奎師那希然（Kṛṣṇāśram）。有天夜晚大約十二點，一陣震耳欲聾的巨大聲響驚動了我，像是許多炸彈在爆炸。那是雪崩，而且非常接近。我走到洞穴外面看看是怎麼回事。藉著月光，我可以看見冰凍的恆河對岸奎師那希然所住的地方。當我看見了雪崩的所在，我想奎師那希然一定被活埋在底下。於是我快速披上藏式長袍，拿著火炬衝去他的洞穴。那一段恆河只是一條狹窄的溪流，所以我很容易就到對岸去，發現他的洞穴安全，沒受到波及。他坐在那兒，面露微笑。

他正處於禁語期，所以就指指上面，嘴裡發出「嗯，嗯，嗯，嗯」的聲音。然後他在一塊板子上寫道：「什麼也傷不了我。我要活很久。這聲響和雪崩嚇不了我。我的洞穴是受保佑的。」見到他沒事，神色自若，我才回到自己的洞穴。到了早上，我看得比較清楚了，才發現雪崩是從他洞穴兩旁滑落。高聳的杉樹完全被雪淹沒，只有他的洞穴沒事。

我時常在下午兩點到五點之間去探望奎師那希然。我提問，他就寫在板子上回答我。他的眼睛炯炯有神像是兩盆火，他的皮膚厚得如同象皮。那時他快八十歲了，非常健康。我真不知道，他沒有任何毛料的披掛，沒有火，沒有禦寒的東西，是怎麼活下來的。他不擁有任何東西。有一位住在往勾木克（Gomukh）方向半英里遠的斯瓦米，會定期為他帶上一些食物。他日食一餐，就只吃一些烤馬鈴薯和全麥的烤餅。

在那邊，每個人都要喝綠茶，加上一種名叫「恆河羅勒」（Gangatulsi）的草藥。我遇到的瑜伽士和斯瓦米，教了我許多關於草藥的知識以及使用方法，也會和我討論經典。這些瑜伽士不喜歡下山到印度的平原地區。每年夏天都會有數以百計的朝聖者來到這個聖殿，這是喜馬拉雅山中最高的聖地之一。在那個年代，他們要徒步跋涉九十六英里的山路才能到達。如果有人想親眼見識，靈性力量是如何克服身心的，那兒即使到今天還有幾位非常稀有的瑜伽修行者。

年輕的梵行者，斯瓦米拉瑪攝於岡勾垂。

一位不信神的斯瓦米

有一位非常博學又有極高智力的斯瓦米。他不信有神存在。無論別人信什麼，他總是可以用很聰明的論證方法來駁斥。很多學者都避開他，但他和我是好朋友。我是被他的博學和邏輯思維方式所吸引。他所有的心思和精力都只放在一件事上：如何辯論。他有學問，但又固執。

他常說：「我不明白為什麼大家不肯來跟我學習？」

我就回他：「你會毀了人家的信仰和信念，為什麼要來找你？人家怕了你。」

他的名聲遠播，寫了一本書嘗試駁斥所有的古典哲學。那是一本好書，是奇書，可以用來做頭腦的體操鍛鍊。書名是 *Khat-Dharshana*，意思是《印度的六派哲學體系》。西藏和中國那邊的學者推崇他是邏輯學大師，曾邀請他去中國。很明顯地，他們認為全印度再找不到比他更有學問的人。

他不信神，卻是一名僧人。他說自己之所以會出家，就是要駁斥和消滅僧團組織。「他們都是虛偽的。」他說：「他們是社會的負擔。我發現那裡面沒有任何真的東西。我要昭告天下。」他誓言，誰能說服他神是存在的，他就做那人的徒弟。

有一次他問我：「你知道我立過什麼誓嗎？」

我回答：「誰會收你做徒弟，就是最愚蠢的人。」

他問：「這怎麼說？」

我說：「有誰能拿你那笨頭腦怎麼辦？你的頭腦在某一方面很利，但是你對其他方面的事情就一無所知。」

他反駁說：「你才是個笨人。你也會去談那些未知的方面。這都是垃圾，幻想。」

我對著神祈禱，說：「無論如何，即使要賠上性命，我也要讓這個人認識到更深的真理。」

有一天我問他：「你見過喜馬拉雅山嗎？」

他回答：「沒有，從來沒見過。」

我告訴他說：「夏天是前往喜馬拉雅山最好的時間，那裡美不勝收。」我希望如果他跟我去的話，我也許能找個機會糾正他的偏失。

他說：「那可是我樂意去做的一件事。山這麼美，誰需要神？」

我想，「我得逼他進入某個情況，讓他非信不可。」我計畫帶他去其中一座高山。

我們帶了一個小營帳、一些口糧餅乾和果乾，就出發前往岡仁波齊山。那時已進入九月，開始降雪。我篤信神，向祂禱告，讓這位斯瓦米陷入一個完全絕望的境地，只能向神求救。我那時年輕而魯莽，特地帶他走了一條艱難的路線，連我自己都弄不清去路，很快我們就迷路了。

我是在喜馬拉雅山區生長的，所以很耐寒。我會一種特殊的體位法和呼吸方式，能保護我不受寒氣所侵。但是這位可憐的斯瓦米不習慣高山的嚴寒，就抖得很痛苦。基於同理心，以及要讓他知道我愛他，所以我把自己的毯子給了他。

我帶他到達海拔一萬四千英尺的高度。一往上走，他就抱怨說：「我無法正常呼吸。」

我告訴他說：「我毫無困難。」

他說：「你還年輕，所以對你沒影響。」

我說：「不要被打敗。」

他每天都要教我哲學，而我就轉到山這個話題來哄他，我說：「能如此接近大自然，多麼美好。」

我們在山中走了四日之後，天開始下雪。我們在一萬五千英尺處紮營。我們只有一個小帳篷，長四英尺、寬五英尺。當積雪到兩英尺厚時，我說：「你知道，積雪會到七、八英尺厚，那時我們的帳篷就會被雪掩埋，而我們就被埋在裡面。」

「不要講這個！」他高聲說。

我說：「這是事實啊。」

「我們能往回走嗎？」

「不可能的，斯瓦米吉。」

「我們怎麼辦？」

我回答：「我要向神祈禱。」

他說：「我相信事實，不相信你講的蠢事。」

我說：「神肯開恩的話，雪就會停。如果你要用你的哲學和智力去停止降雪，就請便。你試試看。」

他說：「我怎麼知道你祈禱會有效？假如你祈禱，然後雪停了，我還是不會信神，因為雪可能原本就會停的。」

很快地，這小帳篷周圍的積雪到了四英尺深，他開始覺得要窒息了。我從雪堆底下向上挖穿一個洞，好讓我們呼吸。但是那個洞很快又被降雪所蓋住。我知道有件事肯定會發生，不是我們死亡，就是他會信神。

終於，該發生的事來了。他說：「你該出手了吧！你師父是一位真正的大師，我曾經多次侮辱他。也許我得到的報應就是要經歷這次的折磨和危難。」他開始害怕了。

我說：「只要你向神祈禱，五分鐘內就會停止降雪，天會放晴。如果你不依，那你只有死路一條，而且還拖著我陪死。神都已經講給我聽了。」

他說：「真的？你怎麼聽到的？」

我說：「祂正在對我說。」

他開始相信我。他說：「但是如果天不放晴，我非殺了你不可，因為你讓我違背了誓言。我只有發過一個絕無任何附帶條件的誓言，就是不信神。」

在死亡威脅的壓力之下，就算是這樣的人也會打倒以前的自我，立即變成虔誠的信徒。於是我想，「如果五分鐘內雪沒有停的話，他只會變得更固執己見。」所以我也開始祈禱。

神開了恩，真的在整整五分鐘的時候，雪停了，太陽也開始露臉。他訝異不已——我也是！

他問：「我們能生還嗎？」

我說：「能，神要我們活著。」

他說：「我現在終於明白，我的確有所不知。」

經過這次事件，他立誓餘生保持靜默。他又活了二十一年，絕不跟任何人說話。可是只要有人在他面前講到神，他都會感動得哭泣，流下欣喜的淚水。此後他也寫了許多書，其中一本名叫*Mahimnastotra*（神的禮讚）。

我們在做過智力的鍛鍊體操之後，會發現在智力之外還有別的東西。我們會遇到某種境地，智力無法引導我們，只有直覺能為我們提供出路。智力的功用在檢驗、算計、接受和拒絕一切在心識範圍內所發生的事。但是直覺是一道不間斷之流，它是從深藏在我們內裡的源頭自發醒覺的。它唯有在心念到了一個寧靜、均衡、靜定的狀態中才會醒覺。純淨的直覺能擴展人類的覺性，讓人能看清一切，因而洞悉人生，破除無明。在經歷過幾次之後，直覺經驗就會成為我們的嚮導，我們就能自發地有直覺感應。

驀地，有個念頭在我心中閃現，然後我想起大哲杜斯達薩（Tulsidasa）[1]說過，「如果不畏懼神，就不可能愛神；如果不愛神，就不可能開悟。」對神的畏懼心，讓人覺知到神在心頭，而對外面世界的畏懼心，會造成恐懼並引發危機。這位不信神的斯瓦米，當他體驗到對神的覺知，就變成一位畏懼神之人。智力的鍛鍊只是一種鍛鍊，會造成危機，但是能愛神，就能自一切恐怖中解脫。

注釋

1 譯注：杜斯達薩（Tulsidasa），也作 Tulsidas、Tulsidas，十六世紀印度偉大的聖者詩人。

與死亡約會

這故事的第一部分發生在我七歲的時候，它的結局則是在我二十八歲那年才到來。我七歲時，家族的一位親戚從瓦拉納西（Banaras）[1]請來幾位有學問的潘迪特和星相家來為我算命（印度的這門學問非常出名，雖然多半是騙徒，但是也有真正的星相學家。若你打算找某一位求教，縱然你沒有告訴任何人你要去見他，在你還沒去之前，他會先把你一生的大概情形寫下來，然後寫上你的名字，等你上門。有這種本事的人不多見。只有兩、三個地方才有。但確實是有的）。

當時我正好站在門外，能聽到他們的談話。他們一致說：「這個孩子死於二十八歲那年。」甚至連具體日期都算出來了。

我難過得哭了起來，繼而我想，「我的生命如此短暫，什麼也沒做到就死了，這要如何完成我此生的使命？」

此時我師父來到，問我：「你為什麼哭？」

「我要死了。」我告訴他。

他問：「是誰告訴你的？」

我說：「這群人。」指著屋內聚集的星相家們。

他拉著我的手，說：「來。」他帶我進入屋內質問星相家。「你們當真說這孩子會死於二十八歲那年？」

他們一致回答：「是的。」

「你們肯定？」

「是的，他那個時候會死去，沒人可以阻止它發生。」

我師父轉身對我說：「你要知道，這些星相家都會比你先死去，而你反而能活得長久，因為我會把我的壽命給你。」（如今他們沒有一個還活著。他們都在我二十八歲以前去世。）

他們說：「這哪有可能？」

我師父回答：「你們的預言不準。星相之外還有別的東西。」然後他對我說：「別擔心了。不過，在那關鍵的一天，你會與死亡面對面。」其後的歲月中，我把那個預言忘得一乾二淨。

在我二十八歲那年，師父要我前去一座山的峰頂，那裡距離瑞斯凱詩六十英里，海拔一萬一千英尺。他要我去那兒作祭拜杜爾嘎聖母（Dūrga）[2]的儀式。我足登木屐，身上圍了腰布和披肩，隨身帶了一個水壺，其他什麼都沒有。我習慣在山間自由行動，嘴裡哼著對聖母的讚歌。山就是我的家。我曾經登上兩萬英尺的高度，我有信心自己不靠特殊裝備，就能登上任何一座山。

一天，我正一面唱著，獨自走在峭壁上，感覺自己像是獨行的神主。我是要登上山頂，去那兒的一座神廟祭拜聖母。我的周圍盡是松樹。忽然，我在松樹落下的針葉堆上踩滑了，開始翻滾下山。我想，這下自己這條命沒了。但是，就在我滾下去大約五百英尺之際，我被一束小的帶刺灌木叢給攔了下來。一支尖銳的枝子刺進了我的腹部，才把我擋住了。下面是陡峭的深谷。灌木叢因為承受了我的重量而開始上下擺動：我一會兒看見山，一會兒看見下面的恆河。我閉上了眼睛。當我再睜開眼睛時，我看見血正在從樹枝刺進我腹部的地方流出來。但那還不算什麼，更嚴峻的是死亡在即。我沒有注意到疼痛，因為更大的問題是對死亡的預感。

我把自己所知道的咒語都用上了，我甚至還用了基督教和佛教的咒語。我參訪過許多不同的寺院，學過各種信仰的咒語，但是沒一個有用。我心中想著許多神明，我說：「喔，某某某神，請救救我。」但也沒有得救。只有一樣東西是我還沒有考驗到的——就是我的勇氣！當我開始考驗我的勇氣時，我忽然想起，「我不會死的，因為我的靈是不死的。這個身體的死亡是無可避免，但並不重要。我是永恆的。我何懼之有？我一直以為我就是這個身體，我真是個可悲的傻子。」

我懸掛在灌木叢上，大概有二十分鐘之久。接著，我記起師父曾經告訴過我：「我不要你養成一種習慣，動不動就求救於我，但是當你真正需要我且記得我的時候，我就會來到，可能是親自現身，也可能是用別的方式。」

我想，「我已經考驗過自己的勇氣，現在我也該考驗我師父了。」（弟子會有這個想法是很正常的，他時時都想考驗師父。他用找師父的錯來避免面對自己的弱點。）

因為失血過多，我開始感到暈眩。一切變得迷濛，然後我失去了意識。後來我聽見上面的小徑有女人的聲音傳來。她們是來山上採草，撿拾一些根莖去餵牲口。其中一人往下看，見到了我。她喊出聲：「瞧，有個死人！」

我想，「假如她們以為我已經死了，就會棄我而去。」我該怎麼和她們溝通？我是頭下腳上倒掛著。她們離我有幾百英尺，我無法言語，所以就開始擺動我的腿。

她們說：「看，看，他沒死，他的腳在動，一定還活著。」她們是勇敢的婦女，爬下來用繩索繞在我腰上，要拉我上去。

但樹枝還插在我體內。我想，「這可真到了要用勇氣的時候了。」我壓下胃部，然後把樹枝從腹部拔出來。

她們把我拉上去，帶我回到山上的小徑，問我是否還能行走。

我說：「行。」一開始我還沒意識到自己的情況有多嚴重，因為樹枝所造成的傷害是體內的。

她們想，既然我是一名斯瓦米，應該可以照顧自己而不用她們幫忙，於是告訴我沿著小徑可以走到一個村落，然後她們和我分手。

我試著行走，但幾分鐘後我就暈眩倒下。我心中想著師父，對他說：「我沒命了。您把我帶大，能幫我做的都做了。但是我還不及開悟就要死了。」

忽然，師父出現了。我以為自己起了幻覺。我說：「您真的來了？我以為您離我而去！」

他說：「你為什麼要擔心？你不會有事的。難道你不記得，這就是預言你要死亡的那一天？你今天不用再面對死亡。你現在沒事了。」

我逐漸清醒過來。他帶了一些葉子，將它們搗碎後敷在我的傷口處。他帶我去到附近的一處洞穴，找了一個人來照顧我。

他說：「即使是死亡，也是可以避免的。」然後就離開了。

過了兩個星期，我的傷勢已經復原，不過仍然留下了疤痕。

這次的經歷讓我發現，一位真正的、無私的大師，即使遠隔千里仍然可以幫到弟子。我明白到，大師與弟子之間的關係是所有關係中最高尚、最純潔的。它是無法描述的。

注釋

1 譯注：瓦拉納西（Banaras），也作 Benares、Varanasi，印度聖城。參見一七三頁注釋。

2 譯注：杜爾嘎聖母（Dūrga），字面意義是「難以接近」，也譯義為「難近母」，是密教中的聖母。

Part 10 心念的力量

心是很多能量的蓄水庫。能利用到藏在這裡的能量，就能在世間獲致至高成就。如果心被訓練好了，能集中於一點並向內觀，它也會有力量穿透進入我們較深層面的本來。它是人類所能擁有最精密的工具。

在沙地中學習

如果你用你的意識，全力專注地看著某人，那人立即就會被影響到。這是我年輕時有一位斯瓦米教我的。他的名字是恰克拉瓦提（Chakravarti），是印度最有名望的數學家之一，《恰氏數學》（*Chakravarti's Mathematics*）這本書的作者。後來他捨離世俗成為一位斯瓦米，成了我師父的學生。他認為「凝視法」（trāṭaka）是非常有力的功法，不但能影響任何外物，也能加強專注力。

把心念集中於外在的某樣東西上面，是「凝視」；如果心念集中於內在的話，就是「專注」。集中的心念具有非常強大的力量。凝視有各種不同的方法，每一種給人類心念所帶來的力量都不同。例如你可以凝視眉心部位、兩個鼻孔之間的鼻樑部位、黑暗房間中的一苗燭光、清早的太陽或是月亮。但是必須要遵守某些注意事項，否則自己的身心可能都會受到傷害。

心念的力量全世界都知道。心念能集中於一點，可以生出妙境，然而當我們把心念集中於世間的名利時，就陷入自私欲望的漩渦中。有很多人在修行的路上受到神通的誘惑所害，忘記了他們真正的目標應該是靜、定，以及證悟本我。

有一天，這位斯瓦米對我說：「今天我要給你見識點東西。你去法院找一位被誣陷的人。」所以我到法院問了一位律師：「你能否告訴我，這個法庭中是否有任何人被誣陷而受審？」他說：「有的，我正好有一件這種情形的案子。」

等我回去，斯瓦米吉說：「好，這個人將會被無罪釋放。我現在一字不差地把那份將要宣判的判決書內容告訴你。」雖然他並不具有法學的背景，卻可以將判決書口述出來。他說：「我故意留下三個筆誤之處。那份判決書會跟我口述的一模一樣，也會有這三個筆誤。」我將他的口述打字保存。

後來當宣判的時候，判決書中每個字，每個逗點、句點，都和他先前口述給我的完全一樣。他說，你將我的口述文本和判決書比較一下，你會發現兩份文件都漏了同樣的兩個逗點和一個句點。他的口述和判決書果然完全一致。

我說：「斯瓦米吉，你可以改變世界的運行。」

他說：「我並非宣稱我可以做那樣的事，那不是我這麼做的目的。我展露這個本事是為了讓你明白，只要有正當的原因，不論身在何處都可以影響到別處另一個人的心念。身處異地仍然可以幫到別人。」

我請他把這能力的祕密教給我。他說：「我可以給你這個祕密，但是你不會想要去練。」的確，這個法門我用了一段時日，是有幫到我，後來就沒有繼續再用它，因為它會分了我的心，也非常耗時間。

這位斯瓦米待我很好，還以數學方式來教我哲學，每一個數字都可以用《奧義書》中的一段文句來解釋。他用零到一百將數學的哲學意涵解釋給我聽。

數學只有數字「一」，其他的數字都是「一」這個數字的乘數。同樣的道理，絕對的真實只有一個，宇宙中所有的名和相都是那個「一」的乘數之展現。他用他的扶杖在恆河邊的沙地上畫了一個三角形，然後教我人生應該是一個等邊三角形，其中一個角是身體，一個角是內在的狀態，一個角是外在世界，合成了人生的等邊三角形。所有的數字都是從一個無法量度的點而來，同樣地，整個宇宙世界都是從那無法量度的空而有。人生就像一個輪子，他比擬為一個圓圈或是一個點。這個圓圈是從點擴張來的。他又用另一個比喻：「有兩個點，一個叫做生，一個叫做死，人生就是兩個點中間的一條線。生命未知的部分就是一條無盡的線。」

我原來對數學的排斥感被一掃而空。此後我開始興致勃勃地學習數學。我學到了，數學是一門實證的科學，是一切科學的的基礎，而它本身是根基於精準的數論哲學。數論哲學是一門古老的哲學，是一門認識身體、認識構成身體的部分、認識心的種種作用的學問。瑜伽則是一門實用的學問，可以帶人去到超意識的境地。由於懂了數論，一切在我心中生起的哲學問題都迎刃而解，所以我對於經典才能有正確的認識。

他最後一天的教導非常奇妙。他說：「現在先寫一個0，然後寫一個1在後面（就成了01。如果先寫1的話，後面跟的每一個0都有數值。但是如果不先寫1的話，0就沒有數值。世界上所有的東西都像是0，如果沒有覺知那一真實（one Reality）的話，它們就沒有任何價值。只要我們記住那一真實，生命就有價值。否則它只是一個負擔。」

然後這位斯瓦米前往喜馬拉雅山的深處，我就再也沒有見過他。

那些老師們將自己寶貴的時間用來教導我，讓我感恩不盡。

轉變物質

一九四二年，我前往喜馬拉雅山中著名的神廟巴椎那特。途中經過了恆河之濱的希瑞那迦城（Shrinagar），離城五英里處有一座小的「夏克提廟」，從那兒下去兩英里處住有一位「阿勾瑞巴巴」（Aghori Baba）。「阿勾爾」（Aghora）[1]是一種非常神祕的學問，在書本中很少提及，即使印度的瑜伽士和斯瓦米對它也幾乎完全不了解。它是一種密教的道途，涉及的是「日學」（solar science），應用於療癒。這門學問是在於了解和掌握生命最細微的能量，那是比「氣」還要細微的能量。它能搭起一座橋樑，將生命的此世和來世連結起來。走阿勾爾法門的瑜伽士非常之少，而真走這個法門的人又會因為怪異的行為而被眾人所排斥。

在希瑞那迦城周圍的村民都非常怕這位阿勾瑞巴巴。他們絕不敢接近他，因為只要有人接近，他就會辱罵他們，對他們丟石子。他身高大概有六英尺四寸，非常強壯，年紀大約七十五歲，留著長髮長鬚，圍著黃麻腰布。他的洞穴中除了幾件麻袋之外，什麼都沒有。

我去見他，想在他那兒住一晚，跟他學點東西。我找了一位當地的潘迪特幫我帶路。潘迪特說：「這位阿勾瑞可不是什麼聖人，他非常髒。你不會想要見他的。」但是這位潘迪特對我師父和我都耳熟能詳，所以最後還是被我說服，帶我前去巴巴的洞穴。

我們在黃昏時分天色即將轉暗之際到達。我們發現這位阿勾瑞正坐在恆河與他洞穴之間的一塊岩石上。他示意要我們過去坐在他身邊。

然後他開始質問潘迪特：「你在背後罵我，卻在我面前對我合掌行禮。」潘迪特想離去，但是阿勾瑞說：「不行！去河邊幫我取一鍋水來。」

被嚇到的潘迪特取了水回來，阿勾瑞遞給他一把斬刀，對他說：「河中有一具浮屍。你去把它拉上岸來，將大腿和小腿上的肉切下來，給我拿個幾磅重的肉回來。」

阿勾瑞的命令讓潘迪特驚恐不已。他變得非常緊張——我也是。他極度驚嚇，不願意依照阿勾瑞的吩咐去做。

但是阿勾瑞暴怒地對他吼說：「要是你不從那屍體上取些肉來，我就把你給斬了，拿你的肉。你選哪個？」

這位可憐的潘迪特，被焦慮和恐懼感所驅使，只好去切斬屍體。因為極度不安，他不小心切到了自己左手的兩隻指頭，開始大量流血。他把肉帶回來給巴巴，此時我們兩人都已經嚇呆了。當潘迪特走過來時，阿勾瑞觸摸了他手指切傷的地方——它們立即癒合。連傷疤都沒有留下。

阿勾瑞命令他把肉塊放入一個土盆中，把土盆放在火上，再用一塊石頭壓在盆蓋上。阿勾瑞對他說：「難道你不知這位年輕的斯瓦米已經餓了，你自己也該吃了。」

我們兩個都說：「先生，我們吃素。」

這話讓巴巴為之惱怒，對我說：「你以為我就吃肉嗎？難道你也同意這邊的人說我髒？我也是純吃素的。」過了十分鐘，他要潘迪特把土盆端來。他撿了幾片大葉子，對潘迪特說：「把這些鋪在地上，做為餐墊。」

潘迪特用顫抖的手，依照吩咐做了。然後阿勾瑞進入洞內，取了三個土碗來。

當他進入洞內時，潘迪特低聲對我說：「我想這回我活不下去了。這完全違背了我一生所學所為。我應該去自殺。你給我做的好事。為什麼要讓我來這裡？」

我說：「別說了。反正我們逃不走，不如靜觀其變。」

阿勾瑞命令潘迪特把食物盛出來。潘迪特打開土盆的蓋子，把裡面的東西盛到我面前的碗中，我們非常驚訝，它居然變成了一種由乳酪和糖製成，我們稱為「若絲姑拉」（Rasgula）[2]的甜點。這是我最喜歡的甜點，巧的是剛才走來巴巴的洞穴時，我心中還正在想著它。

阿勾瑞說：「這個甜點裡面可沒有肉。」

我吃了甜點。潘迪特也只好跟著吃了。它非常可口。

我們沒吃完的甜點就交給了潘迪特，讓他拿回去和村民分享。這麼做的原因，是要證明我們倆並沒有被某種催眠技巧所影響。於是潘迪特獨自一人在黑夜中離開，回到三英里外的村落。

我選擇跟著阿勾瑞，想要解開食物是如何被轉變的祕密，也想了解他怪異的生活方式。「為什麼要將屍體的肉煮過，它又是怎麼變成了甜點？為什麼他要獨自一人生活？」我在心中想著。我以前聽說過有這樣的人物，但這回可是第一次有機會遇見。

我靜坐了兩個小時後，我們開始談到經典。他是極度聰穎又博學的人。不過他講的梵語太簡要而艱深，所以每回我都要用上幾分鐘仔細斟酌他的話，才能回答他。無疑的，他是一位博學之人，但是他的作風跟我所遇見過的苦行僧完全不同。

在《阿闥婆吠陀》（*Atharva Veda*）[3]中對於阿勾爾的法門有所描述，但是我在所有經典中都沒有讀過要吃人肉這回事。我問他：「您為什麼要如此生活，要吃死屍的肉？」

他回答：「你為什麼要稱它為『死屍』？它不再是一個人。它只不過是物質，而且沒有被利用到。你是把它和人聯想在一起。沒有別人會想用那個身體，所以我就來用。我是科學家，在做實驗，想找出物質和能量共通的原理。我是在將一種形態的物質改變為另一種形態的物質。我的老師是大自然母親；她變出很多不同的形態，我只是在遵守她的法則，來改變周遭事物的形態。我今天如此對待那位潘迪特，他回去後就會警告別人遠離我。今年是我待在這個洞穴的第十三年，從來沒有人來看我。眾人因為我的外貌而怕我。他們以為我很骯髒，以為我靠吃肉和死屍維生。我朝來人丟石子，但從來不會打中人。」

他外在的行為很粗魯，但是他告訴我他是故意如此，目的是在他學習時旁人不會來打攪，也為的是他可以不必依賴村民給他送食物和其他必需品。他並非失控，是為了刻意避開眾人，才表現出失控的行為。他過的是完全自給自足的生活方式，他連續在那個洞穴生活了二十一年，一直都沒有村民去找過他。

我們整個晚上都沒睡，他都在教我，一直在談他的阿勾爾法門。這個法門不是我的道途，我只是好奇想知道他為什麼要過這樣的生活方式，為什麼要做那些事。他有本事改變物質的形態，例如把一塊石頭變成一顆方糖。第二天早晨，他一個又一個地為我示範了很多這種變化法。他叫我去觸摸沙子，結果沙粒變成了杏仁和腰果。我以前曾經聽聞過有這門學問，也大致知道它的基本原理，但是我從來不信這些傳聞。其後我沒有再深入探索這塊領域，但是我現在對這門學問的根本原理有了充分的了解。

到了中午，這位阿勾瑞堅持要我吃點東西再離去。這次，他從同一個土盆中拿出來的是另一種甜點。他待我非常溫和，一直在談密法的經典。他說：「這門學問快要失傳了。有學問的人不想去練它，所以有一天這個知識將會被遺忘。」

我問：「做這些事究竟有什麼用？」

他說：「你說『有用』是什麼意思？這是科學，有這個知識的科學家應該把它用於治療，而且應該告訴其他科學家，物質可以轉換為能量，能量可以轉換為物質。物質和能量是受同一個法則所控制。在所有的名和相的表面之下的，是一個統合的原理，到今天科學家還無法完全知曉它的全貌。吠檀多以及其他古代的學問，對這個生命根本的統合原理都有所敘述。生命之力只有一個，這宇宙中所有的名和相都不過是那個『一』的變化。要了解兩種不同形態物質之間的關係不難，因為它們的源頭都是同一個。當水變成了固體時，它叫做冰；當它開始揮發時，它叫做蒸氣。孩子們不知道這三個都是同一樣東西的不同形態，而它們的結構基本上是相同的。不同的只是在它所具有的形態。今天的科學家就像是孩子。他們不知道所有物質後面的統一性，也不知道如何將它從一個形態轉變為另一個形態的原理。」

在智性層面上我是同意他的，但是我不認可他的生活方式。我向他道別時，答應會再去看他，但我其後就沒再去過。

我對那位後來在驚恐狀態下回去村落的潘迪特，倒是很好奇他的命運如何，所以去探望他。讓我驚訝的是，他完全變了一個人，還打算去跟隨那位阿勾瑞，成為他的弟子。

注釋

1 譯注：阿勾爾（Aghora），修練阿勾爾法門之人稱為阿勾瑞，他們秉持「非分別心」，對於乾淨污穢無分別，乃至於食用屍體，所以被誤傳為是「食人族」。其實並非真吃活人，也不是一種民族。

2 譯注：若絲姑拉（Rasgula），是印度常見的甜點，呈白色柔軟的小圓球形，浸在糖汁中。

3 譯注：《阿闥婆吠陀》（*Atharva Veda*）是四部吠陀之一。

我的驢子呢？

有一次我去到茂烏（Mau）[1]，那是位於北方邦境內的一座小城。我住在一間小茅屋中，這是專門為雲遊的斯瓦米和苦行僧而建的。大多數的時間我都待在屋內做習練，或者從事靜坐，只有在早晨和黃昏時分才短暫外出。

附近有位專門幫人洗衣的人，他沒有妻子或兒女，只有一頭驢子。有一天，他的驢子不見了。他極度憂心，因過度驚嚇而呆住，到了出神的狀態。旁人以為他是入了三摩地。

在印度，打著三摩地的旗號，可以讓人家為你做任何事。他們甚至會賣掉房子，拿錢來供養那位外表上像是到達三摩地境界之人。他們相信供養是對聖者表示敬愛和忠心的方式。那名洗衣工連續兩天以同一個姿勢坐著不動，於是群眾開始把金錢、鮮花、水果放在他的周圍。有兩個人自稱是他的弟子，就出來收錢。但是洗衣工紋風不動。他的追隨者就鼓動更多人前來。他們要讓每個人知道他們是這位偉大上師的弟子。消息很快地由口耳相傳蔓延開來，他開始出名。

他的一名弟子通知我，說在離我住處不遠的地方有位偉人入了三摩地。所以我前去見他。他閉著雙眼，的確靜靜地坐著不動。很多人坐在他身邊唱著：Hari Rama, Hari Rama, Hari Krishna, Hari Krishna.[2]

我問他們：「你們這是在做什麼？」

他們說：「他是我們的上師，現在入了三摩地。」

我開始好奇，心想，「我倒要看看他從這個狀態出來會如何？」

兩天後，他睜開眼睛。每個人引頸以待，希望聽到他說出什麼大道理來。但是他從昏迷狀態一醒來，只說了：「我的驢子呢？」

你是抱著什麼樣的期望進入禪定，是一個決定因素。一個傻瓜進入睡眠，醒來時還是傻瓜。但是如果一個除了開悟別無所求之人進入禪定，他出來時會是一位聖者。

憂心忡忡到了出神地步之人，和真正在禪定中的求道之人，這兩者之間是有細微差別的。強烈的憂慮可能會驅使心念集中於一點，但這不是正面的方法。靜坐會使得心地變得正面、集中、向內。兩者外表的跡象和徵兆類似。憂慮會使得身體緊張而僵住，靜坐會讓人放鬆、穩定而靜止。靜坐需要先淨化心念；憂慮則無此需要。當心地被強烈的憂慮感所控制時，心地會變得僵硬而不敏感。但如果是一位偉人在思慮世間的疾苦，那根本不是憂慮，而是基於慈愛和無私在關懷人類。在這個情形下，個人的心量會擴展，和那宇宙的「一」合為一體。若心念放在對一己私利的考量到了專一的程度，那叫做憂慮。若能讓心念覺知到別人的苦厄，它就會朝正向思考。在這兩種情形下，心念都可以專注於一點，但是後者可以導致覺性的擴展。

當約翰被放逐到帕特莫斯島（Patmos），處於一個與世隔絕的洞室中[3]，他感到憂慮，以為來自主的訊息將因此無法傳遞給世人知曉。但其實這種憂慮並不是為了要滿足一己的私欲，他是在為普天下而沉思、而存想。這種專注地思慮存想是心量在擴展，擔憂則是心量在收縮。

同一個能量，既可以流在負面的紋路裡，也可以用意志將它導引至正面的紋路。因此，身為一名學生應該先淨化自心，然後才去靜坐；在開悟的道途中，如果心不能持戒律，沒有淨化，那靜坐是無益之舉。準備功夫是很重要的。幾個前行步驟——對行為、言語、飲食習慣及其他欲望的控制——是重要也是必要的準備功夫。那些能遵守戒律再去從事靜坐的人，會得到正確的經驗。他們會接觸到自己內在正面的、有力的潛能。這些經驗能夠指導我們深入探尋意識的層面。心念還沒有調校好，沒有先淨化的話，是創造不出什麼有價值的東西的。但是能靜坐、能沉思的心，永遠是具有創造力的。

憂慮和靜坐，兩者都會在心的潛意識層面留下深刻的印記。憂慮會引起身心失調的疾病，靜坐會讓人覺知到自己意識中不同的維度。如果求道之人懂得如何靜坐，他自然能戒除憂慮的習慣。仇恨以及憂慮是兩個負面的能量，只會壓縮心量。靜坐和沉思則是能擴展心量。

我研判這位不幸的洗衣工，雖然坐著不動，其實是深深地專注於痛苦中。深沉的悲痛使得他的心念陷入混亂。在那個狀態下，他變得靜止不動，腦中一片空白。而在三摩地的境地，心念則是有意識地被引到更高的覺知維度。求道之人想得三摩地而不先淨化其心，都會以失望收場，因為心念不淨只會是三摩地的障礙。三摩地是經由有意識、有控制的努力而來之成果。它是一種超越的覺性境地。憂慮只會壓縮心量，靜坐才能擴展心量。擴展一己的覺性，與超越的覺性合一，就叫做三摩地。

注釋

1 譯注：茂烏（Mau），已改名為 Maunath Bhanjan。
2 譯注：這是印度最普遍對神的禮讚之歌。
3 譯注：出自《聖經》的故事，使徒聖約翰（St. John）被放逐到愛琴海中的小島帕特莫斯，居於洞室中，其後耶穌為他示現。他寫成《啓示錄》，成為《聖經》中的一書。

化身

有一次，我待在坎普爾（Kanpur）城外六英里恆河對岸的一處。我的住處是在河堤邊的一座花園裡。那段期間，我對世間的任何東西都無所求。

我不進城，但是有很多人要來見我。他們帶著水果來，然後就坐在我面前。為了要避免這樣的場面，我就準備了幾串念珠，任何人來到，我就會說：「你先坐下來，持誦這個咒語兩千遍，然後我們再談。」大多數的訪客都會留下念珠，悄悄地離去。

有一位先生名叫苟毗納特（Gopinath），他是印度中央銀行設在坎普爾的分支機構中的財務總管。有一天下午，他和四個人一起來。他們坐下後就開始唱誦。他們唱得非常入神，以致於忘了注意時間。

到了晚上九點鐘，他忽然睜開眼睛說：「壞了大事了！」

大家問他：「什麼事？」

他說：「我的姪女在今晚七點舉行婚禮，她典禮中要配戴的珠寶首飾都鎖在我的保險箱裡，唯一的一把鑰匙在我這兒。斯瓦米吉，您把我怎麼了？」

我說：「我什麼也沒做。你是受到這裡的氛圍所影響。每個來這裡的人都是如此。你放鬆了，忘卻世間的煩惱；你經驗到了神，樂在其中。為什麼要如此擔憂？」

「但是那些婚禮中要配戴的珠寶首飾，還鎖在我的保險箱裡，我應該要交給他們才是。」

我說：「瞧，今天你真的唱到了忘我境界嗎？」

他說：「所以我才還在這兒。」

「那就不用擔心。神自會處理這種狀況。如果因為唱誦神的名號而發生了某種壞事，就由它發生；如果不是它的話，反而會發生更大的壞事。」

於是他們跳上馬車，趕回城裡。

他一抵達就焦急地詢問結果如何。那邊的人被他問得滿頭霧水。

他們說：「你是怎麼了？婚禮已經結束。一切都順利。」

他說：「我人在恆河對岸，鑰匙在我身上。那些首飾呢？」

他們說：「是你拿首飾來的。你不記得了嗎？」

他的妻子過來，說：「你在婚禮前十分鐘親自把首飾送過來的；現在婚禮已經結束，大家都在用餐。」

但是陪同他的四個人，一致確認他是和我在一起，在唱誦。

眾人說：「不是你們傻了，就是我們傻了。」他們感到很不安，因為他們所聽到的和自己的記憶無法吻合。

苟毗納特更是心中大亂，他說：「我是苟毗納特。那個拿首飾來的苟毗納特是誰？」第二天回去上班時，他不跟任何人講話，只問一個問題：「我是唯一的苟毗納特。你能告訴我另外那一位是誰嗎？」三天下來，他一直被這個問題所糾纏。因為這樣，他最後只好辭了工作。

他的妻子來找我，但是我也愛莫能助。

我問：「他會跟你說話嗎？」

她說：「會的。但他就只是一直問，『告訴我，親愛的，另外那個苟毗納特是誰？他看來跟我完全一樣嗎？』」

這個事件之後，很多人跑來找我，說：「您是一位製造偉大奇蹟的聖者。」

我說：「你言過其實了。」我和他們都一樣，不知道究竟發生了什麼事。真的，我不知道這樣的事是如何發生的。

後來我問我師父：「那究竟是什麼？」師父說他完全知道這類事情發生過，有可能是我們傳承其中一位聖者，因為苟毗納特全神貫注地誦唱神的名號，就出手幫了他。

我一生中個人的經驗是，聖者們會仁慈而慷慨地引領和保護能為神奉獻之人。就我個人所經驗到的事蹟而言，聖者即使身在喜馬拉雅山中，一樣可以去到世界任何地方示現。

通靈人

一九七三年，我們回瑞斯凱詩途中路過新德里，就住在當地的一家酒店裡。在那裡我遇見了魯道夫・巴倫坦（Rudolph Ballentine）[1]醫師，他是一位精神科醫師，曾經在美國大學的醫學院任教。前一陣子，他從巴基斯坦進入中東各國旅行。

巴倫坦醫師告訴我，他在康諾廣場（Connaught Place）的一件奇遇。康諾廣場是新德里著名的購物中心。有一位陌生人忽然叫出他的名字，又隨口說出他在英國的女友名字。

巴倫坦醫師問那人：「你怎麼會知道這些？」

那個人說：「你出生於某年某月某日，而你的祖父名字是某某某。」然後那個人又告訴他一些屬於個人隱私的事，那是除了巴倫坦醫師自己以外，沒有別人會知道的事。巴倫坦醫師想，「我來印度就是為了這個人了。」

那個人說：「先生，給我五美元。」他照辦了。那個人不停地左看右看，怕被警察看見。如果被警察撞見了，那個人會被逮捕。他說：「在這兒別走。我馬上回來。」

巴倫坦醫師等了半個小時，但那個人都沒有回來。

巴倫坦醫師告訴我：「斯瓦米吉，那個人真了不起。」

我問：「他做了什麼？」

他回答：「我和那個人素昧平生，而他卻能說出這些關於個人的事。」

我問：「這些不都是你已經知道了的事？」

「是的。」

「那這有什麼大不了的？如果有人知道你在想什麼事，很明顯你也已經知道那件事。他的那種知，對你完全沒有助益。這種本事也許在短期內能讓你感到驚奇，但是沒辦法幫任何人去提升自己。」

在康諾廣場有很多巴倫坦醫師遇見的那種假貨，他們往往冒充是苦行僧，能為人說出過去和未來。他們學這個伎倆只是為了謀生。天真的遊客以為他們遇到了偉大的聖者。這些遊客從來不會去真正聖者所在的地方。這些冒牌者讓靈性和靈性之人都受到污蔑。

後來巴倫坦醫師開始跟著我們旅行。我們離開印度之後，他在瑞斯凱詩和印度其他地方逗留了幾個月，訪問印度傳統醫學的學校。他回到美國後加入了我們，現在主管和執行我們這個機構中的「綜合治療項目」（Combined Therapy Program）[2]。

注釋

1 譯注：魯道夫・巴倫坦（Rudolph Ballentine），美籍醫師，追隨斯瓦米拉瑪多年，有多本關於飲食、阿育吠陀、整體性療法的著作。

2 譯注：綜合治療項目（Combined Therapy Program），是綜合西方醫學、印度傳統醫學以及瑜伽修練的治療法。

Part 11

療癒的力量

自我療癒的力量被深埋在每一個人生命的墳墓中。如果能將那個力量的潛能挖掘出來，人就能自我治療。完全無私為神服務之人，可以治癒任何人。而所有療癒中最高的，莫過於從一切苦痛中解脫出來。

初學療癒力

我十二歲的時候，跟著我師父徒步在印度的平原地區旅行。我們走到艾塔（Etah）的火車站時，師父去找站長，對他說：「我帶著一個孩子，他肚子餓了。請施捨一些食物給我們。」

這位站長回自己的家拿食物，當他到家時，他的妻子呼喊著：「你知道我們就這麼一個兒子，現在染上了天花，你居然還有心去餵這些流浪的僧人？我的兒子就要死了！你滾出去！我都要瘋了。」

站長板著臉回來，向我們道歉：「我能怎麼辦？我妻子說，『如果他真是一位斯瓦米的話，為什麼他不能明白我們的處境，來醫好我們的孩子？難道他不懂道理嗎？我們唯一的孩子就要死了，而他在為一餐飯擔心。』」

師父笑了笑，叫我跟著他走，去站長的家。那是一項挑戰，他總是愛挑戰。

但我可就要抱怨了：「我餓了。我們什麼時候才能吃？」

他說：「你只好等等了。」

我經常為這種事抱怨，我會哭著說：「時間到了，你還不給我吃飯。」然後我就哭著跑掉。但其實他是在教我要有耐心。

這次他說：「你現在心煩意亂，等五分鐘你就會安了。碰到目前這個情況，要你等是應該的。」然而我還是不斷地抱怨，那位婦人簡直想把我給趕出屋外。

那是我第一次見到人出天花的樣子。那孩子渾身都是大膿包，連臉上都是，瘡口在流膿。

師父對孩子的父母說：「別擔心，兩分鐘內你們的兒子就會完全痊癒。」他拿了一杯水，繞著那孩子睡著的小床走了三圈，然後他把水喝了下去。他望著孩子的母親，對她說：「他好了，你見到了嗎？」

我們看到孩子身上的膿包開始消失，全都感到驚訝。

但是我更驚慌的是，它們開始出現在我師父的臉上。我嚇得哭了起來。

師父靜靜地說：「不要擔心，我不會有事。」

兩分鐘內，孩子的臉已經完全平整，於是我們離開這家人。

我一路跟著師父，來到一棵大榕樹下。他在樹旁坐下來，很快地，師父臉上的膿包開始消失，然後出現在樹上。過了十分鐘後，樹上的膿包也消失了。我見到師父沒事了，就摟著他哭。

「下次別再做這種事了！」我求他。「你看起來好可怕，嚇死我了。」

接著，有很多人來找我們。

我問：「是我們做了什麼壞事嗎？」

他說：「不是的。跟我來。」

他牽著我的手，我們又回到亞穆納河，沿著河岸而行。最後我們停在另一戶人家前面，要到了一些食物。我們走到一個圍起來的院子中，這裡沒有人能找到我們，才吃了飯，歇下來。

聖者為了助人，能把苦當作樂。這在一般人是無法想像的。在人類歷史中，不乏靈性領袖為別人而受苦的例子。這些聖者們成了典範，即使到今天仍然有很多人願意追隨聖者的腳步。當個人的意識擴張成為了宇宙意識，就容易樂於為別人而受苦。雖然凡人認為他們在受苦，但是對他們而言卻不是在受苦。只要個人意識依然侷限在一己的界限之內，個人就會受苦。聖者不會因爲有什麼事情發生在他一己身上而受苦，但眾生之苦卻會令他感受到更大的疼痛。

苦和樂是一雙對立面，是當感官和外界對象接觸時所經驗到的。對於意識已經擴張到超出感官層面的人，就能跳出這個對立面。有些技巧可以主動地將心識從感官回攝而向內專注，以展露意識中心。心識在如此狀態下之人，是不會被感官的苦樂感受所影響。如此能專注於一點的心，就能生起不凡的意志力，可以為他人治療。一切這種的療癒力量，都是來自同一個覺性源頭，再透過某個特定人身流出。一旦治療者的個人自我意識抬頭，那個自發性的療癒能量之流就會停止。人類天生具有療癒的能力。但只有不受到低層次心識干擾的意志力，才有可能療癒他人。

奉師命為人治療

一個晴朗的早晨，師父和我正坐在我們的岩洞外面，忽然他說：「你該去搭巴士。巴士行駛的路線離這裡有七英里，趕快動身。」他經常會在毫無預警的情況下叫我即刻動身前往某地。有時候我事先不會知道原因，要到了目的地才知道。我即刻起身，拿了我一向帶在身邊的水壺。

他說：「乘巴士去哈立德瓦火車站。你會得到一張車票，從那裡坐火車去坎普爾。米特拉（Mitra）醫師正臥病在床，一直在憶念著我。他腦出血，右側鼻孔流出血來，可是他的妻子不讓他去醫院。他的妻舅巴素（Basu）醫師知道是腦出血，但是那邊沒有可以做腦科手術的地方。」

我問：「我該做什麼？」

「你只要帶著愛意在他的右臉頰上拍一下。不要認為你自己是治療者。要想你是個工具。我曾經答應過他們夫妻，我們會一直幫他們。盡快前去。」

我說：「我感到很意外，您替我做出要幫人的承諾，居然沒告訴過我。」我並不想去這麼長的旅程，但又無法不遵命。

我離開岩洞，走了七英里到達巴士經過的路線，站在路邊等，上了前往瑞斯凱詩和哈立德瓦的巴士。通常司機看見有斯瓦米站在路邊等車，都會讓他上車。

我坐到了哈立德瓦火車站下車，身上沒有錢，而去坎普爾的火車還有半小時就要開了。我看著自己的手錶，心想也許可以把它賣了來買車票。我在火車站中，走到一位男士身旁，我問是否可以用手錶跟他換點錢買車票。出人意料的是，他說：「我的兒子沒辦法跟我同行，我正好多出一張票。請拿去。我不需要你的手錶。」

上了火車後，我遇見一位女士，她也要去坎普爾，而且她正好是米特拉醫師的近親。她曾經聽米特拉醫師夫婦談過我以及我師父，給了我一些東西吃。我們搭了一整晚火車，第二天早上抵達坎普爾。

火車站非常繁忙，我花了十分鐘才走出閘口。在站外，我忽然遇見一位很熟的人，他的車就停在附近。他本來是要來接另一個人，但是那個人一直沒出現，因為他在德里沒坐上火車。這個人本來要帶我去他家，但是我堅持我們去米特拉醫師的住所。

我們抵達時，我敲門進去後，發現有三位醫師正在為米特拉醫師做檢查。米特拉夫人見到我非常高興，說：「現在你來了，我就把先生交給你了。」這就是典型印度人對苦行僧的盲從。

我說：「我可不是什麼治療者。我只是來探望他。」我去到米特拉醫師床邊，可是他無法坐起來，因為鼻孔還在流血。

當他見到我，就問：「你師父好嗎？」

我在他的右臉頰輕拍了一下。幾分鐘之後，流血就停止了。其中一位醫師解釋，我輕拍他臉的這個動作，正巧把血管的開口給合了起來，現在已經癒合了。

我不知道自己在做什麼，我只是遵照師父的囑咐而已。

米特拉醫師奇蹟好轉的消息，一下子傳遍全城，立刻有幾百名病人開始找我，所以我在當日下午就出城，第二天早上抵達哈立德瓦。從那兒回到師父身邊。

我開玩笑地對師父說：「我現在知道祕密了，可以幫任何人止住內出血。」

他對我一笑，然後說：「那位為你解釋療癒原因的醫師實在是無知。痛苦有很多不同的方式以及不同的層次，但是一切苦痛都是從無知所生出來的。」

有時候師父會突然命我出發，而不告訴我原因和最終目的地。我有過好幾次這樣的經驗。我的結論是，聖者的作風神祕，超乎了常人心量的理解能力。我只有遵照去做，去經驗。經驗會給我帶來知識。能夠不被心的設定所左右的人，能知過去、現在、未來。所謂的設定，就叫做：時間、空間、因果。凡人的心量無法掌握這些設定，但是聖者可以。凡人無法理解這門學問，但是走在這條道途上之人的本事非同凡人。

有一回，我問師父：「世人是否有可能跳出心的設定，還是必須要一輩子住在喜馬拉雅山中，才能開發出跟您一樣的本事？」

他說：「人只要能時時覺知自己人生的目的，自己一切作為都是為了達到那個目的，那就沒有不可能之事。不能覺知人生目的之人，就很容易陷入痛苦的漩渦。」

世間法是，人不可能不履行自己該盡的責任，但是另一方面，責任會讓盡責之人成為奴隸。可是，能行事練達而毫無私心地去履行責任的話，那麼盡責之人就不會被責任所束縛。以愛心去履行責任，如此的作為就是解脫道上的一種方便。履行自己的責任固然非常重要，但是更重要的是愛。沒有了愛，責任就造成了束縛。能無私為眾人服務以及能學會橫渡這個虛幻的泥沼，才是有福之人。

人本來具足一切所需的療癒能力，只不過不知道該如何去用它們。一旦接觸到內在那療癒的潛能，他就能治好自己。所有的力量只屬於同一個神。人不過是個工具。

去了西方之後的斯瓦米拉瑪。

另類醫療手法

所謂被附體的傳說，跟人類的文化一樣古老。到今天仍然有很多人相信某某人是被某種妖魔鬼怪或是精靈附體。我從一九六〇年代開始到今天，已經走遍世界各地。我發現不只是無知之人，連受過高等教育的人都相信附體是真有其事。可是這所謂的附體只是一種精神的失調。做宗教儀式或活動，可能具有一定的治療效果。世界上有很多團體還在做這種儀式，但是有些是祕密進行的。在我有機會觀察到的個案中，絕大多數是屬於一種歇斯底里的情緒，通常是因為性慾受到壓抑而產生。還有其他原因，例如害怕失去什麼，或者害怕得不到某種極端渴望的東西，所引起的病態反應。

在印度，患者會被帶到某些專門從事驅魔的地方。治療者所用的手段幾近殘忍，例如會在神明的像前鞭打患者。有些被稱為「法吉亞」（Vākya）[1]的治療者，在治療時會顯現出他也是遭到附體，不過是被天神所附體。有時候，法吉亞處於一種高度專注的情緒中，會跳入火焰中以顯示自己的法力高強。然後，他會唱頌禱文，試著幫助病患改善情況。在喜馬拉雅山區各地，有很多從事這類行為的人士。

幾年前，格林博士夫婦[2]以及他們在曼寧格基金會（Menninger Foundation）[3]的一些同事，帶著精密的生理測量儀器前來印度，想找些瑜伽高人做測試。他們來到我在印度瑞斯凱詩恆河邊上的道院。不過，他們比預定到來的日期足足晚了一年，原本同意來道院接受測試實驗的一位瑜伽士已經聯絡不上。我道院中聘用的一位警衛名叫哈瑞辛格（Hari Singh），他主動表示願意擔任其中一項實驗的測試對象。當時在場觀察的有四十位來自美國的人士，當中有醫師和心理學家，他們都住在我的道院中。

格林博士一團中，有一位隨行的美國攝影師架設好攝影機開始攝影，此時，哈瑞辛格將一把鋼刀片放入火中。當刀片被燒紅時，哈瑞辛格把刀從火中抽出，然後用他的舌頭去舔刀片。當時發出一陣嘶嘶的聲音還冒出蒸氣，但是他的舌頭安然無事！完全沒有被灼傷或者留下疤痕。會做這類特異功能的人，通常並非是瑜伽士，然而大家以為他們是瑜伽高人。這種特異功能其實很常見，也是真的，但這不算是瑜伽，在瑜伽的學派中也不教這些。

一九四五年，有位澳洲神經學家到我在山中的住處找我，在我那兒住了十天。三十年前山區很少有醫院或醫療站，現在印度政府才開始在各處建立醫療中心，為輕微的症狀提供簡單的治療。我原本希望這個人可以幫村民開一些藥。但他來喜馬拉雅山中找我的目的，是因為自己長年受嚴重的頭痛所苦，到了無法正常生活的地步，想要治好這個病痛。雖然他自己是醫師，而且也由很多其他醫師為他做過檢查，都無法找出頭痛的起因，也沒有人能夠治好他。

每天送牛奶來我茅屋的一位老婦，見到他就笑了，對我說：「這人是醫師嗎？」她笑著說：「假如給我出手的話，兩分鐘就能搞定他的頭痛。」

我說：「請試試看。」

她取了一種常見的草藥，是山地常被拿來生火的草本植物。她敲擊兩塊石子冒出星火，點燃了草藥，然後將草藥磨碎，取了一丁點抹在醫師右邊的太陽穴，說：「相信我，以後你永遠不會頭痛。躺下來。」當他照做之後，她將一個鋼鉤放入火中，直到鉤子的尖端被燒得通紅，然後把火紅的鉤子頂端放在醫師太陽穴上敷了草藥的地方。醫師慘叫一聲，跳了起來。我也被嚇到了。老婦一言不發，轉身回自己的村莊，醫師的頭痛也消失了。

這種治療手法是當地村民常用的。醫師說：「這是哪門子的科學？我要好好學習它。」我不鼓勵他這麼做，雖然我相信這種治療法有時候能幫得上，但它們沒有什麼條理可言，也很難評估哪些真的有效，哪些只是迷信。那位醫師堅持要去學，就動身前去加合爾一帶的山區，跟隨一位山中的草藥醫師百若杜特先生[4]學習，此人懂的草藥不只三千種。

六個月後，這位醫師再次見到我時，他說：「我明白那位老婦為我治療的原理。那是由西藏去漢地的旅人常用的手法，其後被整理為針灸術。印度古代的醫學大師恰拉卡（Charaka）稱之為『針刺』療法（sūcī vedha），當今的印地語就稱之為『針』（sui）。」

我認為，他固然治好了一種頭痛，但現在開始對這些療法做研究，就給自己帶來了另一種頭痛。有很多東西村民知道能治病，但是我們在不明白其中的原理之前，最好不要貿然採用。我們應該要保持開放的態度。

食用草藥以及由金屬提煉而成的藥材，在今日的西方世界並不尋常。雖然我們有很多現代的方法來製造藥物，能幫到病患，可是藥物無法醫好所有的病。阿育吠陀應用了草藥以及其他的治療方法，例如：水療法、陶土療法、蒸氣療法、顏色療法、日光浴療法，混合不同水果、鮮花、蔬菜的飲料療法等，都是阿育吠陀治療法的重要組成部分。

阿育吠陀治療疾病的方法分為兩階段：診斷病因（nidana）以及飲食等生活習慣的控制（pathya）。治療者會列出病患在飲食、睡眠乃至氣候環境方面所需要做出的改變，而不是把病人放在今日那種擁擠不堪、令人恐慌的醫院環境裡。

我經常在想，為什麼喜馬拉雅山地的人民即使只有很有限的現代醫療資源，卻能夠如此健康長壽。有很多疾病是現代醫學治不了的，但是這些山地人民卻不會患上。也許新鮮食物、新鮮空氣，更重要的是心念平靜無憂，是他們健康的原因。世界各地數以百萬計的病人被身心失調引起的疾病所苦，有正確的飲食、果汁、放鬆、呼吸方法以及靜坐，就能夠幫到他們。預防以及另類療法是不可忽略的。

注釋

1 譯注：法吉亞（Vakya），字面意義是「話語」、「字句」、「命令」。

2 譯注：格林博士夫婦（Dr. Elmer Green, Mrs. Alyce Green）曾經在曼寧格機構的實驗室負責身心機制的量測研究，用現代儀器檢測斯瓦米拉瑪禪定的狀態，將觀測結果紀錄在兩人合著的 *Beyond Biofeedback* 書中。兩人其後研究和教導方向側重於靈性開發，並且成立自己之基金會：The Elmer E. and Alyce M. Green Foundation。

3 譯注：曼寧格基金會（Menninger Foundation），美國著名的精神科疾病研究治療機構。

4 譯注：參見本書第七部中「蘇摩」一文。

喜馬拉雅山神廟中療癒

巴椎那特城

有一群生意人以及幾位醫師決定要前往喜馬拉雅山中的巴椎那特神廟朝聖。規畫這趟旅程的人是加普瑞亞先生（Jaipuria），他來自坎普爾，是知名的生意人。有一位夏瑪（Sharma）醫師隨行，負起照顧四十名團友的責任。他們堅持要我同行，一路上可以為他們上課。

我們由卡那普拉亞格出發，除了加普瑞亞先生是搭乘轎子之外，其他人都是步行，走了幾天之後就到達巴椎那特。由於他們不習慣在山區步行，此時都感到渾身痠痛，膝關節尤其腫痛。一到了巴椎那特，每個人都衝到溫泉中洗浴。到了黃昏時分，我回到房中。我的房間是在一座大建築物內較安靜的一側，此地住了很多來神廟朝聖的人。

我習慣整夜不睡，而下午一點到三點半則

是我休息的時間。這成為我生活中的規律。凌晨兩點半的時候，有人來敲我的門，說：「斯瓦米吉，請出來！我哥哥嚴重心臟病發作，醫師也無法處理。請立刻來幫他！」來人是加普瑞亞先生，他對我敬愛有加。但是，我向來要在那個凌晨時分靜坐，而且不容被打攪，以免影響我的意志力。我也知道隨團有好幾位醫師，團中帶著氧氣筒和醫療包，所以我沒有打開門，只從室內回答：「我們這些瑜伽士和斯瓦米的心願都是能夠死在像這種聖地，可是從來沒發生過。你哥哥哪有可能會選擇來這個地方死？不可能的，他死不了的。走開，不要來打攪我。」

到了早上，加普瑞亞先生的哥哥看起來很正常。我的那段回話被這群生意人用來開彼此玩笑：「連神聖的人都不夠運氣能死在巴椎那特的神廟，我們生意人哪有可能如此安詳地死去。不可能的！」

第二天早上，每個人都前去神廟，遇見了許多住在附近洞穴中的斯瓦米。

到了下午五點過後，隨團的首席醫師夏瑪通知我，加普瑞亞夫人下痢血便。她是一位小個子的老婦人，非常慈祥，總是在照顧我的安適，而我稱呼她媽媽。我聽了很難過，立即跑去看她。她臉色蒼白，精疲力竭，只有嘴唇能動。她的兩名兒子正坐在身邊，顯然認為老太太可能熬不過去了。醫師給她服了藥，但是毫無起色。她的呼吸非常微弱，醫師們宣布已經盡了人事，只有聽天命。我同情地把手放在她頭上，而我也不知道有什麼可做。

忽然間，我轉頭看見有一位高大年輕的斯瓦米在叫我的名字，我的注意力就轉移到他那兒。這位斯瓦米問：「醫師在哪兒？」醫師站了出來。斯瓦米說：「你們的醫學最多就只能做到這個地步？你們這些人真是在殺人，在毒害他們。這種知識有什麼用！」

那位醫師被激怒，對他說：「那你們兩位斯瓦米為什麼治不好她？我承認失敗，其他醫師也都失敗了。」

加普瑞亞先生非常疼愛他的妻子，在房中一角抽泣。他的兒子和女婿也都在哭。我望著那位年輕的斯瓦米，他在微笑，然後問眾人是否有鮮花可用。這裡人人都帶了花去神廟供奉，所以有人就拿了紅玫瑰的花瓣上前。

那位斯瓦米猛然拉扯老太太的手臂，強迫她坐起身，拿一杯泡著花瓣的水對著她的嘴灌下去，口中喃喃唸著沒人聽得懂的東西。然後，他讓她躺平在床上，用毯子蓋著她，叫所有人都出去，說：「她現在要進入深眠了。」

每個人都以為他所謂的「深眠」是長眠不起，所以開始又哭又吼。我們兩人則是微笑以對。他們更加不滿，老婦的兒子說：「你們這兩個不負責任的人，你們好像無所謂，我可是失去了母親，你們居然還在嘲笑我們！」

年輕的斯瓦米和我站在屋外，等那位老婦甦醒，她的家人則是開始在計畫要將她火化。過了半小時，年輕的斯瓦米叫加普瑞亞先生進去屋裡看他的妻子。他發現她不但坐了起來，而且完全康復了。

我不反對醫治疾病的醫藥和治療手法，但我更愛讓人明白預防醫學的重要。還有一個更高明的助人方法，就是使用意志力。這裡所謂的意志力，是經由專一、禪定、持戒而來的那種生機勃勃的意志。如何去培養這種意志力，在今天的醫學則是完全欠缺。

那位年輕斯瓦米接受了醫師的挑戰，覺知到他的潛能，治好了老太太的病苦。在接觸過很多專業的醫界人士之後，我信服了一個道理：在治療疾病的時候，醫師自身的行為舉止以及意志力的運用，遠比單純的醫藥來得重要。醫界專業人士越是能明白這個道理，就越會同意我的觀點。助人不只是在於使用醫藥而已，也在於教導某些預防的方法。如此則能讓更多病人意識到他們內

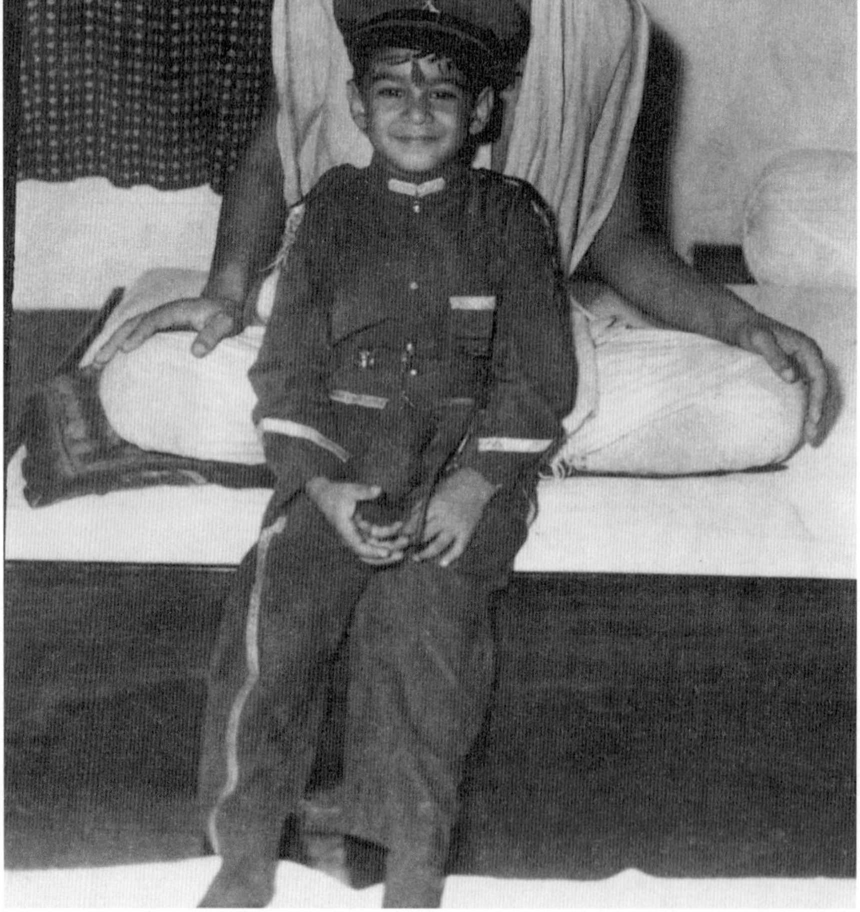

斯瓦米拉瑪和加普瑞亞夫人的孫子合影。

在的能力來自療。

你無法相信後來整個朝聖團對我們推崇到什麼程度，人人都要拿錢來供養我們，為我們蓋房子，送汽車給我們。我們倆只是微笑，對他們一笑置之。我發現，富人以為錢可以收買一切，甚至想賄賂出家人——對於真正走在捨離之道上的人，是不會受財富所引誘的。已經走上這條道途之人，要的是物質上的貧瘠，靈性上的富足。當他們比較了高層面的富足以及僅僅世俗的富足之後，就不會再被修行障礙的種種誘惑所影響而駐足不前。冀求過著清苦生活，遵循出離道途的初學者，常會被這些誘惑所害。有些人會因這種挫敗而感到痛苦，甚至會精神失常。世俗的喜樂無疑是強大的；所有的無明就是因為沉迷於這些享樂所生出來的。少數幸運者，由於能專注於一點、有堅強的意志，更重要的是由於獲得神的恩賜所助，所以能跳出誘惑，不受這些世俗的束縛所影響。

在和一同前來巴椎那特神廟朝聖的團友話別之後，我和我的朋友留了下來，為的是要聆聽偉大聖者帕爾法提卡（Parvatikar Maharaja）的音樂。我們住在水果巴巴（Phalahari Baba）[1]的洞穴中，每天晚間下來神廟聆聽這位聖者的演奏。他使用的樂器是一個多弦的維其陀維那琴（Bicitra Vīṇā）[2]。在聖廟的走廊上，坐著一群有五百人的聽眾。他在為樂器調音之前會打破靜默說：「諸位大德，我現在要校準我的樂器，各位可以校準自己的樂器。生命之弦應該要正確調音。這門藝術在於先把琴弦調好音，然後在於把樂器保持在一個舒適而穩定的姿勢。此刻讓你成為樂器。讓祂來彈奏你。你只要放下自己，將你這個調好音的樂器供奉給那位樂師。」

有些人聽得懂他的話，有的聽不懂。我和另一位朋友靜靜地坐在一角，在聽了他的話之後，我們變得專注。他用雙臂拖住維那琴，閉上了眼睛，然後開始彈奏。就算是西塔琴、吉他，再加上所有的弦樂器一起協奏，也無法奏出如此曼妙的旋律。聽眾並沒聽過這音樂，然而每個人都隨之搖擺。他彈奏了兩個半小時。因為有他這樣的樂師，才真正讓我相信音樂也可以是一種讓人進入祥和安樂的方法。我稱這是在音樂中禪定。

在所有的精緻藝術中，最精緻的莫過於音樂。音樂不只是由歌曲、旋律、字詞所組成，還包括了最微妙的音聲，梵文叫做「那達」（nāda），那是一種振盪頻率，能讓所有的細胞自發地受到鼓舞，讓它們跳舞。如果沒有那達的振盪，就不會有舞蹈。因為有了這個那達，生命之流才用某一種旋律在歡唱，能流經生命中種種的周折，每一次都給它的環境帶來新的經驗。

這個宇宙中最古老的旅行者就是這道生命之流，從永恆到永恆，一直在歡樂地歌唱跳舞。直到遇見了自己的摯愛，於狂喜中，它終於和喜樂之洋結合。由始至終都只有一個恆常的音聲，但是有不同的音調，所以形成了了七個主音。世界上所有地方的音樂都有七個主音，對應了人的七個意識層面。這些音聲能讓人覺知到不同層面的意識，最終帶我們來到意識的源頭處。生命之流就是由此生起，向四面八方振盪。向著其中一個方向，我們稱之為音樂，向著另一個方向則成為舞蹈，第三個成了繪畫，第四個則是詩歌。

這個音聲還有一種形態，稱為「無聲之聲」。只有跨到門檻內的人才能覺知到那個音聲，梵文是 **anāhata nāda**（內在音聲）。當這個音聲流經聲帶，就稱為歌曲。卡比爾（**Kabir**）[3]說：「喔，行者，掀開無明的面紗，你就會和摯愛合一。點燃你生命內在密室中的明燈，你就會遇見摯愛。那你會聽見一切音樂中最精緻的——無聲之聲。」

走奉愛之道的瑜伽士學著去傾聽這個無聲之聲，這靜默的聲音在人心中永恆演奏著的音樂。但是我們有多少人聽過那個音樂？真正的音樂家被這種超凡的喜樂情境所吞沒時，自然會歌詠讚詞，唱誦著讚美摯愛之曲。這種奉愛的音樂有一種深邃的力量，能讓求道者生起至情至性，走向狂喜之境，享受極樂的時刻。這就是在音樂中禪定。自己完全不需要費勁。但是走這條道途的前提是，能為摯愛點燃愛的火焰。奉愛之道是最簡易的一條路，能帶領人去到高度的靈性喜樂。用音樂來表達愛，就是音樂禪。逐漸地，心念會集中於一點，當求道者開始傾聽無聲之聲時，這一天就會到來。有很多音聲都能啟迪人心，有助於求道者得到最高境地的喜樂。走奉愛之道，音樂就成為證悟自我的工具。

聖者帕爾法提卡在彈奏維那琴之後，又進入靜默。

注釋

1 原注：水果巴巴（Phalahari Baba），他只靠吃水果和牛乳維生，所以有此名號。

2 譯注：維其陀維那琴（Bicitra Vīṇā），原書作 Bicitra Vīṇā，但是以 Vicitra Vīṇā 的拼法較多見，是一種橫置的多弦撥奏樂器。

3 譯注：卡比爾（Kabir），蘇菲教派神祕主義詩人。

在大師跟前

我前往奧摩拉地區的卡薩爾黛比（Kasardevi），在當地遇見了一位來自西方的知名畫家以及一位佛教僧人。他們隱居一座小屋中，享受喜馬拉雅山的獨居生活。他們經常和群山講話，認為喜馬拉雅山比起阿爾卑斯山或任何其他的山都不同，不僅是美，而且還是活的。

他們說：「我們對著山講話，山會回應。」

我們問：「怎麼回應？山會說話嗎？」

他們答：「你在這些山中出生長大，所以並不覺得出奇，太熟了就不知珍惜。要記住，這些山是神聖的，能為求道者造出靈性的氛圍。任何人只要去看，就能見到它們的美。你已經忘記了如何去欣賞這些神明。」他們不斷地讚美積雪覆蓋著的喜馬拉雅群峰。

我跟他們同住很短的期間，不久就動身前往夏瑪黛比（Shyamadevi），當地距離卡薩爾黛比三十英里，那兒有一位斯瓦米單獨住在一所小小的夏克提廟內。我想要跟他相處一段時間。我抵達後不久，南亭巴巴[1]也來到。南亭巴巴在喜馬拉雅山的那個地區是非常出名的人物。我曾經跟著他住在巴格希沃（Bageshwar）以及拉姆噶爾一帶的岩洞中。

那位住在夏克提廟中的斯瓦米，聲稱自己是松巴利巴巴（Sombari Baba）的親傳弟子。松巴利巴巴是有名的聖者，四十年前曾經住在那兒，而那個時候有人經常見到他和哈瑞亞坎巴巴（Hariakhan Baba）一同出現。我的師父和哈瑞亞坎巴巴是同一個上師的弟子，他們的上師生在印度，但是大部分時間住在西藏。哈瑞亞坎巴巴和我的上師都被人稱為「巴巴吉」（Babaji），這是個敬稱，意思就是「阿爺」，常被用來稱呼上了年紀的聖者。即使到了今日，特別是在尼泊爾、耐尼塔爾、卡西普爾（Kashipur）、奧摩拉地區，大家對於這些聖者的靈性奇異事蹟和治病的本事，都耳熟能詳，能朗朗上口。關於他們的故事多到數不清。我們住在那裡的時候，我們的主人一談起他的「上師天」，就能連續說上好幾個小時不停。

我們的主人是位「悉達」（Siddha），以具有為人治病的本事而著稱。每當有人要從外地來他所住的夏克提寺廟時，他事先就知道。陌生人不用自我介紹，他就能直接叫出對方的名字。他不想被人打擾，所以扮出怒氣沖沖的模樣讓人避開他，他內在可是十分和藹的。村民給他取了個名字叫「粗口」（Durbasa）。他從事一種名為「五火悉地」（Panchagni Siddhi）的苦行，能控制五種火。他的祭祀行為有外在的，也有在內心作的。他說神是火，一有機會就會對這個題目大肆發揮。

這位悉達為我講了好幾次「日學」的課，到今天我都還記得，不過我沒有去練他教我的東西，因為實在沒有辦法在短短一生中把這許多不同的學問都練成。這門學問用在為人治病上的確很有幫助。在治病這個題目上，我曾經廣泛搜集了很多材料，也學了它的原理，原本打算成立一家診所救助苦難大眾，但是我師父不讓我這麼做，他覺得這會讓我分心，因為我有更重要的使命要完成。我曾經想去歌唱、作詩、作畫，他都反對。他告訴我要避免被這些活動分心，要我去從事靜默。他說：「靜默的聲音是至上的。它超越了一切意識層面，超越了一切溝通的方法。去學會聆聽靜默的聲音。與其和聖者談論經典，與其和他們爭論，不如就享受待在他們身邊的時刻。你有路要趕，不要在任何一個地方久留，不要沉迷於任何東西。靜默能給你世界永遠給不了你的東西。」

松巴利巴巴

離開了夏瑪黛比之後，我回到我在山中的居所。布塔克達（Boodha Kedar）的村民為我在當地用石頭蓋了一間小屋，我常回到此地從事靜默。這間石屋位處海拔六千英尺的高度，到今天還在。從那間屋子，我可以遠眺喜馬拉雅山脈的全景。偶爾會有一名雲遊的瑜伽士來敲我的門，突然打斷我的靜默。只有很少數的求道者才會深入喜馬拉雅山。大多數的旅人會走山中的道路或小徑，去出名的廟宇或其他景點，而虔誠的求道者則會避免這些路線，專門去探訪聖者們與世隔絕的隱居處、洞穴、山中的居所。喜馬拉雅山脈從中國到巴基斯坦綿延一千五百英里，其中有許多是世界最高的山。世界上雖然有其他山脈也有絕美的景致，唯獨喜馬拉雅山有這種靈性的氛圍，具有高度靈性的聖者以此為家，讓世人有機會見到他們，向他們學習。

注釋

1 譯注：南亭巴巴，見本書第七部中「女聖者」一文。

Part 12

師父的恩典

人類生命的目標是完美，但是人的一己之力畢竟有限。幸福不能單單靠人為努力而來，仍然需要有恩典加持。能獲得神的恩典以及師父恩典加持之人，是有福之人。

上師是知識之流，是知識之渠道

「上師」（guru，古魯）[1]這個詞於今被大量濫用，有時真令我感到痛心。它是一個如此高貴、奇妙的字詞。母親生下你，父母養育你，其後上師就開始進入角色，是他幫你實現人生的目的。就算我是個很壞的人，可是有人叫我上師的話，我就得為了那個人而做到最好，以符合他對我的期盼。

上師和老師不同。梵文「上師」這個詞是由「古」（gu）和「魯」（ru）這兩個字合成的。「古」的意思是黑暗，「魯」的意思是光明，那個能為人掃除黑暗無明的，就叫做「古魯」。在西方，上師這個名詞被濫用。在印度，使用這個名詞要帶著敬畏心，而且總是和神聖、最高智慧有關。它是非常神聖的名詞，很少單獨使用，總是會加上字尾的「天」（deva，譯音為「提婆」）。「提婆」的意思是放出光明的生靈。開悟的師父或上師，就叫做「上師天」（gurudeva）[2]。

一名普通的老師和一名心靈的師父，兩者之間是有極大不同的。追隨上師的人是沒有年齡差別的，就算是八十歲的人，在上師眼中也只是一名孩童。他會給他們吃，供他們住，教導他們，而不期待任何回報。

我曾經問過我師父：「為什麼上師要這麼做？」

他說：「他只為了要教導已經準備好了的慕道者，此外別無所求。如果他不這麼做的話，還有什麼可做？」

當學生去拜上師的時候，會帶著一捆乾木條。他滿懷著敬意和愛意對上師下拜後，說：「我將這供給您。」這表徵他將自己連同心、語、意全部交付出來，而唯一的願望是得到最高的智慧。上師把那些木條燒了，說：「從今以後，我會指導你，保護你。」然後上師會給予學生不同層次的啟引，為他頒布所要遵行的戒律。

這種師徒關係是如此地純淨，我認為其他別的關係都無法比擬。上師所擁有的一切，包括他的身、心、靈都屬於他的學生。但是如果上師有任何怪異的習慣的話，那還是只屬於他自己。

上師傳給學生一個字語，說：「於你這會是永遠的朋友。記住這字語。它會幫助你。」這就是咒語啟引。然後他會解釋如何使用咒語。

他會為學生排除障礙。學生因為心中帶著欲望和許多問題，不知道該如何正確做出抉擇。上師會教他如何做出抉擇，以及如何保持祥和寧靜。他會說：「有時候你會有高尚的念頭，但是你不把它們付諸實踐。來，讓你的信念集中於一點。你是強大的，你帶著我所有的祝福。」

你盡力想幫他做點什麼，但是你不能，因為他什麼也不需要。如此慈悲的人自然會吸引你去注意他，因為你感到困惑。你想，「他為什麼要幫我這麼多？他想從我這兒得到什麼？」他無所求，因為他所做的是他的責任，是他人生的目的。如果他給你指導，他不會要你回報，他只是在做他分內之事。他活著就是要盡自己的責任。

如此的人就叫做上師。他們引導人類。上師給予靈性之愛而能保持超然，有如太陽在照耀但住得又高又遠。上師不是有形體的生靈。若認為上師是身體或是一個人的話，就誤解了這個聖潔的字眼。假如上師認為他的力量是來自於自己，那麼他就不再能為人引導。上師是個傳承；他是一道知識之流。那道知識之流會透過許多渠道流出。基督治癒病人時，他們稱他是神主，他也說過同樣的話，他說：「這是我的天父所為，我只是一條渠道。」

人永遠不可能成為一名上師。但是當人讓自己被用作工具，來接收那力中之力，成為它的渠道，那才會發生。要做到如此，人必須要學會無私。通常，愛是混雜了自私。我有所需，所以我說：「我愛你。」你有所需，所以你愛我。這是世人所謂的愛。出於無私、自發自動的行為，才是真愛。你不期望任何回報。真正的上師一定是無私的，因為無私之愛是他們開悟的基礎所在。他們隱身在世界的角落裡，放射出愛和光。世人不認識他們，而他們也不想被人認出。

如果有人來到你面前，要你崇拜他，你就絕對不要去信他。即使是基督和佛陀也沒有做出這種要求。請絕不要忘記，上師並不是我們要做到的目標。上師就像是一條渡河之用的船。有條好船是非常重要的，會漏水的船則是非常危險的。但是一旦你渡了河，就不再需要抓著船不放，而你當然不必去崇拜船。

很多狂熱之人認為他們應該崇拜上師。上師應該接受你的愛和尊敬，但那和崇拜不同。假如我的上師和神同時來到，我會先去上師面前，對他說：「非常感謝您。您讓我認識了神。」我可不會去神那兒說：「非常感謝您。您把我的上師給了我。」

注釋

1 譯注：上師（guru），今多譯音為「古魯」，但較接近的譯音為「古如」。

2 原注：上師天（gurudeva，古魯提婆），能為人去除無明黑暗之人，靈性導師。通常簡稱為古魯（guru）。譯者按，古魯譯義是「上師」；提婆是「天神」，佛經中常譯為「天」。因此，gurudeva的意思是「上師天」，印度人在發音時常省略最後面的「a」音，因此成了gurudev。

哭泣的神像

我經常造訪喜馬拉雅山中一處名叫烏塔弗林達方（Uttar Vrindavan）[1]的道院，去參加奎師那・普仁（Krishna Prem，尼克森教授）[2]以及阿難比丘（Anand Bikkhu，亞歷山大博士）[3]的靈性座談。這兩位是歐洲人，一位是英國文學教授，另一位是醫學教授。他們都是亞修達・媽（Yashoda Ma）[4]的弟子，而亞修達・媽則是來自孟加拉的神祕主義者。他們兩位離世隱居，避開訪客。那段時間奎師那・普仁正在撰寫兩本書，一本是《薄伽梵歌之瑜伽》（*The Yoga of the Bhagavad Gita*），另一本是《卡塔奧義書之瑜伽》（*The Yoga of the Kathopanishad*），後來都在倫敦出版。他們手邊有些經費足以應付日常的開銷，所以不需要仰仗他人。他們的生活方式非常簡樸、清靜、乾淨，對於烹調自己的食物有非常特殊的要求，所以不許外人進入他們的廚房。

那時，亞修達・媽已經圓寂，他們為她建了一個紀念碑，叫做「三摩地」（Samādhi）。在紀念碑的頂端安放了一個神主奎師那的像。安置神像不久後，我正好又一次來到此地，我注意到奎師那・普仁的手臂上戴了一個東西。我問他那是什麼。

他說：「你不會相信的。」

我說：「請說給我聽。」

他回答：「你喜歡用理性去解釋一切現象，我怕你可能會以為我瘋了，但是我還是告訴你。就在十五天前，安置在紀念碑上的奎師那神像開始流淚。眼淚不停地從神像滴下來。我們把神像的基座拆下來，檢查是否有滲水，結果沒有發現。水不可能在神像中往上流，然後從眼睛滴下來。我們一把神像安放回去，眼淚又開始流。這使我感到很難過，我判斷一定是自己在修行上犯了什麼過錯，所以『媽』對我不高興。為了要時刻提醒自己不忘，我就拿了一些棉花浸了神像上的淚水，放在這個小盒子中，然後把它戴在手臂上。我告訴你的都是事實，我也知道為什麼會發生這件事。但是請不要對別人說，他們會認為我精神失常。」

我說：「我完全不懷疑你的誠信，但是請你為我解釋為什麼會發生這種現象。」

他說：「上師就算在另一個世界，還是可以用很多方式來指導。這是給我的一個指示，因為我變得懶散，每晚沒有做晚課，早早就休息。以前每當我們偷懶，不去習練時，她都會提醒我們。這樣去解釋這個現象是正確的。」他的表情變得非常嚴肅，然後開始抽泣。

他對上師的愛真是豐沛，給了我很大的啟發。在通往神的階梯上，第一階就是要愛上師。但這個愛可不是愛上師那個人的形象。

除了婆羅門階級的人，其他的印度人都十分敬愛這兩位歐洲人斯瓦米——奎師那．普仁和他的同門師兄弟阿難比丘。婆羅門階級的人沒有善待他們，但是他們兩人的靈性比起許多寺廟中的祭師，要來得更潔淨，更高尚。每當他們去到任何寺廟，都會被視為是賤民。我譴責這些婆羅門階級的人，也經常告訴這兩位朋友，因為無明無知，很多人會變得狂熱，但是狂熱的基本教派主義根本不屬於任何宗教。印度受害於種姓制度，正如同西方社會受害於種族主義和階級制度。這兩者都會傷害人類的社會。

注釋

1 譯注：烏塔弗林達方（Uttar Vrindavan），位於聖城烏塔弗林達方的一座道院。

2 譯注：奎師那・普仁（Krishna Prem），本名 Ronald Henry Nixon，書中稱為尼克森教授，原籍英國，一次大戰時期曾經擔任戰鬥機飛行員，戰後去印度求道，改名為 Krishna Prem，成為印度教派有名的大師。

3 譯注：阿難比丘（Anand Bikkhu），本名 Major Robert Dudley Alexander，書中稱為亞歷山大博士，原籍英國，退休前擔任盧克瑙（Lucknow）醫學院院長。

4 譯注：亞修達・媽（Yashoda Ma），原本是盧克瑙大學校長之夫人，是烏塔弗林達方道院的創辦人。

師父的照片

有一回我濫用了師父對我的信任。

一九三九年的九月，我遇見兩位來喜馬拉雅山攝影的法國攝影師。我要他們幫師父拍照。我的口袋裡只有幾盧比，都給了攝影師，但還要再跟人借一百五十盧比，才足夠支付他們想要的報酬。然後我帶著他們走過一條架在恆河上的狹窄木橋，去到一間小茅房，師父和我當時在那裡住了十五天。

當師父見到攝影師，他看著我，說：「你這壞孩子。為什麼這麼一意孤行？他們會空手而回！」

我不明白他是什麼意思。有時候我固執到把師父當成我的財產。

這兩名攝影師用各自的相機拍了一卷底片。他們裝了一卷新的底片後，就要我坐在師父身邊，幫我們拍幾張合照。這次師父不說話，閉上了眼。從下午兩點到五點半，他們用兩部相機一共拍了四卷底片。攝影師又拍了幾張山景之後，就回德里去了。

當我看到洗出來的照片時，真不敢相信結果。我師父是坐著給他們拍，當時他周圍的景色都在相片裡，可是師父的模樣卻完全消失了！

有三、四次，我試著幫師父拍照，但他總是說：「身體是無常的，這種照片只會擋住你的視線，讓你看不見我內在的光明。你不應該執著於我無常的身體；要時時覺知我倆之間神聖的連結。」

其後在我前往歐洲和日本之前，他告訴我：「我可不想要你去西方的市場推銷我。」我尊重他的感受，所以從來就沒有想過把師父唯一留下來的相片拿去複製[1]。

我的一位師兄弟從一位希瑞那加的攝影師那邊取得這張相片，那是用老式的簡易紙盒相機拍攝的。瑜伽士能做到在他自己和相機之間隔上一層幔，所以照片中看不見他，但是出於某種原因，拍那張相片時師父沒有這麼做。

注釋

1 譯注：斯瓦米拉瑪師父的相片究竟保留在哪位弟子手中，以及有誰曾經目睹，是傳承中人偶爾茶餘飯後的話題。

誰能扼殺永恆？

有一回，我在山中遇到了山崩，土石流朝我們奔騰而來。

我大喊：「我們死定了！」

師父說：「誰能扼殺永恆？」

我說：「整座山正塌了下來，您還說，『誰能扼殺永恆？』您看那山哪！」

他大吼：「停！讓我們過去！」——山崩居然停了下來！

等我們走了過去，他說：「你可以下來了。」山才繼續崩下來。

又有一回，他正往山上走，有幾個人跟著他。天開始下雪，連下了三個小時都不停。那些人沒帶夠衣服，所以他們說：「先生，您被公認為是永恆之人，據說您有大法力。為什麼您不讓這場雪停下來？」

他說：「簡單。」然後大聲說：「停，放晴！」果然就如他所言。

現代人很少懂得意志力的力量。「力」有三道途徑，分別叫做：行動夏克提（kriyā śakti）、意志夏克提（icchā śakti）、智慧夏克提（jñāna śakti）。「夏克提」是那股力，經由這三道途徑而得以彰顯。這股力可能是潛伏的，也可能是活動的狀態。經由行動夏克提之助，我們能從事各種行為；經由意志夏克提，我們能發動行為的意志力；經由智慧夏克提，我們能決定作為。我們可以培養這個力的其中一方面或是另一個方面。有些瑜伽士因為學會了如何善巧行事，而能成為世間成功之人。有些則因為培養了意志力，因此能夠依照自己的意志操控言語和行為。有些則是磨利了自己的「布提」（buddhi，明辨作用），因此能有「般若」（prajñā）境地——和諧的寂靜境地。

要培養某一方面的夏克提，就需要遵守某種特別的戒律，而每種夏克提都會需要持戒。培養意志夏克提能強化意志力。得意志力之助，我們就可以使喚自然界如同使喚我們的四肢一樣。我師父就是因為具有如此之力，所以能夠控制自然界的力量。

腳踏兩個世界

有一回，我和師父去到卡那普拉亞格，我們住在當地恆河岸邊的一所廟中。師父幾乎是衣不蔽體，因為他對自己的身體近乎無所覺知。他總是處於內在的安樂境中。

到了晚上，他忽然說：「我們走。」

外面一片漆黑，已經下了很久的雨。我想，「假如我說不，他還是照樣會走出去。他會走得像是一絲不掛的大爺。」因此我為他披上一條毯子，用一根刺將它固定住，跟他一起走了出去。天氣苦寒，赤腳走了半英里，我全身都要凍僵了。我穿得不夠，只有一條毛毯裹身。我心想，「我該怎麼辦？」

走了半英里，我們來到交叉路口，我問：「您知道我們該走哪一條路？」

他說：「這條。」

但是我把他轉回來，說：「不，不。這條路才對。」

我們回頭往來的方向走，結果回到了我們出發的地方。

在黑夜中，他不知道自己身在何處。

我說：「現在我們要在這兒歇一晚。」

他說：「好。」

我把自己身上的毯子脫下來舖在地上，他就靠著火坐了下來。

到了早上他睜開眼一看，開始傻笑。

他說：「我們走了一整晚，還在同一個地方！這怎麼可能？」

我說：「我騙了您。」

他問：「為什麼？」

我說：「晚上好凍，您卻完全沒感覺。」

他非常享受那種境地。他沉浸在極度的喜樂境地時，常常對世俗的一切就會變得渾然不知。但是一旦當他回復對世俗事物的覺知時，又會變得像個孩子似的享受它們。

另一次，我跟師父同住時有過非常奇怪的經歷。那是一個晴朗的六月天，我們在瓦拉納西附近的森林中，當時氣溫高達攝氏四十六度。

因為天氣炎熱，我問師父：「您想洗個澡嗎？」

他說：「好的。」

在印度，從一個城市行走到另一個城市的途中，常常會見到水井。如果你想用井水洗澡，只要向附近的人借一個水桶和一條繩子，就可以打水洗澡，然後再上路。

我們見到一口井，所以我說：「請坐在這裡等，我去找水桶和繩索。」

我回來時，他卻不見了。於是我大聲呼叫他，結果聽見有人從井底回答我。這口井大概深六十英尺。他居然跳了下去，這會兒還正在水中玩。正常情況跳下六十英尺深，一定會受傷，但是在極度喜樂境地的人是大自然的孩子，會受到保護。

但這可給我製造了問題，因為他不肯上來！我無法哄他出來，所以就找了村子裡的人來幫忙。來了三個人，我們把桶子繫著繩索垂下去。

我大聲叫：「坐在桶子裡，我們拉你上來！」

他回答：「別煩我。讓我好好洗個澡。」他可正自得其樂。

於是他們將繩索栓在我身上，把我垂吊下井。

我說：「可以來了吧！」

但是他說：「讓我洗澡！」他還在那兒玩。

我告訴他：「現在已經過了快要一個小時了。您的澡也洗夠了吧！」

「我有嗎？」

「有的！」

又過了很久，我才終於說服他上來。

他每天都要洗澡，但是他的心總是在別的地方。

我都要提醒他：「您洗好澡了。出來吧。」

他大多數時間是活在「那裡」，在一個經常的喜樂境地；只有很少時間是在「這裡」，意識到世俗的存在。

斯瓦米拉瑪攝於卡那普拉亞格。

救了年輕寡婦

從前，在拉賈斯坦邦（Rajasthan）內，皮拉尼市（Pilani）以西五十英里的沙漠中，村子裡有位地主，他只有一個兒子。而這孩子在完婚典禮之後即死於高燒。那位不幸的年輕寡婦，容貌出眾，還不到十七歲，連蜜月都沒機會度過。

在有些社區裡，習俗是「一旦成婚，終身為婚」，寡婦就不得再嫁。後來有一個稱為「阿瑞雅・薩馬吉」（Ārya Samāj）[1]的社會運動改變了這個制度。這個運動是由斯瓦米達雅難陀（Swami Dayananda）所創辦，他是領導社會和宗教改革的大人物。

那位年輕女孩決心要過聖潔的人生，住在她夫家磚房二樓的一間房中。她房中掛有兩張人像。除此之外，這女孩只有兩條毯子，一條當作床褥，還有一條毯子蓋著禦寒。房間後面有一扇窗，還有一個厚實的木門。

一晚，三名全副武裝的賊人去這棟房子行搶。他們意圖強暴並擄掠這名年輕的寡婦。他們把她的家人鎖在一間房中，然後打算衝進她房間。她發現了，就開始禱告：「上師天，我守身如玉。救救我，保護我。您保護我的雙臂何在？您怎麼了？」

忽然間，有位騎著駱駝的白髮長鬚老人出現在她的後窗。他說：「跟我來，我的孩子，否則你就危險了。他們會對你施暴，你最終會因為有辱家門而自盡。」等強盜破門而入後，發現房中空無一人而非常失望。

女子和搭救她的人一整晚騎著駱駝行路，走了六十英里後，日出前，她安然抵達自己的娘家家門。

我在一九五一年到訪這個村子，親自從那名婦人口中聽到這個故事，她以貞節和靈性而馳名。在口述完自己的故事之後，她問了很多關於我師父的事。我聽說過她的父親，他和我們的傳承有某種神聖的連結。在和她交談中，我發現她掛在房中的兩張人像，原來一張是米拉・白（Mīra Bai）[2]，另一張是我師父。我師父的像是她父親有次在完成喜馬拉雅朝山之旅後，從我的師兄弟手中拿到的，她們全家都拜這張像。救她的人就是像中之人，也就是我師父。

我看著師父的像喜不自勝，就跟她討走這張像，答應其後會送一張複製品給她。但是出於很多考慮因素，我沒有這麼做。這是師父唯一一張留存下來的人像。我全心全意相信她經歷的真實性。但是我無法解釋究竟是如何發生的。

我之所以講這個故事，並不是想要鼓吹盲從上師的文化，而是想讓你們明白大師的作為是神祕莫測的，他們可以從世界上任何一個角落去幫助學生，甚至從另一個世界中來幫忙。老師要提供幫助、指導、保護學生，並不總是需要親身在場為之。

注釋

1 譯注：阿瑞雅・薩馬吉（Ārya Samāj），意思是「神聖同盟」。

2 譯注：米拉・白（Mīra Bai），十六世紀印度女聖人。

師父拯救遇溺者

有一回，一名飽學之士來到我位於烏塔卡西的道院。他是知名的潘迪特學者，正要前往喜馬拉雅山中的岡勾垂朝聖。他年約七十歲。

一天，他想要在神聖的恆河中浸浴，但是他不諳水性。由於我的道院離河很近，他看見很多猴子在河對岸戲水，跳進河中潛游，又浮出水面。所以他想，「連猴子都能跳進水中游泳，對我這麼有學問的人何難之有？」他便跳入水中，隨即被水淹沒。

道院中有一人見到他下沉，就出聲大叫。

我衝了出來問：「發生什麼事？」

他回答：「那個人要淹死了！」

我向河邊跑去，非常擔心。我想，「怎麼可以讓人在我的道院前面溺水？」

等我到了河邊，這個老人正坐在岸上喘著大氣。當他回過氣來，我問他發生何事。

他說：「我被水流捲了進去。」

「那你怎麼出來的？」我問。

他說：「有一位斯瓦米把我拉出來的。」

我問他那人是誰，而他非常詳盡形容的人，就是我師父。我只保有一張師父的相片，從來不給任何人看。但是這次我想知道是否的確是師父把他拉出水來，就給他看那張像。

位於岡勾垂的村落。

他說：「是的，就是這個人。我下沉三次之後，一直沉到河底，開始吸入水，我心想，『假如這是個神聖的地方的話，會有人來救我』，忽然就有人把我從水中拉了出來。這就是那位了，沒錯。」

我告訴他：「那是你的幻覺。」

他說：「不是的！我現在堅信不移，一定要找到這個人，要跟隨他。我絕不回家。」

我問：「你家人會怎麼說？」

他說：「我的孩子們都已經長大成人。我要去喜馬拉雅山。」然後他就出發去找我師父了。

其後我師父在他還沒到達之前捎了個信給他，要他先把自己準備好才可以去。現在他住在離我們寺院約十二英里之處，每天都在靜坐。後來我要動身前往西方時，他還在等著見我師父。

他說：「哪一天我準備好了，就會去見他。」

灌頂

我強烈渴望能一嚐三摩地的體驗。師父告訴我：「除非你能在完全靜止的狀態坐上四個小時，你絕不可能實證三摩地。」因此我從童年就開始習練靜坐。我為了要體驗三摩地，在靜坐上所花的時間比起用在其他事情上的時間都要多。但我總是無法進入三摩地。

在研讀許多經論之後，我成了一名老師，但是我覺得傳授二手知識，不是直接經驗到的知識，並非好事。這種方式用來在大學或其他地方教哲學比較好，但不適合用來在寺院中教出家人。我想，「這不對，我還沒有證悟。我教的只不過是從書本上讀來的，或是從老師們口中聽來的，都不是我自己所直接驗證來的。」

所以，有一天，我對師父說：「今天我要給您下個最後通牒。」

他說：「什麼最後通牒？」

「不是你給我三摩地，就是我去自殺！」我非常堅決地說。

他問：「你當真？」

「是的！」

於是他靜靜地說：「我親愛的孩子，你請便！」

我沒想到他會這麼說。我以為他會說：「你就再等上十天半個月嘛。」他對我從不粗魯，但是那天他的確很無禮。他說：「晚上睡覺並不能解決你的問題，你明天醒來還是得面對它們。同樣的道理，自殺也不能解決你真正的問題。你下一輩子還是得面對它們。你學習過古書，你明白這些道理。然而你還說要去自殺。假如你真要這麼做，就去吧。」

我聽過有灌頂這回事。灌頂的梵文是 śaktipāta[1]，śakti 是夏克提，意思是能量；pāta 意思是授予。灌頂的意思就是授予能量，把燈給點亮。我說：「你還沒有為我灌頂，所以這要不是表示你不具有夏克提，就是表示你沒打算為我做。我閉著眼睛靜坐了這些年，結果除了頭痛之外，什麼都沒有得到。我浪費了青春，人生沒有樂趣可言。」他默默不語，我就繼續埋怨。「我真心努力去練。您曾說過要花上十四年；我練到現在已經是第十七個年頭了，這麼多年，無論您要我做什麼，我都照著辦了。」

他說：「你確定？你真的有依照我教你的去練？我教你的結果是你要去自殺？」然後又問：「你打算什麼時候去自殺？」

我說：「現在！我死之前要先跟您說清楚。您再也不是我的師父。我拋棄了一切。我對世界是個無用的人；現在我對您也沒有用了。」我起身走向恆河，想跳進河裡自盡。河就在附近。

他說：「你會游泳，所以你跳到河中自然就會開始游泳。你最好找到什麼方法能讓你沉下去，不會浮上來。也許你應該在身上綁個重的東西。」

他是在戲謔我。我說：「您這是怎麼了？您以前是非常愛護我的。」接著說：「現在我要走了。謝謝您。」我走到恆河邊上，用一條繩索綁了一些大石塊在身上。

最後，他見到我的確認真起來，打算要跳河了，便叫住我說：「等等！原地坐下，我一分鐘內就能給你三摩地。」

我不知道他是否真心如此，但是我想，「我至少可以試著等一分鐘。」我用靜坐的坐姿坐下，他走過來觸摸了我的額頭。結果我保持在那個姿勢中，坐了九個小時，一點世俗雜念都沒有。這個體驗是無可形容的。當我回復了平常的意識時，我以為還是在早上九點鐘，因為在三摩地中就沒有了時間的觀念。我懇求他：「師父，請原諒我。」

他觸摸到我時，我首先失去的是恐懼，我也發現我不再自私自利。我的人生整個轉化了。從那以後，我開始對人生有了正確的認識。

後來我詢問師父問：「那究竟是靠我，還是靠您辦到的？」

他回答：「是天恩。」天恩是什麼意思？世人以為只有靠神的恩賜就能開悟。那可不是事實。師父說：「人應該要盡一切努力，老實精進修行。當他徹底精疲力竭，瀕臨絕望之際，以最誠摯的情懷向上蒼呼救，他會入到狂喜之境。那就是神的恩賜。恩賜是你誠懇忠實努力之後所得到的果實。」

我現在明白，灌頂是弟子要經過長時間持戒、苦行、靈修之後，才有可能。我不相信一大堆人集體灌頂。當弟子準備好了，師父就會出現，給予弟子恰當如分的啟引，這是千真萬確的。若學生以最大誠心、真心、信心投入修行，師父就會為他排除細微的障礙。開悟的體驗來自師父和弟子共同的真誠付出。我們換另一個方式來說，當你全心全意，用盡善巧的手段去履行責任，就能如願獲得行為的果實。本分已盡，天恩才降臨。灌頂是神透過師父所給予的恩賜。

我殷切期待自己在夜晚獨處的時間來臨，讓我能在靜坐中去體驗那個境地。那是一種無與倫比的樂境。

注釋

1 原注：灌頂（śaktipāta），由上師之恩賜喚醒內在高層次的覺性。

入藏尋太老師

一九三九年，我打算前往西藏。雖然邊界距離我和師父的住地只有九英里，但是我沒有獲准由馬納隘口（Mana Pass）進入西藏。七年之後，我又嘗試了一次。一九四六年初，我進行了一趟西藏之旅，經過大吉嶺、葛倫堡（Kalimpong）、培東（Pedong）、吉陽司（Gyansee）、日喀則（Shigatse），目的地是首府拉薩。我去西藏主要的目的，是去見我的太老師（我師父的師父），跟他學習某些高深的功法。

我在大吉嶺待了幾天，做了幾次公開的授課。當地的英國官員以為我是一名抗爭分子，認為我前往拉薩是想要對英國在印度的殖民政府進行搗亂。他們知道我計畫的行程，但是不知道我的動機。過了十天，我前往葛倫堡，住在當地一所寺廟中，年輕時我曾經來這裡學習中國武術和類似的功夫。在此地跟著以前的武術師父住了一陣子之後，我動身前往錫金，住在一位達賴喇嘛[1]近親的家中。英國駐錫金的政治部官員名叫霍普金森（Hopkinson），他擔心我是去煽動西藏的政府官員對抗英國人。我跟他見面會談好幾次。他都不准我進入西藏。

他懷疑我是印度國大黨的奸細，國大黨當時正在和英國政府對抗。當時，印度有兩大勢力，一個是聖雄甘地所領導，信服非暴主義，以不合作運動進行被動的抗爭；另一個則是主張恐怖主義的勢力。我不屬於任何一個勢力集團，但是那名政治部官員在我的行李中找到兩封信，一封是來自潘迪特尼赫魯（Pandit Nehru），另一封來自甘地。信件的內容與政治無關，卻讓這名政治

斯瓦米拉瑪，攝於動身往西藏之前。

部官員對我更加懷疑，就把我軟禁在一間行館內（這是一個政府的房舍，給前來當地出差的稽查人員或其他官員居住）。

我在長達兩個月的軟禁期間受到的待遇都很好，但就是不准離開行館，不可以通信，也不可以有訪客。政治部官員說：「我不能證明你犯了什麼事，但是我懷疑你是一名政治奸細。在我沒有把你查清楚以前，你不准離開。」行館的外面，晝夜都有一名警衛站崗。至少那段時間讓我有機會學習藏語，一旦我能入藏的話就可以派上用場，和藏人更好溝通。

我不停地向許多不同的官員提出申訴，但是政治部的官員一直沒有收到釋放我的命令，因此兩個月後我決定祕密離去。我跟其中一名警衛買了一件又舊又髒的長外衣，用來遮住我的臉孔。在一個寒冷的夜晚十一點鐘，趁值班警衛喝醉睡著之際，我披著藏人的長外衣，悄悄離去前往培東。我離開的那天是七月十五日。在離開之前，我故意在房中書桌上留了一張字條，說我回德里去了。此舉並沒有讓我良心不安，因為我覺得那名官員沒有理由就扣留我，不讓我去西藏。

我花了三天才抵達最後一個哨站，那裡由錫金政府僱用的廓爾喀（Gurkha）[2]士兵駐守。他們要知道我是誰，叫我提出身分證明文件。我能說流利的尼泊爾話，就和他們交談，他們以為我是尼泊爾人，就讓我通過邊境進入西藏。

雖然我終於入藏了，但還有更多的苦頭要吃。我是吃素的，而藏地除了肉之外沒有太多東西可以吃。因為氣候和海拔高度的緣故，我在西藏見不到吃素的人。人人都吃肉類和魚類維生。我只能找到少許的季節性蔬菜，也被迫開始吃蛋，但是連想也不敢想去吃肉和魚。因為飲食方式的改變，我患上痢疾，身體衰退。可是我堅定不移地尋訪某些寺院和洞窟，為的是要完成我此行的目的，找到我師父的師父。

每當我在夜間露宿時，當地人會來翻動我隨身攜帶的物件，想搶奪一些值錢的東西，可是我什麼都沒有，只有一些餅乾、穀子，還有一個水壺，那還是一名駐守邊境的士兵送我的。我身上帶著二千盧比，雖然就這個旅程而言根本不算多，但我還是把錢藏在襪子裡，在任何人面前我都不脫鞋。

我每天要趕路十到十五英里，有時候步行，有時候騎驢子。我會跟途中遇見的人講一些星相和算命的事，當然這會讓我良心不安，可是西藏人特別愛聽這方面的事。當他們知道我對這些有點研究時，就變得友善，會樂意為我提供代步的驢子，好從一個山中的營地去到另一個營地。有好幾次，我還撞見了野生的雪熊和藏獒。

無論我多麼累，多麼疲乏，遇到了什麼樣的困難，我總覺得有一股力量在召喚我繼續前進，去向喜馬拉雅山的聖者學習更多的密法。我沒想過要回印度，因為印度的英國殖民政府一定會把我關起來。

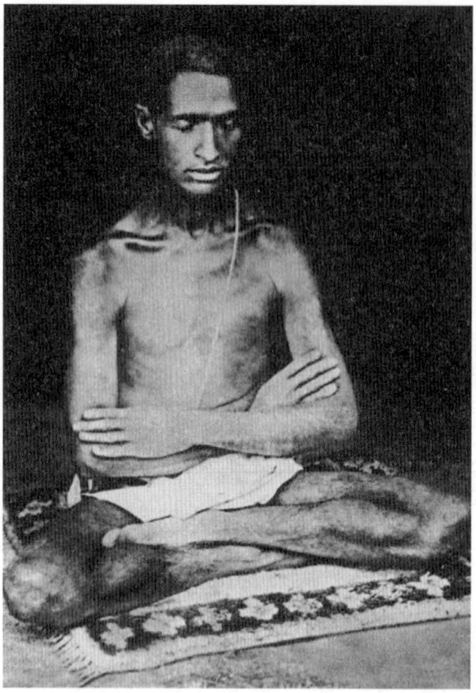
哈瑞亞坎巴巴

我鼓足了勇氣，跨過一道又一道的山澗、冰河、隘口，在完全沒有事先規畫、沒有資源和嚮導的條件下，完成了旅程。我將自己奉獻給神，把命運交到我師父和太老師的手中，堅決相信如果我迷路了，他們會保護我，幫助我。那段旅程中，我一無所懼，連死也不怕。我有股堅強的心願像火一般在燃燒，就是要見太老師。我認為自己此生的重要使命，就是能在他身邊待上一段時間。他住在西藏，是因為他要那種獨居的生活，而當地有幾位高明的瑜伽士修行已經到了一定境地，希望他能去教他們。我非常急於遇見他。我從我師父口中聽聞，像是哈瑞亞坎巴巴以及別的喜馬拉雅山中的聖者，都非常景仰太老師，跟從他學習了許多年。哈瑞亞坎巴巴在庫馬勇山區非常有名，有人說他就是那位傳說中喜馬拉雅山永恆的「巴巴吉」（Babaji），連他都是我太老師的弟子。這不斷加強了我的心願，終於引領我做出這項冒險的行動。

經過了兩個月艱辛的旅程，我抵達了拉薩，遇見一名住在當地的天主教修士。他帶我到他和另外兩名修士同住的小屋，那個屋子也被他們當作教堂之用。這三人是拉薩僅有的天主教神職人員，他們的一舉一動都受到西藏當局嚴密監控。我跟他們同住了十天，好好地休息以恢復體力。那個時候，錫金的政治部官員以及印度警察當局已經發現我去了西藏。我的案件被轉到殖民地當局的情報單位。

我遇到一位喇嘛，我要讓他相信我是修行之人，沒有任何政治動機。在跟這位喇嘛一起生活了十五天後，他終於相信我和印度的政治運動完全沒有關聯。他保證我不會被西藏驅逐出境，將我介紹給一些政府的高官。我的藏語表達能力雖然不夠好，但是我還是用誠意打動了他們。我在拉薩同住的那位喇嘛和另一位喇嘛是非常好的朋友，後者的寺院很接近我此行的最終目的地。寺院位於拉薩東北七十五英里處，遠離塵囂。我的地主提供了幾名嚮導帶我前去寺院。我可以從那裡前往此行的終點站。

那所寺院中有超過三百名喇嘛。西藏很多派別的寺院中，喇嘛動輒數以千計。對我而言，喇嘛教似乎是一種佛教和強調個人主義的宗教之混合體。每位喇嘛可以有自己一套獨特的方法去作法事、唱誦、轉經輪，或者使用咒語。而他們的咒語是一種被轉化了的梵文咒語。我曾經在比哈爾（Behar）的印度古代佛教學府那爛陀大學（Nalanda University）[3]中學習過，因此我知曉很多有關佛教的信仰和修行。我曾經學習過印度原始的佛教，以及今天在西藏、中國、日本和東南亞各地流傳的佛教。

一千年以前，一位西藏的學者前來印度學習，學成後帶了大量文獻回西藏。其後很多印度的學者開始陸續前往西藏，教導印度的佛教經書。我對於在西藏的各個佛教派別都非常熟悉，包括那些主張多神、多魔，認為佛陀是其中一位神明的教派。

西藏的佛教牢牢地混合了印度的密法傳承。在去見太老師之前，我參訪了另一所小型寺院，在那兒見到一位喇嘛據說是藏傳的瑜伽大師。所謂的藏傳瑜伽，其實是被轉化了的密法——那是被稱為法瑪．瑪迦（Vāma Mārga）[4]的密法傳承，即所謂的「左道」。走這條道途的人，相信祭拜時要用到酒、女性、肉、魚、咒語。我遇見這位喇嘛時，他正坐在一間木房中，有七名女性圍著他，都在跟著他唱誦咒語。每唱幾段咒語，他們就會停下來，吃一塊用某些香料以及辣椒醃過的生肉，然後再繼續唱誦。

過了十五分鐘，那位喇嘛停止唱誦，問我來訪的目的。我對他一笑，說我是為了看他而來的。他說：「不，不，這不是實話。你叫做某某，而你隱藏了自己的真實身分。錫金的警察正在追緝你。」他是用一種憤怒的腔調對我說話，因為他知道我鄙視他的祭拜方式，以及他會吃生肉。他能看穿我的念頭，真是嚇壞了我。但是我也不意外他有這個本事，因為到如今，我已經遇見過好幾位會讀心術的人，也知道他們是如何去讀別人的心念。我轉用恭敬的語調說，我來這個國度，只是為了要深入學習密法。這名瑜伽士是個修密法之人，他把他的祭祀之書拿給我讀，可是我以前已經讀過這本經文。於是他為我引見另一位喇嘛，也是一位修密法的。那位喇嘛的印地語說得很好，因為他曾經在佛陀開悟之處——印度的菩提迦耶住過。

大多在西藏見到的文獻，是翻譯自印度教《往世書》中的故事，有些文獻則是佛教混合了道教和儒家的教義，並不成系統，也沒有哲學原創性可言。我的藏語能力有限，好在這位喇嘛能用印地語和我交談，所以我能夠很容易地和他談論靈性修行的事。我可以用藏語講一些日常生活所需之事，但是無法自行研讀保留在西藏各地寺院中一堆又一堆的手寫文牘。

在我借住的那個寺院中，喇嘛們會對著一份梵文的經卷下拜。這經卷是用布包裹著，上面積有一層厚厚的檀香木塵。他們告訴我，誰敢打開這本經來讀，會立即染上痲瘋病而死。很多喇嘛前來膜拜它，但沒有人讀過它。我有股強烈的欲望想去查看那部手寫在葉片上的長篇經卷，但是我無法說服喇嘛允許我去看它。在怎麼試都不奏效之後，我記起有句諺語：「經屬於能讀經之人，非屬於空擁經卷卻不通其義之愚人。」於是我等到凌晨三點時進入寺院內部，那裡點著許多油燈，我打開被包在七層絲巾之內的經卷。一讀之下，我意外發現原來它是一部名為《陵迦往世書》（*Linga Purāna*）的其中一部分。《往世書》一共有十八部，其中有數以千計的靈性故事、法門、功法，是根據印度古老的《吠陀》文獻而來。我快快將經卷包起來放好，然後回去自己的房中。

因為我動亂了油燈的位置，也無法完全依照原來的方法將經卷包好，他們很快就發現經卷被打開過，自然懷疑是我做的。我對那位會說印地語的喇嘛說：「我是奉了喜馬拉雅山大師們之命去閱讀的，如果你對我出言不遜，是你會遭到報應，不是我。」

好在這方法鎮住了寺院的主持喇嘛，以及其他的喇嘛，否則他們一定會將我活活打死不可。我證明了我打開那部禁書之後也沒事，這讓他們相信我的確是奉命行事。他們就開始傳言關於我的事，說有一名來自印度菩提迦耶的年輕喇嘛，具有很高深的法力和智慧。我的藏民嚮導勸我離開當地，因此我就動身前往此行的目的地。有的時候，在靈性的道途上，根本無知反而會被認作是密智，世人都不願意去認真檢視自己的迷信。狂熱之人和迷信之人，我以前都遇見過不少。

當我終於見到太老師時，他擁抱我，說：「噢，你一定很累了，一路上歷經了不少困難。開悟之道是一條最難行之道，求道堪稱是最難的事。」他不待我說，就把我這一路上的經歷都形容了一遍，然後叫我去洗個澡，消除塵勞。我對這段又長又累的旅途早已厭倦。一路以來無法如常地持戒和修練，這最不利於我內在的清靜。但是太老師一抱著我，所經歷一切的苦厄忽然間都被拋到九霄雲外。他看著我的神情，跟我師父看我的神情一模一樣。他的慈悲是無法形容的。大瑜伽士、大師在看著他們的弟子時，他們整個生命都放射出那種超絕的、滿滿的恩愛。

師父曾經告訴我，太老師是生於一個婆羅門階級的家庭，從孩童時代就在喜馬拉雅山各處雲遊，他的師承可以追溯及一條從未中斷過的聖者師徒相傳的道統。他看起來很老，但是非常健康。他只有在清晨和黃昏時分才各離座一次。他身高大約是五英尺九寸或十寸，身形非常瘦而有活力。他眉毛濃密，臉上煥發出深沉平靜和安詳的光澤，永遠掛著微笑。大多數時候，他是喝犛牛奶維生，有時會進用一些大麥熬出來的湯汁。偶爾有幾名喇嘛會來跟他學習。他住的是天然洞穴，在海拔七千英尺的高度，要生火來煮奶和水，順便祛除濕氣。他的學生在他的洞穴入口處造了木製的柱廊。那個地方很美，我們可以眺望綿延的山脈和廣大的地平線。

和太老師同住的期間，我向他請教了很多高深又罕見的功法問題，他都一一回答了。在回答我修行上的許多疑問之後，他問我為什麼遲遲不敢表達自己最想求的一個法門。

我用顫抖的聲音說：「請為我解說，讓我明白『易身大法』（parakāya-praveśa）[5]的功法。」

他說：「行。」

第二天早上，他的一位喇嘛學生來看他。當時大約是上午九點到九點半之間。

太老師說：「我讓你長智慧，為你示範。」他說他能離開自己的身體，進入別人的身體，然後再回到自己的身體。他說，他能夠任意替換他的身體。

我心中閃過一個念頭，「他要捨棄肉身，然後讓我把它沉入水中或者掩埋。」

但是他忽然說：「不是的。」他是在回答我心中所想的問題。

太老師命令我進入洞穴，再檢查一次裡面是否有其他出口或暗門，可是我已經在這個不大的洞穴中住了一個多月，我想沒必要再進去檢查一遍。但是他堅持要我這麼做。我依照他的吩咐做了，如我所見，這小洞穴只有一個入口，外面有個木頭柱廊。我出來後就坐在柱廊下，坐在那名喇嘛旁。

他叫我們走近站著，讓我們托著一個像是端茶用的圓形木盤。

當我們托著那個盤時，他問：「你們看見我嗎？」

我們說：「是的。」

我無知地說：「請不要想催眠我。我不會看您的眼睛。」

他說：「我不會催眠你。」

他的身體開始變得模糊，像是一團人形的雲霧。那團人形雲霧開始朝我們移動，然後就在幾秒鐘之間，雲霧消失了。我們發現手中托著的盤子開始變得沉重。過了幾分鐘，這木盤又變得跟原本一樣輕。那名喇嘛和我托著盤子在原地站了十分鐘之久，最後我們坐了下來，心懷懸疑和敬畏，等著看接下來將會發生何事。又過了十或十五分鐘後，聽見太老師的聲音叫我站起來再托住木盤。當我們托住盤子時，它開始變得沉重，一團雲霧又出現在我們面前。然後從雲霧又變回了可見的身體。

這個令人驚異又難以置信的經驗是一次實證。他用類似的方式為我們示範了一次這個功法。

也許我永遠不會有機會把這種事介紹給世人。我之所以想把這件事說出來，是因為我覺得世人應該知道像這樣的瑜伽士的確存在，科學研究人士也應該開始研究這種祕密的啟示。像這樣的奇蹟所顯示的是，人類可以具有此種能力；把瑜伽之學寫出來的帕坦迦利，在他所寫的《瑜伽經》第三篇中解釋了所有這些「悉地」。我並非主張或聲稱，要做到自我證悟就必須要具備這些悉地。我要說的是，人類的潛能是非常巨大的，正如同物理科學家要探索外在世界，真正的瑜伽士就應該不停地探索內在的力量和潛能。

太老師教導的手法既實際又直接。我想進一步了解我們的傳承而向他追問，他說：「就外表的行為舉止而言，我們是屬於商羯羅所創立的僧團組織，但其實我們的精神傳承和印度任何一個有組織的傳承都不同。」我也問他為何要住在西藏而不住印度。他回答：「我住在哪裡都不關事。在這裡我有幾位程度很高的學生，他們已經把自己給準備好了，在我的指導下從事修練。未來我也許會去印度。」我常常拿很多問題問他，就像問我師父一樣。他的話不多，微笑著做出扼要回答之後，就閉上眼睛。他會說：「不要動，安靜下來，那麼就不用對你說，你也會知道。你要學著用內在的眼睛去看，用內在的耳朵去聽。」

我的日記中記滿了他給我的指示。他告訴我用靜坐、言語、行動，去為我的弟子和學生服務，以培養大愛。我不明白何以用靜坐能為人服務，想問個仔細。他說：「聖者、瑜伽士、靈性大師能為世人服務的方法，是深入內在，去到愛的源泉，然後將那個愛表達給學生，但並非用現代人所知道的溝通方式為之。這是所有溝通方式中最微妙的一種，而在深沉的靜默中，它反而非常活躍，能幫助學生克服所有的恐懼、懷疑、困難。師父在那個時刻發下任何無私的心願，都一定會實現。」我和太老師同住的幾個月是用於從事修行、享受他散發出神聖的場、學習了幾種「日學」的法門，以及「右道密法」的一些特殊技法。

日學是所有深奧的瑜伽學問中最高深的一種，有助於現代人解除苦痛。根據太老師所傳，這個功法要用到一種特殊的禪定法去意守太陽神經叢，對於消除生理和心理疾病所產生的障礙很有幫助。太陽系統是人體內最大的脈絡網，它的中心叫作「臍輪」（maṇipūra cakra）。意守臍輪是有很多方法的，但是能加上高深的「調息法」（prāṇāyāma）的話，日學就能讓人覺知到一種比起「氣」還要微妙的能量層次。要研究這個能量層次的律動，就要禪定於朝陽，或者禪定於稱為「胃火」（udarāgni）的內在火力中心（這個火是由上半球和下半球磨擦所生起，在《奧義書》中稱為上火棒和下火棒）。雖然這門醫療的學問在《奧義書》中有所說明，很多學者都知曉，但是只有非常少數人才懂它的實際應用法。學會了這門功夫，就能完全控制自己的三個身層——肉身、氣身、意身[6]。精通這門知識的人，能感應到和治療任何人，兩者相隔多遠都無妨。

除此之外，太老師也就「室利毗底亞」這門學問給了我幾個重要的啟示。室利毗底亞是一切學問中最高、最至上的，所有在西藏和印度文獻中所見到的「曼達拉」（maṇḍala）[7]都是由它所生出來的。要學習這種高深的法門，學生要學會專注於「室利揚特拉」圖形中各個不同的部分，少數功夫夠深的學生則可以學會進入到中心點。這個揚特拉被認為是神性能量的化現，而中心明點（bindu）則是夏克提和希瓦交合的中心。雖然我曾經在印度馬拉巴（Malabar）地區的山中接受過這門學問的啟引，但在那裡的老師沒有教我如何去修練「射穿明點」（bindu bedhana）。如此去拜聖母[8]，就可以找到偉大聖者們所傳授的最終智慧。要得這個智慧，學習經典固不可缺，但最重要的是要能有一位精通這門學問的大師親自指導。懂這門學門的人如鳳毛麟角，我也不都認識。只有我們傳承才教這門學問。若是遇到有人精於此道，那他一定是我們傳承中人。終於拜見了我的太老師，學到這門智慧，我西藏之旅的目的已經達到。

室利揚特拉

在跟著太老師學習了兩個半月後，有一天，我坐在洞門外，想著我那本記載著種種經歷的日記本。我心中閃過一個念頭，「真希望我有把那本日記帶來，那麼我就可以把這些經歷給記下來。」

太老師微笑著招呼我過去。他說：「我能把你的日記本取來，你需要它嗎？」

這對於我而言，已經不再是一種大奇蹟，因為我以前也遇過這樣的事。我淡然回答：「是的，還要幾隻鉛筆。」我把日記本留在印度沒帶來，是放在北印度靠近耐尼塔爾山地一處叫做巴瓦里（Bhawali）的休養勝地。我的日記本很厚重，足足有四百七十五頁。

忽然間，我的日記本和三隻鉛筆出現在我面前。我很開心，但是並沒有感到特別驚奇。我告訴他，我寧願他給我更高的靈性。

他笑著對我說：「我已經把它給了你。你應該要學會保有它，不要抗拒，不可疏忽。」然後他說：「你已經有了我的祝福。現在我要你去拉薩，再從那裡回印度去。」

我說：「我不可能回印度了。我會被抓起來。」

他回答：「印度很快就要獨立了。如果你延遲上路，大雪和冰川就會讓你今年回不了印度。」

此後我沒再見過太老師。後來，我聽說他跟最親近的學生們說了再見，就此失蹤。有人說，他最後被人見到時是頸上圍繞著花環，以坐姿浮在卡立岡迦河（Kali Ganga）中漂流，這是一條流經塔那克普爾（Tanakpur）的河。我曾經問過我師父，太老師是否已經捨棄肉身。但是師父只是報以微笑，然後說：「那要你自己去發現了。」

雖然我對於回印度的後果有些擔心，但又覺得有信心，在那位一直接待我的喇嘛協助之下，我前往拉薩。我在一九四七年六月出發回印度。這次我有兩名嚮導、兩頭驢子同行，花了一個月的時間，終於越過大雪覆蓋的隘口，抵達錫金的首府岡托克（Gangtok）。在我抵達三天之前，印度宣布獨立。

在岡托克的期間，我住在一所寺院中，寺院位於城的東北方，今天仍然存在。我在當地拜見了一位了不起的喇嘛。他是一位道道地地的佛教瑜伽士，又是一位梵文學者，曾經在印度的菩提迦耶住過很多年。佛教的學者通常對於商羯羅多所批評，正如同商羯羅阿闍黎僧團會批評佛教。但是這位智者旁徵博引大量的文獻，揉合了佛教和商羯羅的不二論，給我上了一課。商羯羅是一位偉大的瑜伽哲學家，也是動感十足的年輕「艾凡達」（avatar，神的轉世），是他將高達巴大師（Gauḍapādācārya）著作的「不二論」予以系統化和發揚光大。

這位喇嘛說：「從最終的真實而言，這些哲學體系並沒有不同。不同的是用以表達的文辭，所證驗的並無不同。我們要去除一切教派的影響，證得最高的覺性境地，也就是涅盤境地。」

現在印度、西藏、中國、日本以及整個東南亞的佛教徒，都已經忘記了自我證悟的禪定傳統，掉入了種種形式的儀軌法事，這可不是佛陀的遺教，這讓他覺得很傷心。有益於現代世人的純正佛教已經不見了。成千上萬佛教寺廟中的喇嘛、法師、僧人都在做種種的法事，而佛陀說過：「諸位！點燃你自己的燈。沒有人能給你救贖。證悟你自己。證得涅盤，你自己即是佛。」

這位喇嘛也批評了商羯羅不二論的信徒，不如法教導不二論的哲理而耽溺於儀軌法事。他說：「這種教法造成世間的惑亂。」他進一步解釋道：「商羯羅的哲學是《吠陀》和佛教的揉合。」他引用一段《吠陀》，「asad vā idamagra āsīt……」意思是「這個有相的世界是由空所生……」他又引用了其他經典，並且將《曼都基亞奧義書》（又稱《蛙式奧義書》）的哲理和《數論頌》相提並論，《數論頌》是自在黑（Īśvarakṛṣṇa）[9]所著，而他居然是一位佛教學者。那好幾天中，他當了我的導師，然後他建議我離開那個寺院，回到喜馬拉雅山我師父的身邊。

注釋

1 譯注：所指應該是第十三世達賴土登嘉措，此時已經圓寂，而第十四達賴尚未登基。

2 譯注：廓爾喀（Gurkha），是尼泊爾中部山地的民族，以驍勇善戰著稱，曾經建立獨立王國，清朝乾隆年間曾攻入西藏掠奪，由清廷出兵擊退。其後英國人將廓爾喀戰士收編入英軍部隊，協助英軍在世界各地作戰。例如香港回歸前就有廓爾喀士兵（香港稱為「啹喀」）駐守中港邊境。

3 譯注：古印度的佛學重鎮那爛陀大學（Nalanda University）位於比哈爾州（Bihar，印地文也稱為Behar，但是東印度還有一個城市名為Behar），最出名的學者中包括了來自中國唐代的玄奘。該大學建於第五世紀，於第十二世紀末被摩兀兒入侵所毀。到了二〇〇九年印度國會立法在舊址重建一所新的那爛陀大學，顯然並非本書所稱之那爛陀大學。斯瓦米拉瑪所說在古代佛教的那爛陀大學學習，究竟是何所指，非常耐人尋味。

4 譯注：法瑪．瑪迦（Vāma Mārga），按，Vāma意思是「左邊」，Mārga意思是「道」，字面意思即是「左道」。

5 譯注：易身大法（parakāya-praveśa），傳說中的瑜伽大法，學得此法之人可以換身，進入他人的身體繼續此生的任務。

6 譯注：所謂的「身層」（kośa，或者說身套、身鞘）共有五個，此處所說的肉身、氣身、意身是前三種，後兩種為：識身、樂身。還有一種所謂「三身」的分類：粗身、細微身、因身，與此處所說的三種身層不同。

7 譯注：曼達拉（maṇḍala），也有翻譯為「曼荼羅」。

8 譯注：這裡所指的聖母，就是室利揚特拉圖形內的中心點，也稱為三界美人。所謂的拜聖母是在內心觀想頂禮膜拜。

9 譯注：自在黑（Īśvarakṛṣṇa），也可譯音為依希伐若奎師那，據說是《數論頌》的作者。

為撕下蓋紗而準備

每個學生心目中，對於老師應該是什麼樣的，都有一定的成見。如果你來到我這裡，你想見到的不會是如實的我。因為我不符合你的期待，所以你認定我不是一位好老師。這可不是跟隨老師的正確方式。要跟隨老師就要死心塌地，要有一股學習的熱情，才不會出問題。

你要怎麼找到相應的師父？經書中說：「當弟子準備好了，師父就會出現。」如果你還沒準備好，就算他來到面前，你也不會注意到他或者理會他。如果你不知道鑽石是什麼，就算把鑽石放在你眼前，你也會忽視它、錯過它，把它當成玻璃。此外，如果你無法分辨，你可能得到玻璃，卻以為它是鑽石，而一輩子珍惜它。

在找老師的時候，學生可能變得太偏重智性思考，而忽略了隨性的直覺；或者相反地，他可能太感情用事，而忽略了理性。完全聽任感情和完全訴諸智性，同樣是危險的；都會造成自我膨脹。不相信自律持戒的人，就不用想開悟。學生只是想開悟而不肯付出代價，老師也幫不上。

一位真正的靈性老師，一位負有教導傳承使命之人，會去尋找好的學生。他會留心某些跡象和徵兆；他想知道誰已經準備好了。學生是騙不了師父的。師父能輕易地感應出學生到了什麼程度。如果他發現學生還沒到位，會逐漸把學生準備到能接受更高深教導的程度。然後當燈芯和燈油都備妥了，師父才會點燈。那就是他的角色。最後所放出來的是神性的光。

我們不用擔心是誰來指導我們。重要的是自問：我是否準備好接受指導？耶穌只有十二名親近的門徒。他幫過許多人，但是他只傳授祕密的智慧給少數幾個準備好了的人。《登山寶訓》只有幾個人能明瞭，不是一般大眾能懂。還沒有能走上那條路的人是不會明白，比如說，為何要溫馴、為何要貧乏[1]。

師父教導的手法很多，有時甚至非常神祕。他會使用言教和身教，但是某些情形下他可能行無言之教。我總是覺得最重要的教導源自於直覺，那是超越了言語溝通的力量。

你應該用愛心去盡在世間的責任，單單這一件事就能夠大力助你在開悟之道上邁進。你不需要有人能指導和幫助你。你需要外在的上師，是因為他是個方便，是用來幫你找到內在的上師。有時候你可能會變得自大，認為：「我不需要上師。」那是自我意識在講話。你一定要馴服它。

如果你是個好學生的話，你永遠不會遇到不好的上師。但是反過來說也是事實：如果你是個壞學生，你就不會遇到好上師。好的上師為什麼要為壞學生擔負責任？沒人會收集垃圾。如果你在尋找上師，先在自己內在去搜尋。要成為一名瑜伽士，就意味著能知道你自己當下此刻的情況，以及能在自己身上下功夫。不要因為你還沒有找到老師而滿腹牢騷。要自問你是否配得上有一位。你夠得上吸引老師嗎？

有一回，我對師父抱怨他沒有教我什麼東西。

他說：「好，現在我變成你的徒弟，你變成老師。你就當自己是我。」

我告訴他：「我不知道該如何當你。」

他說：「別擔心，你會知道。」

接著，他閉上眼睛來到我面前，捧著破了個大洞的碗，說：「老師，請給我一些東西。」

我問：「你要我怎麼給？你的碗破了個洞。」

於是他睜開眼睛說：「你的腦袋裡破了個洞，還想跟我要東西。」

增加你的能耐，淨化你自己。取得那種內在柔性的韌力，神就會來到並對你說：「我想進入你這個活生生的殿堂。」要為這一天來到而準備。清除不淨的塵埃染污，那麼你就會發現那個想要認識真實的人，他自己本來就是真實。

在我所知道的許多斯瓦米或是各種信仰的老師當中，只有幾位是已經徹底開悟了的。

有一次我拿這個問題問我師父。我說：「先生，有這麼多人叫做斯瓦米或是聖者。世人都受騙了。有這麼多不道地的老師，他們還沒夠資格做老師，仍然應該是學生才對。為什麼？」

他微微一笑，說：「你知道，花園四周不是都會有保護它的柵欄或圍籬嗎？這種人是神為了我們而造出來的。由他們去假裝。其實有一天他們會徹悟。現在他們只是在欺騙自己。」

如果你想要遇到一位道地又有真知博學的老師，首先必須把你自己給準備好。然後你才能夠穿越圍籬。

注釋

1 譯注：出自《聖經》馬太福音第五章耐人尋味的訓示。

Part 13 掌握生死

你是自己命運的建築師。死亡和出生不過只是生命的兩個事件。你遺忘了你的本質，這是你痛苦的起因。當你明白了這個，就得到解脫。

出生和死亡不過是兩個逗點

我追隨我的師父，因為我自小就受他扶養，可是我對於他所教我的真理並不是一向都信服。每當我平靜下來時，內心深處就會生起種種懷疑。師父常叫我去參訪這位、那位斯瓦米。起初我想，「我在浪費時間，這些都是無用之人。他們從世間退隱，只會坐在樹下。他們為什麼要這麼做？」慢慢我才明白，首先我們得學會質疑自己心中的疑念，去分析這些懷疑。

我十七歲的時候，被派去拜見某一位聖者，但是我那時還不知道原來他也是我師父的弟子。師父告訴我：「如果你真想追隨一位貨真價實的斯瓦米學習，就去跟這個人同住。」我得到的指令是前去岡勾垂附近某地，在那裡我見到有一位斯瓦米坐在洞穴中。

我從來沒有見過有人有如此健美的身形。我在那個年紀時，對於健美和鍛鍊身體非常著迷，因此很羨慕他的身體是如此健美。他的胸膛寬闊而腰身窄小，身上的肌肉結實。當我發現他已經八十五歲時，更是為之驚訝不已。

在禮貌地問候他之後，我問的第一件事是：「先生，您在這兒都吃些什麼？」我非常在意吃。上了大學之後，我對食物的態度開始變得像個西方人。學校每天都提供各種各樣的菜式，我對下一頓要吃什麼都滿懷期待。

這位斯瓦米回答：「你餓了嗎？」

我回答，我的確如此。

他告訴我：「你去洞中的那個角落會找到一些薯類。拿一個過來埋在火堆中，等幾分鐘拿出來就可以吃了。」我依言做了，發現那個薯類非常好吃。它的味道像是淋上了牛乳的西米布丁！而我無法吃得下一整個。知道自己在這裡住下來能有好吃的，我為之心滿意足。

吃過後，斯瓦米吉對我說：「我對你要行的是不言之教。」我坐在他身邊三個整天，一句對話都沒有。到了第三天，我總結自己跟一位完全在靜默中的人同住，是在浪費時間和精力。他什麼也沒教我。正當我起了這個念頭時，他開口說：「孩子，你被送來我這兒，可不是要學那些你可以在書本中找到的智性知識。你來這裡是要來體驗一件事。我後天就要離開我的身體。」

我難以了解為什麼有人會選擇主動離開自己身體。我說：「先生，那無疑於自殺。自殺對像您這樣一位聖者可不是件好事。」這番話是我在大學裡學到的東西。

他說：「我不是自殺。把一本書的舊封面換上新的封面，並沒有毀掉這本書；把枕頭的套子換下來，不是在毀掉枕頭。」

對於十七歲的我而言，這是不可置信的。我說：「您有一個極佳的身體。我希望自己的身體能有您一半健美就好了。為什麼您要丟下它？這不是好事，是罪過。」我覺得好像變成是我在對他說教。

他聽了一陣，沒有回應。

過了一會兒，我的一位師兄來到，我吃了一驚，問：「你怎麼來的？上次見到你時，你還在離這兒很遠的地方。」

他靜靜地把我拉到一邊，說：「不要打攪他。你問他的都是一些傻問題。你不了解聖者。讓他安詳地離開他的身體。」

但是我跟師兄爭論說：「他的身體如此健美，為什麼他要捨棄身體？這可不是瑜伽，是在自殺。如果不是因為離這兒很遠才有警察的話，我一定會叫警察來逮捕他。這是犯法的行為。」

不管我師兄怎麼說，我都不信服，都不同意。我們早晨和黃昏外出盥洗時，我都一再說：「這麼健康的人，有這麼一個健美的身體，他應該去做給大家看，教人怎麼健身，怎麼維持健康。他說我只看到他的身體，我應該看到還有更多的東西。但還有什麼呢？」

我師兄畢竟年長過我，他回答：「你別激動。你要學的東西還多著呢。我們要保持開放的態度，才能了解。生命中是有許多神祕的。」

那位斯瓦米還是不和我說話，所以又過了二十四小時後，我對師兄說：「我從靜默中學不到任何東西，我想離開此地。」

他回答：「你為什麼不留下來見證他是如何離開身體的？」

我說：「這根本是一件傻事。我寧可在好大夫的照料下死在醫院裡，也不要死在山洞裡。這是哪門子的傻事？」我那時完全是一種現代人的唯物主義心態。

師兄說：「你不明白。叫你來這裡，就好好坐在這兒。你要在心裡面嘀咕的話，就請便，那是你自個兒的事，我無法阻止你，但是不要吵我。」

最後，那位斯瓦米開口了。「其實，我什麼也不用做。當我們要離開身體的時候，我們自己該知道。我們不應該擋自然的路。死亡是在幫助自然。我們不應該畏懼死亡，因為什麼也不能影響到我們。你明白嗎？」

我說：「我不想死，所以我也不想明白。」

他說：「你這心態不對。要試著去明白究竟什麼是死亡，不要怕它。我們對很多東西感到害怕，那可不是生活之道。死亡不會毀滅你，它只不過是把你和一個身體分離而已。」

我反駁道：「沒有了我的身體的話，我也不想活。」

他接著說：「死亡，是身體的一個習慣。沒有人可以永遠活在同一個身體中。身體一定會有改變、死亡、腐朽。你一定要了解這一點。很少人懂得從自己對生命的執著中解脫出來的方法。這個方法就叫做瑜伽。這可不是現代世界所盛行的那種瑜伽，而是最高境地的禪定。一旦你懂得禪定的方法，你就可以掌控你身、心、靈的其他作用。心和身體的聯繫是要靠氣。當呼吸停止作用了，聯繫就斷了，那個分離就叫做死亡。但你還是存在的。」

我問：「沒有了身體，要怎麼去感覺自己的存在？」

他回答：「你沒有穿衣時，如何感覺到自己？這有什麼大不了？」

但是無論他怎麼說，他都沒有能夠在哲理上或邏輯上說服我，因為我的心智在很多方面都還不成熟。

在他要離開身體的前一天，他給我們指示：「明天一早，五點鐘的時候，我會離開我的身體。我要你們把它沉入恆河中。你們兩人一起做，好嗎？」

我回答：「當然！我一個人就可以！」為了證明我能做到，我就憑一己之力把他抱了起來。

恆河距離這裡不遠，只有幾百碼。

那晚大部分時間我都醒著，試著去了解這人要捨棄一個如此健康美好的身體，究竟是出於什麼動機。我們通常都在凌晨三點起床（因為凌晨三點到六點是打坐最好的時間，所以我們晚上八點到十點之間會就寢，早上三點起床）。但是那天早上我們三點之前就醒了，然後開始交談。

斯瓦米說：「告訴我，你有什麼想要的。無論你要什麼，我答應會滿足你所求。」

我回答：「您就要死了，能為我做什麼？」

他說：「孩子，對一位真正的老師而言，死亡那回事並不是真發生的。老師就算身體死亡了，還是可以繼續指導學生。」

然後他轉向我的師兄，問：「他會讓你頭痛嗎？」

師兄說：「可不是嗎？但我能怎麼辦？」

五點到五點半之間，我們還在交談，斯瓦米忽然說：「現在開始打坐。我五分鐘內就要離開我的身體。它的時間到了。這個叫做身體的工具已經不能再給我什麼了，我要放下它了。」

五分鐘後，他唱道：「嗡……」然後我們都陷入一片靜默。

我檢查了他的脈搏和心跳，我想，「也許他能暫時停住脈搏和心跳一段時間，過一會兒再開始呼吸。」我又檢查了他的體溫、他的眼睛，等等。

師兄說：「夠了。我們該在日出前把他的身體沉入河中。」

我說：「別擔心，我一個人就可以。」

但他說：「我要幫忙。」

當我們兩人試著要把他抬起來的時候，發現根本動不了他的身體。於是我們找來一根松樹的枝幹塞到他大腿下面，想把他撬起來，但同樣做不到。我們花了一個小時，試遍了一切我們所能想到的法子，但是連移動他一寸也做不到。

我常常會記起接下來所發生的事。我永遠都忘不了那次的經驗。

就在離日出還有幾分鐘的時候，我聽見有人說：「現在我們要抬走他了。」可是周圍沒有人，我想，「也許是我想像出來的。」

師兄也在四處打量。

我問：「你有沒有聽到什麼？」

他說：「是的，我也聽到了。」

我問：「我們是否起了幻覺？這是怎麼回事？」

忽然，斯瓦米的身體自己升了起來，慢慢朝恆河方向移動。它在空中漂浮了幾百碼，然後下降沉入了恆河中。

我大為震驚，過了很長時間都無法接受這個經驗。以前每當有人提及某某斯瓦米據說能展現什麼奇蹟時，我總是會說：「那是一種戲法。」但是這次我親眼見到身體漂浮在空中，我的態度很快就被改變了。

我回到我們的寺院時，有幾位斯瓦米正在進行討論，主題是：如果這個世界真是神所創造、神所護持的話，為什麼會有這麼多苦厄？一位斯瓦米說：「這個有相的宇宙只是存有的其中一個面向。我們有能力去認識其他的面向，而我們卻不肯認真地努力去實證這個能力。人會受苦，是因為他沒有能認識到全面。」他們的談話啟發了我。我那時開始認真地去聽，逐漸發現到那些我所不確定的、所懷疑的，都能因為他們的談話而得到紓解。

當我拿俗世和聖者的生活方式相比較時，我發現前者固執於實體，側重於能見到、觸摸到、抓得到的東西。而聖者的生活方式和居住地方的氛圍，雖然不重視物質，但就生命的意義而言，卻相對更為真實。物質世界對生命也有一定的價值，但是如果不能覺知那絕對真實的話，一切都是枉然。常人以為生命中的某些面向充滿了謎團和神祕，然而只要揭開了無明的面紗，這些神祕都能輕易地化解。現代的科學家們不懂死亡之道，但在瑜伽的學問中對死亡之道有所敘述，也會傳授給準備好了的學生去修練。生死之道只能揭露給少數幸運之人。

生命中已知的部分，就像是連接著出生和死亡兩個點之間的一條線。我們存有的絕大部分，是在這兩個已知點之外，既為我們所不知，也不為我們所見。懂了生命那個不知部分的人，就知道此生像是一個巨大句子中的一個逗點而已，而這個句子是沒有句點的。

根據古代瑜伽的經典，要離開身體是有一個具體辦法的。所描述的辦法中，氣，或者細微身，可以經由十一個門離去。瑜伽士所學習的，是由位於頭頂囟門內的「梵穴」（Brahma-randhra）離去。據說臨終時穿越這個門的人，能維持意識，對此後生命的認識，會正如同他對此生的認識一般。

對死亡的態度

你是你人生的建築師。你建立了自己的人生觀，打造了自己的心態。沒有正確的心態，整個建築物就不穩固。一旦開始領悟到這個事實，就會開始朝內看，開始改造自己，開始覺知到自己心識的許多層面。聖者已經證明了這個事實，但是現代人不了解它。他仍然在外面的世界中搜尋和追求幸福。

當我年輕時，也以為幸福來自於外在世界的對象。

有一天，師父叫我前去一位富人的家，富人已經處於臨終階段。

我抵達時，富人對我說：「先生，請為我祝福。」他極為悲傷，淚流不已。

我問他：「您為什麼哭得像個可憐無依的孩子似的？」

他回答：「我真希望我是個孩子。現在我明白自己是世上最可憐、最虛弱的人。我擁有的一切舒適環境和財富，現在都幫不了我。都是一場空。」

我很容易看出來那位富人內在的貧乏。從此我開始研究臨終的人，包括了詩人、作家、哲學家、政治領袖，發現他們在最後關頭都深陷於苦痛之中。他們之所以會有苦痛，是因為他們對於人生的不捨，以及對於世間對象的執著不放。能覺知自己內在那個不會死亡的，就能得解脫，不再執著於世間的對象。這種人在離開身體時，能保持著正向的心念狀態。

記載聖人柴坦尼亞・摩訶神主（Caitanya Mahāprabhu）[1]生平事蹟的典籍透露，他生前持誦不斷，那股振盪的能量在他死後依然可以在他所居住的房中感受到。

有一次，我在坎普爾市也有過這樣的經驗。那裡有一個家族都是醫師，他們的母親信奉神主，是一位非常虔誠的信徒。她受過我的啟引。在她去世之前六個月，她決定要在房中獨居，整天就只憶持神主的名號和靜坐。六個月後她病倒了，躺在床上無法起身，看來所餘時日不多。她的長子譚盾醫師（Dr. A.N. Tandon）非常依戀母親，想要待在她身邊送終。母親對他說：「我不希望你對我如此不捨。你再也不要坐在我身旁！我對你的責任已了。這段旅程我必須要完全獨自走過。就算你緊挨著我，也幫不到我。」

一般人在臨終時會有孤單和恐懼的感覺，因而生出一種假的安全感，深深地執著於自己的子女和所擁有的財物。但是這位女士卻是一直保持安詳，心念完全溶入於憶持上主的名號。她對兒子們說：「我處於極大的喜樂中。你們縱然對我不捨，也無力把我留在這個無常的層面。」

她的兒子開始悲切地哭泣。他說：「媽，我萬分愛您。難道您不再愛我了嗎？我親愛的母親究竟怎麼了？」

她回答：「凡是我該做的，都已經做了。我現在是個自在的靈，無比喜樂。我是宇宙汪洋中一道喜樂的波。我已經脫離所有的恐怖和擔憂。你對我無常的身體還是依依不捨，而我現在知道身體不過是個軀殼。你要叫這個軀殼為母親嗎？」

我當時在場。除了我之外，她不讓任何人坐在房中。距她死亡之前五分鐘的時候，她微笑著在我耳邊輕聲說：「這些人以為我神識不清了，他們可不知道我的收穫有多大。」然後她要我把家人都召來。她舉起手，為大家祝福之後，就安然離去，前往她在天界的歸處。

在她死後，她住過的房間牆壁仍然帶有她所持咒語的振盪。任何人進入房中就能感受到發自那些牆壁的振盪。有人告訴我，那房子的牆壁仍然會散發出她的咒語。於是我特地前往一探究竟，我發現她咒語的聲音的確還在那裡振盪。

咒語是一個音節、一個字或是一組字。若有意識地憶持自己的咒語，它就會自動存儲在心識的潛意識中，然而人通常不會察覺到這個事實。在人要離世的那天，當意識衰竭停止作用之際，由於對自己身體以及其他世間所有物依依不捨的緣故，會讓人感受到極大的孤單和恐懼。在這個關頭，儲存在潛意識內的東西就能成為臨終者的引導。這個分離的關頭對於無明之人是非常痛苦的。對於能夠忠實地憶持自己咒語的靈性之人則不會如此，在這個令無明者恐懼不已的轉折點，咒語會引導靈性之人。死亡本身並不痛苦，但是對死亡的恐懼卻是非常痛苦的。咒語對於臨終者能給予有力的引導，帶他安詳穿過那個未知的黑暗關頭。因此，人在穿越死亡和再生之間的那條走廊之際，咒語就成了持火炬的引導者。

能帶著完全的信心經常憶持自己的咒語，是最穩妥的法門之一。世上所有的靈性傳承都用這個法門。只有已經經過淨化和調教好的心念，才能有助於對咒語的覺知力，來祛除這個轉折過程中的黑暗。咒語的確是一位罕有的朋友，不論在此生或是生後，需要它之際，它就會來相助。經常憶持咒語會在求道者的潛意識中造成深深的紋路，然後心念就會自發地流動在這些紋路中。咒語是靈性的引導，能祛除對死亡的恐懼，帶領我們無懼地去到生命的彼岸。

瑜伽士都同意的一個事實就是，身體像是一件衣服。他們相信當身體不再能用時，就可以有意識地把它脫下來，而不會有任何恐懼或是痛苦。用這種方式拋下身體，對他們沒有什麼不尋常可言。

有一回，我在阿剌哈巴德市舉行的孔巴美拉節慶期間，有幸見證過這樣的事蹟。孔巴美拉是聖者的節慶，每十二年舉行一次。許多聖者和博學之士在節慶期間會聚集在神聖恆河的岸邊，和所有前來參加的群眾分享自己的經驗和智慧。節慶期間長達一個月，印度所有的宗教人士都喜歡來享受這個靈性的聚會。

那次我住在位於神聖恆河岸邊的一間花園房舍內。大約在凌晨三點左右，我接到通知，大王者毗那依（Vinay Maharaja）[2]將會準時於四點半捨離肉身。這位斯瓦米是我師父的弟子。我接報後，立刻衝去他住的屋舍內。在屋中，他跟我談了半小時，討論瑜伽和吠檀多裡面高階的功法。當時在場的還有六位斯瓦米坐在他身邊。他為我們講解了如何主動捨離肉身的功法之後，四點半一到，他向我們道別，說：「願神祝福你們，我們將在彼岸重逢。」然後他就進入靜默。他闔上雙眼，變得完全靜止。我們都聽見「滴」一聲發自他的頭蓋骨。那是頭蓋骨裂開的聲音，這是經由「梵穴」捨離肉身的過程。其後我們將他的遺體沉入恆河。我還見過很多次類似的瑜伽士有意識地主動捨離肉身的例子。

孔巴美拉節慶

現代人懂得怎麼吃，怎麼說話，怎麼穿衣，怎麼在社會中生活，也懂得怎麼訓練懷孕的母親安然生產，也發現無痛分娩的方法。但是，現代人還沒有學會主動而歡樂地捨離肉身的技巧。當死亡的時刻來臨時，他變得十分悲慘，經歷著許多心理的痛苦。現代社會雖然發展出高科技，對於生命和死亡的許多神祕卻是一無所知。現代人還沒有能夠發現他內在本有的資源。

死亡是身體的一個慣性，是必經的轉變。臨終之人都應該要接受心理上的教導，準備這個時刻的來臨。這個叫做死亡的，是每個人都必須經歷的轉變，它本身並沒有痛楚——但是對死亡的恐懼卻為臨終之人造成巨大的苦痛。現代人為了要取得世俗的成功，接受過各方面的教育，但是沒人傳授給他如何擺脫恐懼死亡的智慧。找到如何能夠安詳死去的方法，對人類是絕對必須的。

注釋

1 譯注：柴坦尼亞・摩訶神主（Caitanya Mahāprabhu），十六世紀聖人。

2 譯注：大王者毗那依（Vinay Maharaja），Maharaja 摩訶王者，是表示尊顯的稱呼。

拋下身體的方法

我和兩位朋友正在由岡勾垂前往巴椎那特的路上。那時是七月，是雲的旅行季節。我們選了一條狹窄而曲折的步行小徑。這是一條不尋常的路徑，只有少數瑜伽士和聖者才知道。抄這條近路，由岡勾垂到巴椎那特是二十五英里，要步行四天，而一般人走的那條長了許多的路線，則要多用上好幾天的時間。當我們越過一萬二千英尺高度的重重雪峰時，大自然雖然似乎無情，但也讓我們有機會觀賞到以前從未見過的喜馬拉雅山脈美景。

我們在距岡勾垂九英里之處停下來過夜。此處恆河的彼岸是坡加巴薩地區，當地盛產樹木的樹皮可以用來書寫經軸。第二天一早，我們開始往勾木克（恆河之源頭）方向前進，試著沿這條僻徑越過山峰前往巴椎那特，途中遇到一位來自馬德拉斯的年輕斯瓦米，他住在恆河的對岸。他說塔米爾（Tamil）語，那是南印度各個州郡的主要語言。他只能用破爛的印地語和我們交談。他剛跟從斯瓦米塔坡達南吉（Swami Tapodhanam-ji）學習過幾天，那是一位來自喜馬拉雅山博學又苦修之人。

我們四人一同繼續前往勾木克，其地位於山中冰河腳下，是恆河的發源地。我們帶有一個小帳篷、一些餅乾以及少許爆過的玉米。在勾木克，我們遇到一位名叫漢斯吉（Hans-ji）的斯瓦米，他也加入了我們。過了這個點，就再也沒有瑜伽士或斯瓦米能住下來。漢斯吉每年夏天都來此居住。他原本是位海軍軍官，由於厭倦了航海的生涯，於是來到喜馬拉雅山中巡訪瑜伽士和聖者。

他只有三十五歲，就已經接受了出家的人生，當地人都知道他是一位平靜安詳慈愛之人。

隔天，我們和漢斯吉亙道再見，因為他對於我們選擇走一條無人知曉的路線前去巴椎那特的探險活動不表贊同。當天我們在海拔一萬六千英尺的高度紮營，第二天在一萬八千英尺。隨著高度的增加，空氣越來越稀薄，而我們沒有攜帶呼吸設備，行走變得更加艱難。我們在那裡走動的三天裡，就像是在世界屋頂之上的太空中漫步，從那兒你可以看到清澈的藍天，其中高掛著閃爍的群星。

我們的帳篷很小，就靠著溫暖的厚衣以及體溫的輻射，在嚴寒、狂風、大雪中喘息，度過了這個關鍵的夜晚。在半夜時分，那位半途加入我們的年輕斯瓦米決定要在喜馬拉雅的高地捨棄自己的身體。他並非因為沮喪失意才這麼做，也許是因為他知道自己在這個世上的時間已滿。在深厚的積雪中，如果慢慢逐件除去身上的衣服，到某個地步，整個身體就會變得無痛和無感。

在喜馬拉雅高山的積雪中，人的確會變得麻木無感，這是事實。我從許多不同的文獻記載以及聖者口中聽聞而來，都證實確有此事。有些為了「獵峰」而來到喜馬拉雅山的西方人士，他們所寫的書中也有提及這個現象。不過，瑜伽士捨棄身體是有一定的方法的。讓自己在三摩地中凍僵，是某一種特殊派別的喜馬拉雅瑜伽士所採用的死亡方式。它叫做「喜馬三摩地」（hima-samādhi，按，意思是「雪三摩地」）。

在帕坦迦利的瑜伽系統中，三摩地是經常用來表示最高的定境。但是依照喜馬拉雅山的習俗，各種有意識地捨棄身體的方法也叫做三摩地。在瑜伽士和聖者的圈子裡，他們說：「他已經成就摩訶三摩地（mahā-samādhi）。」意思就是，「他已經捨棄身體。」

我們不想把這位年輕斯瓦米單獨拋在那裡，就試著說服他跟我們走。但是因為我們對他所說的塔米爾語所知有限，無法和他溝通，無法說服他。我們一直陪著他到早上十點鐘，但是我們的忠言和勸告都不奏效。他已經決意要在這個天人的國度中主動離開自己的身體。我們最後只有留下他，繼續上路，兩天後抵達了巴椎那特。《摩訶波羅多》的主角之一「堅戰」（Yudhiṣṭhira）[1]，在他生命最後的時日也去了喜馬拉雅山。他告訴妻子，自己要去見天神，然後前往他最終的歸宿。我們一行人在巴椎那特的神廟分手，我就回去我在山中的家。

這種捨棄肉身的方法，是很多古代高人都認可的方法之一，但是要捨棄肉身還有種種其他不同的方法。一種方法叫作「水三摩地」（jal-samādhi），是要屏住呼吸在喜馬拉雅山河流的深水中為之。「頂三摩地」（sthal-samādhi）的作法是採用「成就式」的坐姿，然後有意識地打開頭頂的囟門（梵穴）。瑜伽士所使用的方法是非常講究的，完全無痛苦且是有意識地為之。

在西方世界中，這是非常奇異的事，但是在喜馬拉雅山中並非罕見。這不是在自殺，而是一種抽離的過程，是在褪下那個不再能用來當作開悟工具的身體。這樣的身體被視為是一種負擔、一種障礙，臨終者在經歷他潛意識中所貯藏的巨大記憶庫時，會妨礙到他的旅程。只有那些沒有能力掌握這種高階功法之人，以及那些不能依靠自己的瑜伽意志力和控制力之人，才會接受尋常人的死法，這當然不如瑜伽的方法。

還有一種很特殊的捨離身體的方法，就是極度專注於自己的太陽神經叢，內在的火焰會在眨眼間把身體燒化，一切都變成了灰。在《卡塔奧義書》（*Kathopaniṣad*）中，死神閻摩（Yama）傳授給他所鍾愛的弟子納奇克塔（Naciketa）的，就是這個方法。全世界都時常見到人體自焚的報導，大家都好奇究竟為什麼會發生這種現象。但是古代的文獻中，例如《摩訶卡拉尼地》（*Mahākāla Nidhi*）就有系統地解釋了這個法門。

瑜伽士以及喜馬拉雅的聖者，視出生和死亡為生命中兩個小小的事件。現代人用盡了一切力量去探究出生的奧祕，他們成功了，所以現在可以為這件歡喜的事做好準備。但是由於缺乏對生命哲學基本的認識，他們無法明白和認識死亡的方法，所以無法為此做好準備。對於瑜伽士而言，死亡是身體的一個習慣，是一種變易，和成長中其他會發生的變易一樣。現代人可以接受這個訓練，那麼當他們進入老年時就不會因爲發現自己被社會漠視或者覺得被孤立，而感到如此痛苦。

我覺得很奇怪，為什麼現代人不願意去發掘其他層面、其他途徑、其他方法，來解脫自己對名為死亡那個事件的恐懼感。西方世界在這個題目上雖然做了足夠的文章，卻仍然在找尋解決之道。儘管已經有人開始跟大眾談論這個題目，但是還沒有任何書本去解釋死亡的方法。瑜伽的文獻和功法並非具有宗教或文化的性質，是可以經得起科學實證的考驗，可以用來慰藉遭受臨終苦痛之人。

注釋

1 譯注：堅戰（Yudhiṣthira），是史詩《摩訶波羅多》中，正義一方盤度族（Pandu）的領導人。

見證易身

有一位英國軍官是印度阿薩姆地區一個駐軍部隊的指揮官，他非常仰慕我師父，開始接受師父的指導練習靜坐。一九三八年，他在一個距離瑞斯凱詩四十英里，名為若基（Rorkee）的地方，遇見我師父。他的部隊中有一位印度軍官對我師父讚不絕口，所以這位指揮官就跟著那位軍官去恆河岸邊見我師父。從那次之後，指揮官經常來見師父，還曾經考慮要辭去軍旅的高階職務，以便追隨師父。他也非常喜歡我，要我去造訪阿薩姆，但是我寧願待在山裡，而不去城市裡。

我在十六歲那年，遇見一位叫做布爾巴巴（Boorhe Baba，Boorhe 的意思是「年長」）的高人，他住在那迦（Naga）山中。他在前去阿薩姆的路上，順道停下來探望我的師父。當時我們住在笈多卡西（Gupta Kashi）城外五、六英里處的一個岩洞中。

這位高人非常瘦，白髮白鬚，身穿白袍。他的姿態非常與眾不同，像是一根非常直、不會搖擺的竹竿。這位高人常來拜訪我師父，請教他關於高階的靈性修行。他經常跟我師父談到的題目是換個身體。我那時年輕，對這個特殊的法門了解不多，它叫做易身大法。沒有人跟我好好談過這個瑜伽修行法。

十天後，我受派陪同這位年老的高人一同前去阿薩姆。我們搭乘火車抵達阿薩姆，然後去拜訪了那位指揮官，他非常有規律地習練瑜伽的體位法、調息法和靜坐。他部隊裡的同僚對指揮官非常不解，認為他常有一些奇怪的舉措，一定是在練什麼怪異的東西。指揮官底下的一位印度少校跟我聊起了他，「他先叫我拿張椅子給他，然後坐在椅子上。接著，他叫我把椅子從他身體底下移開，怪的是他仍然保持同樣的坐姿，好像還是很舒服地坐在椅子上似的。」他在辦公室裡會用那個姿勢在辦公桌前辦公，不用任何支撐。還有一位跟了他多年的少校告訴我，自從指揮官三年前成為一位瑜伽修行者，他的性格不斷地在改變。他說：「他不再會發脾氣，變得非常和善溫文。」指揮官變得滴酒不沾。他學好了印地文，又開始學梵文。我們在那裡時，我聽見布爾巴巴告訴指揮官說，他九天後將要換一個身體。

幾天後，布爾巴巴和我離開了指揮官的營區，前往那迦山地。由於這個地區蚊蟲、蛇、野獸（包括老虎和大象）為患，很少瑜伽士住在此地。我們住的岩洞，當年曾經是斯瓦米尼迦曼難陀（Swami Nigamananda）所住的地方，他將自己的經歷寫成三本書：《瑜伽上師》（*Yogi Guru*）、《密法上師》（*Tantric Guru*）、《吠檀多上師》（*Vedanta Guru*），對我非常受用。我們待在那裡的時候，這位高人經常會講些深奧的題材，而我只顧著展現自己的肌肉。我對巴巴說：「我肌肉多麼強健。」而他回答：「很快我們就會考驗你到底有多強健。」

我生性好奇，所以我不停地問巴巴這樣那樣的問題。最後他說：「不准再問了。專心持你的咒語。」這位巴巴懂好幾種語言，包括梵文、印地文、百利文、西藏文、中文。有時候他會對我說英語，但是只有在我不停地囉嗦時，他才用英語說：「閉嘴！」我喜歡靜默，但是為了要明白許多我認為神祕的事，就會向他提問。儘管他被我搞得很不高興，我仍然不斷地煩他。

當我們該離開岩洞的時間快要來到時，我問他為什麼他要換個身體。他回答：「我現在已經超過九十歲了，這個身體不再能夠長時間定在三摩地中。此外，有個機會來了。明天會有個情況很好的屍體。有位年輕人會被蛇咬，然後被人投入河中，地點距這裡有十三英里。」他的話令我非常不解。他告訴我，我們明天早上要離開岩洞，然後要在日落前抵達目的地。

不過，到了早上我們卻無法離開岩洞。原來在夜間有一頭象把鼻子從外伸入岩洞的入口處。有一隻蠍子躲在岩洞的角落，螫了大象的鼻子，所以大象就倒斃在洞口。牠的兩條前腿、象鼻、象頭卡在洞穴裡，後半身和後腿還在洞外。我們得有很大的力氣才有可能把死象推出去。

巴巴徒手捏起那隻蠍子，對牠說：「壞孩子！看你做了什麼壞事。」

「小心！」我大叫：「你會被牠螫到。」

但是他回答：「不會，牠不敢的。」

那可是一隻巨大黑色的蠍子，有五英吋長。我想要用我的木屐鞋打死蠍子，但是巴巴說：「沒人有權力去殺其他的生靈。牠們兩個算是扯平了。當你明白因果業報的道理，就會知道是怎麼回事。」

因為我們趕著離去，要步行很長的距離穿過濃密的森林，他就沒有為我再進一步解釋。我用盡全力試著把象屍往外推，經過了艱苦的兩個小時，終於弄出一個空隙足夠讓我們爬出去。我們往北走了十三英里，遇到一條河流，我們就在那裡紮營過夜。

到了早上，我在河中盥洗沐浴，並在四點半開始靜坐。當我再次睜開眼睛時，巴巴已經不見蹤影。我到處找他，等了一整天，他也沒有出現。於是我決定離去，回喜馬拉雅山。

這整段旅程似乎非常神祕但又沒有結果。即使回程的路上也滿是荊棘。當我回到那位英軍指揮官在阿薩姆的總部，他說：「布爾巴巴真的做到了！他換了一個新的身體！」我對這整件事還是不明白。第二天我立即離開，回我喜馬拉雅的家去了。我到家時，師父說：「布爾巴巴昨晚在這兒，還問起你。」

幾天後，有一位年輕的苦行僧來到我們的岩洞。他開始跟我交談，好像已經認識我很久的樣子。他鉅細靡遺描述了我們去阿薩姆旅途上發生的所有事件，說：「我換身體的時候，你沒有能在旁邊，真是遺憾。」一位我曾經很熟悉的人，如今換了一個新的身體，此刻跟他交談，我感到非常怪異。

我發現他以前的能力和性格，完全不受他這個新的身體工具所影響。他展露出所有那位巴巴原本的智慧、知識、記憶、才能、舉止。我非常仔細地觀察他的言語和行動，證明無誤。這位年輕人甚至連走路的樣子都很奇特，像根竹竿，和以前那位老人家一樣。後來，我師父給他取了一個新的名字，說：「名字會跟著身子而去，但是靈魂不會。」他現在叫做阿難陀巴巴（Ānanda Baba），仍然是一位在喜馬拉雅山中的雲遊者。即使到了今天，我見到他就會想起他在以前身體中的樣子，很難適應在我面前的這個身體。

根據所有我蒐集到的證據，我發現一位高明的瑜伽士想要的話，是有可能進入另一人的屍體，前提是要能找到合適的身體。只有高人才知道如何做到，對於一般人而言，這只是個神話。

我覺得自己的人生因爲從聖者所學習到的一切，變得更充實而豐富。如果我的手無法揭開未來的蓋紗，而我的眼無法穿透未來的重重層面，我仍然可以聽見音樂的旋律，分辨出它們的音聲。世間的種種對象無法穿越我的心識，但是在我生命的深處迴響出它們的音聲。

師父捨棄他的身體

一九四五年七月，有一天，我師父說他想捨掉自己的身體。我和他爭論：「經書中寫道，師父把愚蠢的弟子留在世間是一項罪行，會有萬劫不復的報應。」所以他說：「好吧，因為你仍舊是個愚蠢又無知的人，我只好不離開這個身體。」

後來到了一九五四年，我要動身前往德國之前沒多久，我正在恆河中沐浴，忽然想到，「我那樣做是自私的。我不該強迫他和身體綁在一起，畢竟他已經給了我這麼多。」

之後我回到他身邊，沒有告訴他我這個想法，但是他說：「去告訴其他的斯瓦米，今天下午五點半過來聽我所要講的最後一堂課。」我們當時位於海拔一萬一千六百英尺的高度，在喜馬拉雅山中一座神廟附近。這個地方在巴素達拉（Basudhara）和巴椎那特之間。

根據我們的傳承，能見證瑜伽士的死亡過程，是一件非常值得的經驗；我們一直都想見證一位大師是如何離世的。它所展現的是，人只要下了決心，任何時候都可以憑自己的意願死去。如果大師想要活得久一些，他也辦得到，但是到哪天他決定要離開身體，就能把它脫下來，就如同蛇在蛻皮一樣。

我問師父：「您好端端的為什麼要捨棄身體呢？」

他說：「你在沐浴的時候起了一個想法，你沒有權力要我留下來。現在你已經夠強壯，也學會一些東西。你終於成熟了，能在世上站得住腳。我覺得現在是時候可以無拘無束繼續我的旅程。」

當時在山頂上，我們有五個人跟著他。我們圍繞著他而坐，他問我們所有人還有什麼靈性修行上想要知道或學會的。我陷入深沉的悲痛中，但同時又不想表露出我對他的依戀，心想，身體遲早要歸於塵土。這是無可避免的。所以我極力保持鎮定。

他看著我說：「你還要我給你什麼嗎？」

我說：「我要您，只要我需要您的時候，只要我遇到危難、徬徨無助、有處理不了的情況時，您就在我身邊。」

他答應我他會，然後他為我祝福。我們都對他下拜。他保持著成就式的坐姿，閉上了眼睛。他輕輕地發出「嗡」的聲音，然後就沒有了生命跡象。

我們所有人都開始痛哭。我們不知道究竟應該將遺體土葬還是水葬，決定不了。整整兩個小時我們都在討論，並且相互安慰，但是無法獲致任何結論。最後，大家要我做決定。我們曾經想過把遺體帶回我們的岩洞，但那在六十三英里之外，得用上好幾天才能到。雖然如此，有一位斯瓦米和我開始抬著師父的遺體朝我們岩洞的方向前進。夜晚在山間是無法行進的，所以我們在一個小山洞暫停下來。我們都非常安靜，整晚就坐著，彼此相望著。我從不相信師父會離開我，但是他這麼做了。第二天早上日出後，我們又抬著他的遺體走了約十五英里。我們又想過要處理遺體，但是無法決定該在什麼地方、該如何處理。我們都怕遺體會開始腐爛。過了兩個晚上，到了第三天早上，我們決定把它埋葬在一個從我們的岩洞可以遙望得到的山頭。我們挖了一個六英尺深的坑，將遺體放在裡面。

我們想用巨石和土掩蓋遺體，但是每個人的四肢都無法動彈。我們可以彼此交談，但是每個人都變得完全不能動彈，像是沒有了生命，像是癱瘓了。我以前從來沒有過這種經驗。我覺得自己的靈魂和身體完全不同，而我能完全意識到身體和靈魂是分離的。那感覺像是靈魂跳出了身體，其他人也都經歷著同樣的感覺。

離我們五英尺處有一棵小杉樹，我們都聽見師父的聲音在說：「我在這裡，醒來。不要悲傷。你們是要我再回到身體，還是要我不用身體來幫你們？」

我說：「我需要您留在身體中。」

我們異口同聲呼喊，要他來幫我們，求他回來。然後我覺得自己身體有些酥癢的感覺。慢慢地，麻痺感消失了，我們開始能活動四肢。

師父起身，從坑裡面出來。他說：「真是不幸，你們還需要我留在身體中。你們仍然崇拜那有相的，不能越過它。你們對我身體的不捨是一種障礙。現在我要開始讓你們不再執著於我的身體。」接著他開始教我，身體和無形的靈魂之間的關係。

當我和他同住在岩洞中的時候，他常常會連續好幾天保持絕對靜默，身體完全不動。只要他一睜開眼睛，我們就會圍過去坐在他身旁。有一天，他告訴我，生靈分成三類：一、「絕對的生靈」，就是宇宙的神主；二、有力量掌握生死的聖者，他們是半不朽的生靈，可以依自己的意願出生和死亡；三、無法掌控生死的凡夫，對他們而言，死亡是在心中和腦中揮之不去的恐怖，會痛苦的是這種無明的人。

聖者和瑜伽士不會為出生與死亡這等小事而操心。他們已經遠離一切恐怖。喜馬拉雅的聖者要給世人的第一個訊息是，遠離一切恐怖。無畏，是邁向開悟解脫的其中一步。

在談話中，師父告訴我們，有大成就的瑜伽士和聖者是沒有所謂年齡的，他們想要活多久都可以。個體的靈魂可以主動捨棄身體，乃至可以進入另一個身體。據說偉大的瑜伽大士聖者商羯羅就具有這種天賦的能力。有一部經典將這個過程稱為「易身大法」。我有非常強烈的興趣，想要體驗這個交換身體的過程，雖然稍早前我在西藏太老師身邊時有過一次類似的經驗。師父告訴我，對於有大成就的瑜伽士，換個身體並非不尋常，也非不可能，但前提是他得先找到一個合適的替代身體。

他描述延長壽命有三個方法：一、有高度成就的瑜伽法力以及有節制的生活方式，就能活得長久；二、能換一個身體的話，就能延續原來身體所帶有的一切經驗繼續活下去；三、開悟就是得到解脫，如此就不需要依戀那件叫做身體的衣服。

在研習幾部罕見的手稿文獻，以及在師父跟前學習後，我想學習那門學問的欲望更強烈。聖者們已經探索過，並且為我們講述了生命的真理。這些真理是歷久不變的，適用於全人類的真理，因此它們是為普世所接受的。在所有已經證悟之人的內心深處，無論他們屬於什麼種族、有什麼膚色，都有過一個共同的願望，就是要了解和秉持真理，以實現人類更高尚的使命目的。

從人類文明初始以來，人就在追尋不死。如果過去有人做到了，今天的人同樣可以做到；如果今天有人可以做到，所有的人都同樣可以做到。

生命是透過身體這個媒介來表達一己。欲念為了要表露自我，就得尋找個形體。欲念是內在的靈魂，形體是外在的。沒有內含，就沒有形體——它只會是個死東西。若是除去了那個律動的振盪，形體和欲念都得不到滿足，就會永遠無家可歸。因此，欲念要找形體，而形體要找欲念。

大多數人僅僅能意識到身體。因為他們不能體會到內在的生命，就以為構成圖像的線條就是最終了的，他們無法穿越過去。所以他們所體會的永遠都不是真的，他們所知的都不是完整的。要更加認識到人內在生命的律動，就要學會能越過欲念，要培養對內在的敏感性以及心念的專一，這就要求助於那個微妙的律動振盪。

生命就是一種律動，而知道這個律動之人，就可以依自己的願力，要活多久都可以做到。

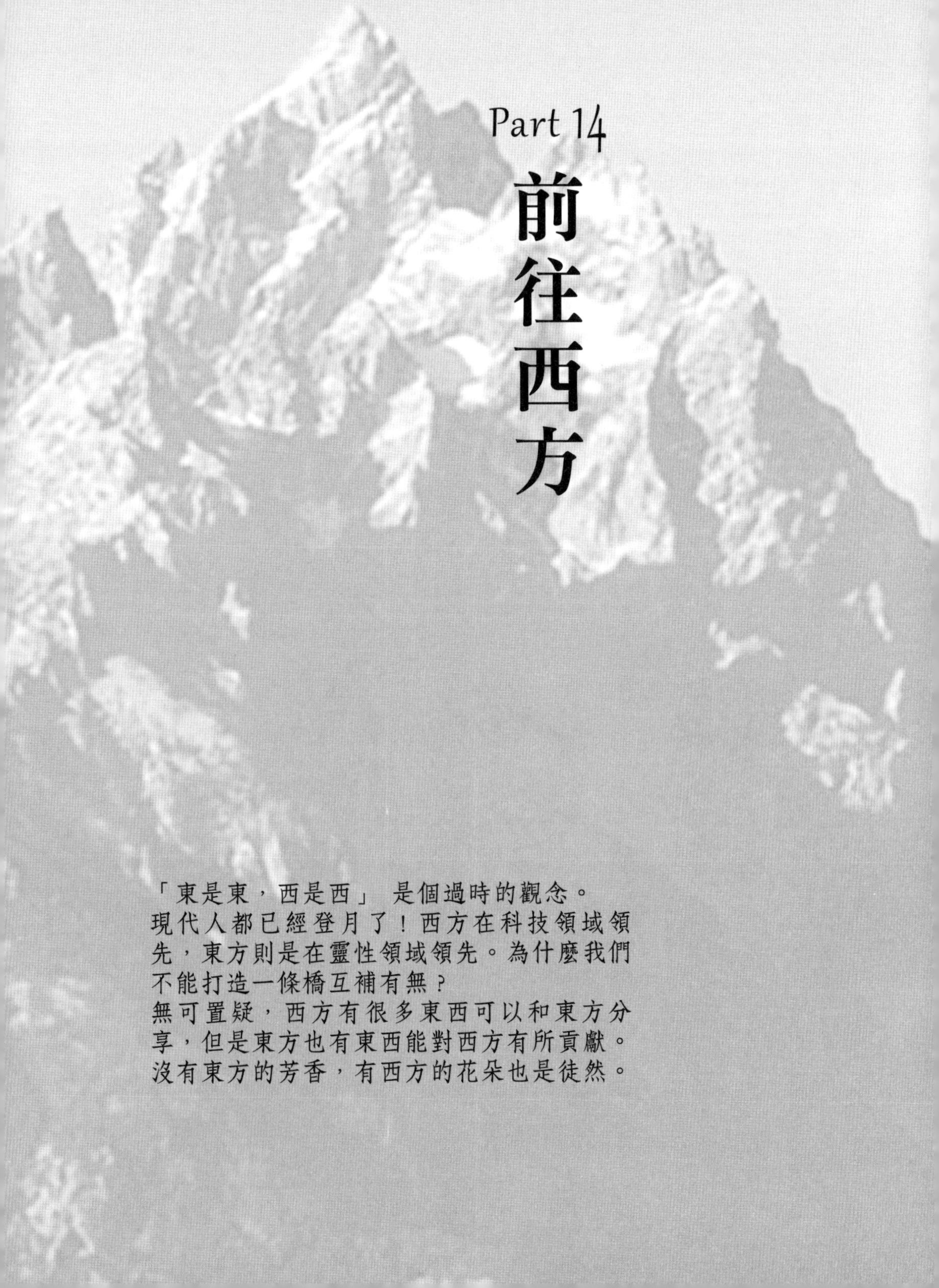

Part 14
前往西方

「東是東，西是西」是個過時的觀念。
現代人都已經登月了！西方在科技領域領先，東方則是在靈性領域領先。為什麼我們不能打造一條橋互補有無？
無可置疑，西方有很多東西可以和東方分享，但是東方也有東西能對西方有所貢獻。沒有東方的芳香，有西方的花朵也是徒然。

瘋醫師

德國的一個小鎮上有一位心理醫師，大家都稱他是瘋醫師，因為他不信現代的醫學，而對神祕現象則求知若渴。一九五五年，他開始在心中見到我的師父，他覺得這個在自己心識中浮現的人，在召喚他去印度。連續七天，這個影像不停地出現，所以他就前往法蘭克福，買了一張機票準備飛去印度，誰知道他在機場候機室中睡著了，以致錯過了班機。

正好在這事之前不久，我的師父要我去德國學習西方的心理學和哲學。有位在孟買的生意人贊助了我去法蘭克福的機票錢，並且給了我幾封介紹信，交給他在那邊的朋友。臨行前，我敬愛的師父又給了我一些吩咐，然後我就前往德國。

我抵達法蘭克福時，那位醫師正好在機場。當他見到我這個來自印度的斯瓦米，就跟我攀談，並且給我看了幾張素描的畫像，畫的是出現在他心中的那個人。他問我是否知道印度有這麼一個人物。

他一開口就對我說：「請幫幫我。畫中這個人的影像不斷地在我心中出現。我盡可能把心中看見的那個人畫在這裡。我很確定這不是幻覺。這個影像深深地烙印在我心中，我一直在想它，根本無法工作。你是一位來自印度的斯瓦米，也許能幫到我。」

我一看他畫的人像，說：「他就是我的師父。」他一聽之下，堅持要我立即和他一起回印度，帶他去見我的師父。可是師父不要我立即回去，因為他覺得我過於依賴那個身體的他，要我斬斷對有形師父的繫念，深入覺知我們之間那道無形的連結。他命令我離開他身邊一段日子，去好好體會什麼才是上師與弟子之間永恆的連結。這也是他為什麼會一再送我到喜馬拉雅山各個地方，去跟不同的老師學習的緣故。

我為這位德國醫師寫了一封長信，介紹他去印度坎普爾，拜會羌德拉塔醫師（Dr. Chandradhar）以及米特拉醫師（Dr. Mitra）。在信中，我請他們兩位帶他去加給希瓦爾（Jageshwar），那裡有個著名的寺廟遺址，我師父正在它旁邊的一個營地中，為尼克森教授（奎師那．普仁）和亞歷山大博士（阿難比丘）講課。

在坎普爾的兩位醫師協助下，這位德國醫師終於見到了我的師父，跟著他住了三天後返回德國。他回來後，幫我安排訪問了歐洲各地的研究機構和大學，我見到了很多西方的醫師和心理學家。在歐洲各國的幾所大學遊學之後，我又回到了印度。

不久之後，這位德國醫師又來到印度，而且出家剃度成為一位僧人，去了印度東北部喜馬拉雅山區，住在一間茅屋中專修靜坐。因為他喜歡獨處，當年就被自己家鄉的人認為是瘋子。我遇見過好幾位西方人士的斯瓦米，老實說他們比起很多印度的斯瓦米還要來得精進。

先知所見到的景象是最為難得的景象，它是由直覺的源頭所閃現，所以是超越了時間、空間、因果的概念。有時候普通人也可能在無意中接收到這種景象，但是唯有精進靜坐，心地到了「第四境地」的人，才能夠有意識地接收到這種具有宣示性質的景象。如此純淨的景象都一定會實現。

洞中閉關

我在一個小山洞裡住了十一個月，期間沒有見過任何一個人。在我們的傳承中，這是必要的修練，而通常不會短於十一個月，原因是即使再鈍的修行者也可以經由這個修練方式，在那段期間內證到最高的真理。所以師父對我說：「不管你多麼有本事，我還是要假定你是個最鈍之人，你一定要完成在洞中閉關十一個月。」

在閉關期間，不可以離開洞穴外出洗浴，可是要學會一套強烈的呼吸功法來清潔毛細孔，那比實際的洗浴還要好。每天只供給非常少量的食物和飲水，但那已經足夠維持生命之所需。我的食物主要是大麥、山上生長的蔬菜、一些果汁，以及早晚各一杯牛奶。洞中的空間有限，長寬各六英尺。我每天有規律地做幾種體位法，只睡兩至三小時。其餘時間，我都用來持個人的根本咒語、靜坐或是凝視。我每天要做三次強烈的調息法，但是要非常小心地為之。

山洞的入口是封閉的，只留有一個污水孔道方便沖洗出排泄物，洞穴的頂端有一個小如針孔的洞引進一線光明。無論你願意與否，這個小孔讓你的心能自然專注於那一點光明。在那個環境中，你根本不用刻意去專注，因為除了那一道光線，其他什麼都沒有。處在這種隔絕的狀態，如果不靜坐，你整天還能做什麼？如果你不靜坐，身心很快就會失衡，所以別無選擇。

聖者們有系統地教你深入靜坐的方法，他們說：「這是第一步、下一步、第三步如何如何……」等等，他們也會形容靜坐過程中會生起的某些徵兆。當某個特殊徵兆出現了，你就知道

剛出關的斯瓦米拉瑪。

自己行將進入下一個地步，如此你就能逐級而進，直至到達最高的定境。他們會緊緊地守護著你，所以才能保持你不受干擾，不會遭受任何磨難。

在洞中的頭兩個月是最難熬的，其後我開始覺得那是無比的享受。王道瑜伽之學教我們，最後的修練步驟叫做「三耶昧」（samyama）[1]，就是結合了專注、禪那、三摩地而內在起了轉化。在這段修練的期間，我體會到如果沒有經歷一段長時間的靜默期，要長時間停在深沉的定境中是不可能的。

十一個月後，我走出閉關的洞穴。時間是七月二十七日，下午五點鐘。我接獲的指示是，頭一個星期有陽光時不可去戶外。我很難調整自己去適應外在的世界，所有的東西看起來都變得不一樣，好像我來到一個陌生的新世界。我出關後第一次下山進城，由於還沒習慣外界的熙熙攘攘，單是過一條街就花了我四十分鐘！後來才逐漸開始能適應回這個世界。我重新回到塵世才明白到，世界就是一個劇院，我要在裡面去考驗自己內在的堅毅力，考驗我的言語、情緒、思想、行為。

結束了這個修練，我才算為前往西方世界做好了準備。我並不情願離開我師父，可是他堅持我必須去。他說：「你有個使命需要完成。你要去傳遞一個信息，是來自我們傳承的信息，而你就是我的工具。」師父指示我去日本。他說我在日本會遇見某個人，那人會幫我前往美國。

我從加爾各答登機飛往東京，口袋中只有八美元。到香港轉機時，我在機場餐廳點了一杯茶。帳單送來時我大吃一驚，居然要四美元！我再加給了一元小費，所以飛到東京時，我身上只有三美元，還有一顆蘋果，那是飛機上的餐點沒吃掉，省下來的。

有位男士上前來問我從哪裡來，在日本打算住哪裡。

斯瓦米拉瑪（右）與真光教創始人岡田良一（中），其繼承者岡田惠珠（左）。

我告訴他：「我有個朋友，會住在他那兒。」

他再問：「你的朋友是哪一位？」

我答不上來，因為在日本我誰也不認得。於是我說：「我覺得你就是我的朋友。」結果我住進了他家。後來他將我介紹給真光教的創始人岡田良一先生[2]。

岡田先生有幾十萬的信眾，他常常會見到一個喜馬拉雅山聖者的景象。我們一經介紹，他立刻尊敬地擁抱我，說：「我一直在等你。希望你把喜馬拉雅山大師們所教的密法傳給我。」

我跟著他住了六個月，其間偶爾會為東京、大阪以及其他城市的靈修團體講演和教課。

我把師父要我轉交給岡田先生的信息傳達給他之後，他為我買好機票，我得以繼續我的行程前往美國。我離開印度之前，師父已經預告了未來我在美國將會遇見的學生和友人，他把很多細節都形容給我聽，後來都一一應驗。我的任務還未完成，我不免為此而感到不樂，但是我知道，只要神給我機會，我會完成此生的目的。我人生的目的是要搭建一座連貫東西方的橋樑，所以需要成立一個教學中心，讓我能忠實地傳遞聖者們的信息。

注釋

1 譯注：三耶昧（samyama），詳細說明載於《瑜伽經》，可參閱《瑜伽經白話講解・必普提篇》。

2 譯注：書中原文是 Yokadasan，應該是 Y. Okada-san 之誤。此人全名是 Yoshikazu Okada（岡田良一），又名岡田光玉，為日本新宗教「真光教」（Sukyo Mahikari）創始人。

東方與西方

在我離開喜馬拉雅山前往日本和美國之際，師父給了我一些指示。

我問他：「願意來跟我學習的學生，我該教他們什麼東西？我是否該改變他們的信仰，教導印度的宗教？我是否該要他們仿效印度文化？」

他說：「你真笨。」

我說：「那告訴我，我該教他們什麼東西？西方人的文化和我們的完全不同。在我們的文化裡，我不先獲得雙方所有家族成員同意的話，跟誰都無法結婚。在西方文化裡，社會生活則是自由的。基督徒可以跟任何人結婚，猶太教徒也不例外。當然他們崇拜神的方式是要遵行一套既定的教規，而我們有很多崇拜神的方式可選，也可以選擇我們想要走的開悟之道。我們的精神生活是自由的，另一方面卻被我們的社會規範緊緊綁住，他們則是受到他們的思想模式和宗教教義所束縛。」

我問：「這兩種不同的生活方式似乎差別太大，要我怎麼把您的信息傳到西方世界？」

他說：「雖然這些文化活在同一個世界裡，有著相同的人生目的，但他們各代表了一個極端。西方和東方仍然是在試驗，究竟什麼才是正確的生活方式。喜馬拉雅聖者的信息是永恆的，是超越了東方或西方社會所把持的過時概念。我們都極力要提升人類的文明，走極端就達不到這個目的。人生的基本準則是：內在的堅毅、積極樂觀、無私服務。我們是東方人或西方人根本無關宏

斯瓦米拉瑪在美國講學。

旨。人，首先要真正是個人。真正的人是宇宙的一員。地理上的疆界是無法分割人類的。」

「喜馬拉雅山聖者要傳遞的第一個信息是，要從一切恐懼中解脫出來。第二個信息是，要覺知自己內在的真實。」他指示我，「不要做作，讓你成為一個純粹的傳遞工具，你的靈性教導才會純正而不帶任何宗教和文化色彩。只要科學能做得到，所有的靈性修練都要經得起科學的驗證。讓上天引導你。」

我滿懷敬意，向他深深一鞠躬，就開展我的旅程。

我先去到坎普爾，在我們的弟子蘇南達白醫師（Dr. Sunanda Bai）家中住了幾個月，她為我買了去日本的機票。

蘇南達白醫師

我們的傳承

商羯羅阿闍黎在一千二百年前奠立了印度的僧團組織，在此以前出家人（saṁnyāsin）[1]的傳承從吠陀時期[2]就已經有了。他將組織分為五個主要的中心，分別位於印度的東、西、南、北、中地區。印度所有的苦修僧人組織，都可以溯源到這五個中心。我們的傳承名為「帕若堤」（Bhāratī）。「帕」（bhā）意思是「智」，「若堤」（ratī）意思是「熱愛者」。「帕若堤」就是「熱愛知識智慧之光的人」。從這個字衍生出了「波羅多」（Bhārata），意思是靈性智慧知識之地，這也是印度的梵文名稱之一[3]。

我們這個傳承有個獨特之處，它是個師徒相承連續不絕的傳承，在商羯羅之前就已經存在了。我們這個喜馬拉雅的傳承，雖然亦是商羯羅的傳承，卻是嚴格自律，歷來都在喜馬拉雅山區的岩洞內修行，和在印度平原地區成立的那些機構團體沒有關係。在我們傳承中，學習《奧義書》是非常重要的，同時也要學習聖者所傳授的、某些特別的高階靈性修練方法。《曼都基亞奧義書》尤其被公認為是一部權威的經典。

室利毗諦亞[4]的智慧是要按步就班傳授，對程度較高的學生則會傳授「實修法」[5]（是解說室利毗諦亞的智慧應該要如何實際修練，以及該遵守什麼樣的戒律）。我們相信宇宙同時具有父性和母性之理則。我們所尊奉的「摩耶」（māyā），在別處被翻譯為「幻」，其實是代表了母性，所以不會是靈修證悟途中的絆腳石或障礙。我們傳承的所有禮拜供奉都是在內心為之，而不是去做有形的儀式。

依我們的傳承，授予「啟引」可以分為三個階段。第一，是傳授咒語、呼吸法、靜坐法。第二，室利毗諦亞的內供奉法，穿透明點（bindu bhedana，穿透智慧之明珠）。第三，灌頂以引領昆達里尼之力上升至名為千瓣蓮花的脈輪（sahasrāra cakra）所在。到這個階段，我們不屬於任何特殊的宗教、種姓階級、性別、膚色。如此的瑜伽士才堪稱是大師，才會被允許傳授傳承的智慧。我們嚴格遵守聖者所制定的戒律。

在此我無法詳盡討論我們傳承中的「實修法」部分，因為它諄諄告誡，「勿傳！勿傳！勿傳！」（na dātavyam, na dātavyam, na dātavyam），除非遇到具備一定程度、發心投入、能夠自制的人，否則不傳。修行是否有成，是可以用古代聖者的實證來印證的。在我們的修行路上，上師天並不是神，而是光明，是以信和誠達至開悟境地之人。我們深信，得到上師的加持是開悟的最佳方法，但它本身絕不是目的。上師的使命，是無私地幫助走在求道之途上的弟子。

我們的傳承奉行下列指導方針：

1 唯一，無二，是我們的哲學理念。

2 無私奉獻服務人類就是在發揚愛，要以身、語、意貫徹之。

3 在修練方面，我們採行帕坦迦利的瑜伽體系做為基本的步驟，然後才能進行我們傳承下一步更高的修練。在哲學方面，我們遵行的體系是「不二」，也就是唯一、無二。

4 有系統地從事靜坐，就是由身體的靜止、呼吸的平順、心念的受控著手。具體的修練在於覺知呼吸、控制自主神經系統、學習克制原始的本能欲望。

5 我們一般教學生走中道的修行路線[6]，有能力學習做更高階修練的人才有機會學到更高深的功法。

6 我們不贊同要求他人改變宗教信仰、改變文化習慣，不會宣揚任何特定的神。我們同等尊重每一種宗教，愛所有的人，不排斥任何人。我們也不反對任何一種寺院、廟宇、教堂，我們也不相信只為神明興建房舍卻忽略了人類。我們堅定相信每個人都是一個活生生的廟宇殿堂。

7 全世界都有我們的成員，我們相信教育能促進彼此的溝通。我們有研究所層次的課程來傳授聖者所賜予的智慧，以滿足知識分子心靈的需求。

8 我們奉行素食主義。我們教導健康的營養膳食方式，有益於延壽，但我們並非一成不變，不會強迫學生成為素食者。

9 我們尊重家庭制度，強調兒童教育，推廣兒童要自我教育，而不是強迫他們接受我們的信仰和生活方式。

10 我們的教師訓練有素，能夠教導各個攸關瑜伽的課題，像是肢體、呼吸、一己的心靈。覺知自己的外在和內在是關鍵所在，會仔細教導學生擴展自己的覺知範圍。

11 要服務人類，我們相信所有瑜伽的練習法，例如放鬆法、靜坐法，都必須要經過檢驗、實證、得到結論後為之。

12 我們所做的試驗會做成紀錄出版，以益人類。

13 我們相信四海之內皆兄弟，泛愛眾而無差別。

14 我們嚴格避免涉入政治，不反對任何宗教。

15 最重要的莫過於在身、語、意中力行非暴理念。

喜馬拉雅山聖者和大師所教導的智慧，如同黑暗中的明光，引導著一心向道之人。他們所傳達信息的目的，在喚醒每個人內在本來就具有的神性火苗。當我們以靈性的行持，善加點燃這一火苗，它就能級級上升至真理的弘光中。它是由生命能的心意中升起，穿越我們心念的天空，最終到達光的天國，那是它位於永恆真理中的終極家園。

是故獲大光明的修行者，乃能安然端坐於天界的境地中，得最高殊勝法力，飲無邊真福甘露。如此不死之子，是天地之子，永遠得到聖母所護佑。如此喜樂之子，永處神意之內，痴醉於大樂中。他登聖者位，成無眠使者，日夜無休為求道途上之人指路。這樣的導師，是途上的先行者，走在眾人之前，為眾人除苦、救助、導致開悟。

嗡，寂靜，寂靜，寂靜。

注釋

1 譯注：出家人（saṁnyāsin），英語譯為 renunciate，泛指出離世俗生活，獨身苦修，以實踐靈性成長之人。

2 譯注：吠陀時期，是指北印度地區在西元前約一千五百年至西元前五百年的期間，那個時候《吠陀》教化盛行。

3 譯注：當今印度國的憲法就以 Bhārat 為國家的法定稱呼。

4、5、6 譯注：也請參閱本書第七部中「喜樂之波」一文所述。

7 譯注：意思是不做自虐式的苦修，但也不是放縱而不加節制。

喜馬拉雅瑜伽傳承相關機構

斯瓦米拉瑪以及傳承的弟子們在世界各地區所成立的機構為數眾多，以下僅列出幾個主要的機構。

◎印度地區

Sadhana Mandir Ashram
網址：http://sadhanamandir.org/wordpress/
斯瓦米拉瑪創立的道院，位於瑞斯凱詩城外恆河岸邊。

Himalayan Institute Hospital Trust
網址：http://hihtindia.org/
斯瓦米拉瑪創立的綜合醫療、教育、社區服務機構，位於德拉敦市。

Association of Himalayan Yoga Meditation Societies International（AHYMSIN）
網址：https://ahymsin.org/main/
斯瓦米韋達創立之國際喜馬拉雅瑜伽禪修總會，總部設於位於瑞斯凱詩城外之斯瓦米拉瑪修行者聚落道院（Swami Rama Sadhaka Grama， 網址：https://
sadhakagrama.org/）

◎美國地區

Himalayan Institute
網址：https://www.himalayaninstitute.org/
斯瓦米拉瑪在美國創立之機構之一，是本書原版版權所有者。

◎台灣地區

台灣喜馬拉雅瑜珈靜心協會
網址：http://ahymsin-taiwan.blogspot.com/

國家圖書館出版品預行編目(CIP)資料

大師在喜馬拉雅山：斯瓦米・拉瑪的開悟旅程／斯瓦米・拉瑪（Swami Rama）作；石宏譯. -- 二版. -- 臺北市：大雁文化事業股份有限公司橡實文化：大雁出版基地發行, 2023.06
面； 公分
譯自：Living with the Himalayan masters : spiritual experiences of Swami Rama
ISBN 978-626-7313-16-9(平裝)

1.CST: 拉瑪（Rama, Swami, 1925-） 2.CST: 傳記 3.CST: 印度教 4.CST: 靈修

274 112007595

BA1044R

大師在喜馬拉雅山：斯瓦米・拉瑪的開悟旅程

Living with the Himalayan Masters

作　　者　斯瓦米・拉瑪（Swami Rama）
譯　　者　石宏
責任編輯　于芝峰
協力編輯　洪禎璐
內頁構成　宸遠彩藝
封面設計　柳佳璋

發 行 人　蘇拾平
總 編 輯　于芝峰
副總編輯　田哲榮
業務發行　王綬晨、邱紹溢
行銷企劃　陳詩婷
出　　版　橡實文化 ACORN Publishing
臺北市10544松山區復興北路333號11樓之4
電話：（02）2718-2001　傳真：（02）2719-1308
網址：www.acornbooks.com.tw
E-mail信箱：acorn@andbooks.com.tw
發　　行　大雁出版基地
臺北市10544松山區復興北路333號11樓之4
電話：（02）2718-2001　傳真：（02）2718-1258
讀者服務信箱：andbooks@andbooks.com.tw
劃撥帳號：19983379　戶名：大雁文化事業股份有限公司

印　　刷　中原造像股份有限公司
二版一刷　2023年6月
定　　價　620元
I S B N　978-626-7313-16-9